巴文化研究

BAWENHUA YANJIU

‖第三辑‖

何易展 **主编**

四川文理学院巴文化研究院
四川文理学院秦巴文化产业研究院 **主办**

四川大学出版社

责任编辑：高庆梅
责任校对：袁　捷　刘慧敏
封面设计：墨创文化
责任印制：王　炜

图书在版编目（CIP）数据

巴文化研究. 第三辑 / 何易展主编. —成都：四
川大学出版社，2018.12
　ISBN 978−7−5690−2620−7

　Ⅰ.①巴…　Ⅱ.①何…　Ⅲ.①地方文化−巴南区−文
集　Ⅳ.①K297.193-53

中国版本图书馆 CIP 数据核字（2018）第 273700 号

书　名	巴文化研究（第三辑）	
主　编	何易展	
出　版	四川大学出版社	
地　址	成都市一环路南一段 24 号（610065）	
发　行	四川大学出版社	
书　号	ISBN 978−7−5690−2620−7	
印　刷	四川盛图彩色印刷有限公司	
成品尺寸	185 mm×260 mm	
印　张	12.25	
字　数	268 千字	
版　次	2018 年 12 月第 1 版	
印　次	2018 年 12 月第 1 次印刷	
定　价	42.00 元	

◆ 读者邮购本书，请与本社发行科联系。
　电话:(028)85408408/(028)85401670/
　(028)85408023　邮政编码:610065
◆ 本社图书如有印装质量问题，请
　寄回出版社调换。
◆ 网址:http://press.scu.edu.cn

目　录

巴域历史文化

巴域文学与文献

巴域考古与历史地理专题研究

巴域历史文化

夏代崇人与秦汉賨人賨赋

刘兴国

摘　要："賨人"是秦汉时期对享受赋税优待的南方蛮夷即古巴国地域少数民族的称呼。"賨"之名源于夏代"崇人"。巴国时期，崇人为巴之属族，秦汉称其为板楯蛮。崇人聚居在渠江、嘉陵江流域河谷地带，秦汉之宕渠是崇人聚居的中心区域。历史文献和出土文物都证明了古賨城或崇国存在的可能性。

关键词：夏代；崇人；秦汉；賨人；賨赋

"賨"是秦末汉初才有的一个名称。《康熙字典》引《后汉书》说："岁令大人输布一匹，小口二丈，谓之'賨布'。"史载，秦汉时賨人居宕渠，即今之达州、巴中、广安等地。这些地方的方志中，均有对賨人活动的记载。民国《大竹县志》记载"大竹县北有古賨城，此当秦汉间旧城"，古有賨城碑，"古碑文字磨灭今无考"。《巴州志》《达州志》《广安志》《南充志》等都有关于賨人的记述。汉代扬雄《蜀都赋》云："东有巴賨，绵亘百濮。"说明賨曾活动于川东巴地。賨人是一个族群的名称，还是一个上交贡赋的税目呢？这是一个多年来尚未弄清的问题。有说賨即是巴，有曰賨为赋，有言賨是"板楯蛮"①。但是，"賨人"却在中国历史上写下了实实在在的两笔：一是汉高祖刘邦为汉中王时动员賨人七姓去攻打三秦，刘邦以此为根基而建立汉王朝；二是西晋时賨人李特、李雄建立了五胡十六国之首的成汉国。

关于賨赋，《后汉书·南蛮西南夷列传》记载：

> 至高祖为汉王，发夷人还伐三秦。秦地既定，乃遣还巴中，复其渠帅罗、朴、督、鄂、度、夕、龚七姓，不输租赋，余户乃岁入賨钱，口四十。

根据这段记载，賨人被称为"賨"是因为他们向汉朝统治者上交的赋税称为"賨"，以布代赋称为"賨布"，以钱交税称为"賨钱"。历代文献资料基本上都沿此说。清初诗人朱彝尊在献给康熙的《平蜀十三章》中就有"尔宅尔田，轻尔徭赋。巴贡其笺，賨输其布"句。

但为什么称"賨赋"而不是称"巴赋""濮赋"或其他蛮夷名之赋？是因赋名

---

① 罗洪忠：《賨人故里》，上海：学林出版社，2012年版，第11～12页。

而称其为"賨人"，还是有一个"賨"或"崇"或"虫"的族名存在，而对这些人所交的赋税称"賨赋"？本文根据相关历史信息，寻找出"賨"这个名称最早来自上古时代夏人的一支——崇。

一、夏代崇人

巴山渠水间的賨人源于夏代的"崇人"。首先从"崇"的字义来看，"崇，山大而高也"（《说文》）。山大而高曰"崧"，孔子闲居引诗以"崧"作"嵩"。"嵩"，古作"崇"，即崇高之意。《国语·周语》云，"封崇九山""天所崇之子孙"，皆以崇为高。"崇"字起源于"宗"字。郭沫若说，甲骨文之"宗"，"示之初意即生殖神之偶象，宗即祀此神象之地"。夏人的一支初以"崇"为族名，后以其为国号。

夏禹的出生地在汶山石纽，石纽之北百余里为崇山。崇人作为夏部落联盟成员之一，那里的崇山应是崇人的发源地。崇人随夏部落集团大约在唐虞之前越过岷山，顺渭水东下，迁至今山西襄汾一带，这里有崇山，也是因崇人在此居住而得名。崇人部落比较强大，鲧被陶唐氏帝尧任命为崇部族酋长，称为"崇伯"。鲧因治水无功被放逐，部分崇人也随其迁至河南嵩山。嵩山又叫"崇山"，古称"外方山"，后称嵩山，属于秦岭余脉，位于今河南西部的登封、新密和伊川之间。帝舜时仍命鲧之子禹为崇伯（见《史记·五帝本纪》）。故章炳麟说："夏禹所居曰嵩山，夏都阳城，阳城即嵩山所在。古无嵩字，但以崇字为之。"顾颉刚也谓："嵩山又名嵩高，又作崇高。"[①] 关于夏禹和崇山之说，从考古发掘情况看，嵩山正在二里头夏文化分布范围以内，文献资料和考古资料都证实了夏文化的存在，而崇人，正是夏的一支。

夏王朝从夏后启至桀共 16 帝，从禹至桀共计 470 年。目前的夏商周断代工程，对夏代基本年代框架已做出估定，将夏商分界推定为公元前 1600 年，并暂以公元前 2070 年作为夏的始年。当大夏王朝传至孔甲时，已呈衰微之势。帝孔甲"好方鬼神，事淫乱，夏后氏德衰"，"诸侯多畔之"。至帝桀，则变本加厉，"不务德而武伤百姓"，成为中国历史上有名的暴君。百姓对夏桀的暴虐统治怨恨到了极点，以至指着太阳咒骂他："时日曷丧，予及汝皆亡！"故而诸侯皆归商汤。汤遂率兵以伐夏桀，桀走鸣条，遂放逐而死。这场改朝换代的历史大变动中，有一部分夏人随同夏部落联盟的巴人退到山高谷深的大巴山地区。《山海经·大荒西经》记载：

> （大荒之中）有人无首，操戈盾立，名曰夏耕之尸。故成汤伐夏桀于章山，克之，斩耕厥前。耕既立，无首，走厥咎，乃降于巫山。[②]

这段文字似乎显得神怪妄诞，但如果细加揣摩，则不难发现其中所蕴含的丰富

---

① 顾颉刚：《论巴蜀与中原的关系》，成都：四川人民出版社，1981 年版，第 46 页。
② （汉）刘向、刘歆：《山海经》，沈阳：万卷出版公司，2008 年版，第 331 页。

的历史文化信息。第一，文中所谓"夏耕之尸"的"尸"字，此处不能讲作"尸体"之义，根据先秦典籍中"尸"字的习惯用例，其义当指"接受祭祀的活人"，这里指逃亡的夏人。"无首，操戈盾立"，当是叙说此传闻者对代祭祀的活人所装扮之先灵神象的形象描绘。第二，在商汤灭夏桀的过程中，章山一战，被以夏桀为首的奴隶主集团裹挟参战的中原地区一部分农耕部族，其首领被斩，败北之余部径直逃进了巴山峡川。《山海经》中的"大巫山"也就是今天的大巴山，通称巫山。现在的"巫山"只是大巴山东部的一段。崇人在大巴山与巴人融合，后成为巴国属族。

商灭夏时，崇人之国亦在被灭之列。夏族崇人被商王奴为臣仆，被管制于商都附近，由商王派同姓亲族为崇侯。商的崇侯初封于商都近邻黎崇山，后又迁封于江苏彭城（徐州）。商的崇侯名虎，是扫清彭人与崇人在这一带的势力后，由商人建立的国家。大约在公元前 1027 年，这个崇侯虎被周王所擒。周灭商，崇国也随之灭亡，其子孙为崇姓，但已不是夏之崇人。周王又将商之崇人管制于今之大荔县，直至春秋末年。此地先为秦的属国，此地之崇人后为秦地之民。

商灭夏时，不愿臣服商的一部分崇人南迁湖北、湖南、广西直至越南中圻。越南崇山之名据说来自河南嵩山（见《太平寰宇记》卷一七一），越南崇山位于现越南兴元地区。另一部分崇人则辗转到西南，演变成为古宗人或古聪人。

在岷山发源地随夏部落集团东进时，一支崇人没有沿渭水而是沿岷江河谷向南迁移，最终在川东北定居下来。那时的渠江流域一带，森林茂密，野兽出没，草丰水美，适合崇人这个以狩猎、采集为生的部族生存。崇人长于弓箭药弩，养成了勇敢强悍的性格。崇人药弩在崇人居住的渠江流域一带使用到 20 世纪 30 年代。当地地方志记载："弩以长方木为干，上下于适宜处各凿方眼，以富有弹性之竹片数根贯下眼内，两端联以麻绳，木之一面凿一长槽，适容柄细而长之铁刃，刃端或涂有毒药者……相兽所必经之处，橡弩于地，以机械缩绳于眼内，使绳与竹片紧张如弓引满状，长柄刃戡于弦上，兽践其机或食其饵，则机械突发，而铁刃中其要害矣。"[①]

崇人在川东北主要分布在秦之巴郡宕渠，即今之达州、巴中、广安一带渠江及其支系巴河。《华阳国志·巴志》云："阆中有渝水，崇民多居水左右。"秦汉之渝水，为今之巴河，源出大巴山，经南江、巴中、平昌至三汇（渠县），与州河汇合为渠江，至合川入嘉陵江，至重庆入长江。自平昌以上，秦汉时为阆中地。汉末分置汉昌县，隶宕渠郡。所谓渝水应包括渠江和嘉陵江中下游，这些地区都是古代崇人的居住地。崇人主要依靠狩猎、采集为生，后来逐渐有少量的农耕。因此，晋代还保留有用崇语谱写的《矛渝本歌曲》《安弩本歌曲》《行辞本歌曲》《安台本歌曲》

---

① 民国《宣汉县志》：宣汉县地方志办公室 2002 年重印本，第 205 页。

等四篇崇人古歌，当时还由崇人渠帅演唱并记录下来。①

崇人在川东北渠江嘉陵江地区生存繁衍了上千年。其族群在大巴山南坡根基牢固，族众强盛。在巴国统治时期，崇人基本上保持了相对独立。《华阳国志·巴志》云："其属有濮、賨、苴、共、奴、獽、夷、蜒、蛮。"

二、賨赋因崇人而名

賨，《说文解字》释曰"南蛮赋也"。这与战国秦汉时期的传世文献关于南方蛮夷部族出賨钱或賨布以当徭赋的记述相合："及秦惠王并巴中，以巴氏为蛮夷君长，世尚秦女，其民爵比不更，有罪得以爵除。其君长岁出赋二千一十六钱，三岁一出义赋千八百钱。其民户出幏布八丈二尺、鸡羽三十镞。汉兴，南郡太守靳强请一依秦时故事。"幏，《说文解字》释为"南郡蛮夷賨布"②。

"秦惠王并巴中"，发生在周慎靓王五年（秦惠文王更元九年，公元前316年）。是年，巴、蜀发生战争，秦大夫司马错建议借此伐蜀："蜀有桀、纣之乱，其国富饶，得其布帛金银，足给军用。（巴）水通于楚，有巴之劲卒，浮大舶船以东向楚，楚地可得。得蜀则得楚，楚亡则天下并矣。"③秦惠王最终采纳其议，遣大夫张仪、司马错和都尉墨率大军伐蜀。冬十月，蜀亡。随后，秦师东移，迅速占领巴之江州（今重庆城区），然后北上攻占阆中，俘巴王，兼并了巴蜀地区。

为了消化巩固已经取得的胜利果实，建立伐楚的基地，秦统治者对渠江、嘉陵江地区的巴地土著部族采取了优宠、笼络政策。在政治上，承认其蛮夷君长的地位，使其得"世尚秦女"；其部民无功而爵比不更（第四级爵），有罪得以爵除，更是优遇有加。秦王族内公孙无爵者赎刑仅相当于公士（第一级爵）；"臣邦真戎君长"，即一般少数民族部落首领赎刑亦仅相当于上造（第二级爵）。在经济上，每户出户赋幏布八丈二尺，若按《金布律》折算，约值113钱，不及汉人头税每年120钱。而秦赋税特重，《史记》《汉书》等史籍均载秦"收泰半之赋"。至于用作箭尾的野鸡翎30羽，对于以渔猎为主的巴地蛮夷而言，并非难为之事。蛮夷君长所出岁赋及义赋实际上只是一种贡赋，更多地具有承认、归顺秦朝廷统治的象征意义。

巴国灭亡之后，"崇"是巴地较大的部族，秦汉将对崇人的优待政策推及其他少数民族，如吴起相悼王，南并蛮越，遂有洞庭、苍梧。白起伐荆楚，略取蛮夷，始置黔中郡；汉兴，改为武陵（郡）。秦在这些蛮夷地区"岁令大人输布一匹，小口二丈，是谓賨布"。武陵蛮成人所纳賨布按时价折算，约值55钱，与相邻的南郡蛮纳賨钱56钱相同。这可能是虑及黔中郡（武陵）、南郡原为楚地，蛮夷部族众多，人心不稳，时为寇盗，须采取更为宽松的怀柔政策。

---

① 刘兴国：《巴人文化初探》，北京：中国文联出版社，2004年版，第44～46页。

② （南朝宋）范晔：《后汉书》，上海：上海古籍出版社，1986年版，第290页。

③ （晋）常璩撰，刘琳校注：《华阳国志校注》，成都：巴蜀书社，1984年版，第191页。

以上史料均记载秦汉统治者兼并巴蜀、荆楚蛮夷地区后，对蛮夷君长及其民户在政治上和经济上实行笼络、优遇政策。究其缘由，首先是推行羁縻政策以保持蛮夷地区及边疆的稳定。在战国时期，秦还出于统一全国的战略考虑，认为控制巴蜀之地对于攻灭楚国，进而兼并天下具有重要的战略意义。其次，巴地蛮夷有功于秦汉朝廷。无论是秦兼并天下，还是汉王朝平定关中（三秦）地区，蛮夷都立下了汗马功劳。蛮夷君长及其民户只需交纳赋钱和賨布，而被免除其他徭赋，正是朝廷对其部族为国建功的酬赏。

"賨"字被东汉许慎《说文解字》释为"南蛮赋"。从逻辑上讲，凡"岁出賨钱，以当徭赋"的南蛮成年男子，均适用賨赋待遇。南蛮是一个宽泛而笼统的概念，泛指活动于华夏族所居中原地区以南、被华夏族视为蛮夷的所有部族。

賨赋所优待的对象主要是古巴国及周边的巴人及其相关部族。因此，在汉至魏晋的记载中，賨是巴的属族或巴的代称，如汉扬雄《蜀都赋》："东有巴、賨，绵亘百濮。"《风俗通》云："巴有賨人剽勇。"

从夏代开始，崇人就在川东渠江地区生存繁衍了上千年。其族群部落在大巴山地区根基牢固，族众强盛。巴人强盛时，崇人成为巴国的属族。巴国灭亡后，崇人首先成为秦国统治者的优待对象，所交纳的赋税要比汉人少三分之二。于是，为逃避重赋，流落的其他巴人部族纷纷向崇人靠拢，崇人也就成为"賨人"了。

三、《蛮夷律》与賨人

中国自古就有华夏、蛮夷之分。蛮夷，乃中国古代对华夏民族以外的少数民族的泛称。《礼记·王制》："中国戎夷，五方之民，皆有性也，不可推移。东方曰夷，被发文身，有不火食者矣；南方曰蛮，雕题交趾，有不火食者矣；西方曰戎，被发衣皮，有不粒食者矣；北方曰狄，衣羽毛穴居，有不粒食者矣。中国、夷、蛮、戎、狄，皆有安居、和味、宜服、利用、备器。"《汉书·西南夷两粤朝鲜传》载，南粤王赵佗上书汉文帝，自称"蛮夷大长"。他辩称自己称王的原因是，"蛮夷中西有西瓯，其众半羸，南面称王……老夫故敢妄窃帝号，聊以自娱"。另《史记》列有《西南夷传》，专述西南地区少数民族史迹；《后汉书》有《南蛮西南夷传》等。汉代制定的《蛮夷律》专以"蛮夷"命名，应当是针对与华夏民族相对的少数民族而制定的。[①]

秦汉是我国统一多民族国家的形成时期，不仅形成了统一的汉民族，而且汉族统治者在对少数民族的管辖制度上也做了较为成功的探索。秦汉均在朝廷设置了主管少数民族事务的机构和职官。《汉书》载："典客，秦官，掌诸归义蛮夷，有丞。景帝中六年更名大行令，武帝太初元年更名大鸿胪。……典属国，秦官，掌蛮夷降

---

① 曾代伟、王平原：《〈蛮夷律〉考略——从一桩疑案说起》，袁晓文、陈国安主编：《中国西南民族研究学会建会 30 周年精选学术文库：重庆卷》，北京：民族出版社，2014 年版，第 268 页。

者。……成帝河平元年省并大鸿胪。"《后汉书·百官二》："大鸿胪，卿一人，中二千石。"湖北云梦睡虎地秦简中的《属邦律》、张家山汉简《奏谳书》中的《蛮夷律》，就是当时民族立法的典型代表。①

史料显示，战国秦汉赋役种类繁多，赋税有田税、人口税以及其他名目繁杂的杂税及地方贡赋等，徭役则有力役、屯戍等。赋税是财政收入的主要来源，徭役则为官府提供力役，是关系国计民生的两大经济支柱。中央政权在不同时期，为适应不同地区的民族政策，在各少数民族地区实行的赋役制度大多有所变通，《蛮夷律》就是关于这些变通措施的法律规定。

《蛮夷律》所规定賨赋适用的"南方之蛮"主要是分布于古代巴国、荆楚地区，他们大都是古代巴人部族的后裔。但因所处地域不同，其称呼以及族属也不完全一样，归纳起来主要有以下三种。

（一）巴郡南郡蛮

巴郡南郡蛮为巴人部族之一系，即源出今湖北清江流域的廪君白虎之巴。《后汉书·南蛮西南夷列传》载：

> 巴郡南郡蛮，本有五姓：巴氏、樊氏、瞫（音审）氏、相氏、郑氏。皆出于武落钟离山。其山有赤黑二穴，巴氏之子生于赤穴，四姓之子皆生黑穴。未有君长，俱事鬼神，乃共掷剑于石穴，约能中者，奉以为君。巴氏子务相乃独中之，众皆叹。又令各乘土船，约能浮者，当以为君。余姓悉沉，唯务相独浮。因共立之，是为廪君。乃乘土船，从夷水至盐阳。盐水有神女，谓廪君曰："此地广大，鱼盐所出，愿留共居。"廪君不许。盐神暮辄来取宿，旦即化为虫，与诸虫群飞，掩蔽日光，天地晦冥。积十余日，廪君思〔伺〕其便，因射杀之，天乃开明。廪君于是君乎夷城，四姓皆臣之。廪君死，魂魄世为白虎。巴氏以虎饮人血，遂以人祠焉。

> 及秦惠王并巴中，以巴氏为蛮夷君长，世尚秦女，其民爵比不更，有罪得以爵除。其君长岁出赋二千一十六钱，三岁一出义赋千八百钱。其民户出幏布八丈二尺、鸡羽三十镞。汉兴，南郡太守靳强请一依秦时故事。②

由此观之，南郡蛮夷与巴郡廪君蛮是同源的。廪君蛮活动的范围涵盖了南郡。如前所述，秦灭巴国后，赋予巴郡蛮交纳幏以代徭赋的权利，发生在惠文王更元九年（公元前316年）。而南郡始置于秦昭王二十九年（公元前278年）。汉初"南郡太守靳强请一依秦时故事"，将巴郡蛮交纳幏（賨布）以代徭赋的优惠政策推行到南郡。《汉书》卷一九《百官公卿表第七上》载："列侯所食县曰国，皇太后、皇

---

① 彭浩主编：《张家山汉墓竹简》，北京：文物出版社，2001年版。

② （南朝宋）范晔：《后汉书》，上海：上海古籍出版社，1986年版，第290页。

后、公主所食曰邑，有蛮夷曰道。"①《后汉书·百官五》载，汉代有属国，设属国都尉，"主蛮夷降者"。属国与郡一样，其下有属县，而"凡县主蛮夷者曰道"。道是与县相当的一级行政区划，西汉全国共有 32 道，夷道是蛮夷的聚居地。

此外，东汉时还有南郡湄山蛮、沔中蛮、巫蛮、江夏蛮等。他们都曾以郡收税取消赓赋等缘由，屯聚反叛。他们的诉求其实是正当的，因为从逻辑上讲，凡属南郡的蛮夷，皆应与夷道蛮夷一样受《蛮夷律》的管辖，也应称为"賨人"。

（二）武陵蛮

武陵蛮来源于神话传说时代的盘瓠部族。史称"其后滋蔓，号曰蛮夷。外痴内黠，安土重旧。以先父有功，母帝之女，田作贾贩，无关梁符传，租税之赋。有邑君长，皆赐印绶，冠用獭皮。名渠帅曰精夫，相呼为姎徒。今长沙武陵蛮是也"②。

《中国神话传说词典》"盘瓠"条，引用了唐代关于盘瓠神话的另一版本："唐樊绰《蛮书》卷十引王通明《广异记》云：'高辛时，人家生一犬，初如小特。主怪之，弃于道下，七日不死，禽兽乳之。其形继日而大，主人复收之。当初弃道上之时，以盘盛叶覆之，因以为瑞，遂献于帝，以盘瓠为名也。后立功，啮得戎寇吴将军头，帝妻以公主，封盘瓠为定边侯。公主分娩七块肉，割之有七男。长大各认一姓，今巴东姓田、雷、再（按：似应为冉）、向、蒙、旻、叔孙氏也。'亦盘瓠神话之异闻。"巴东与巴西、巴中一样是典型的因巴人而得的地名，即古之鱼复，今之重庆奉节，乃巴人长期活动的地区。这个神话传说在无意间透出了一个信息：盘瓠蛮与巴蛮有着同源的关系。《后汉书·南蛮西南夷传》把武陵蛮、廪君蛮与板楯蛮分开来叙述，是由于他们迁徙到不同的地方产生了差异而做出的区分。

可见，武陵蛮是以盘瓠（犬）为图腾的古老部族。"及吴起相悼王，南并蛮越，遂有洞庭、苍梧。秦昭王使白起伐楚，略取蛮夷，始置黔中郡。汉兴，改为武陵。岁令大人输布一匹，小口二丈，是谓賨布。虽时为寇盗，而不足为郡国患。"武陵蛮享有交纳賨布为赋的优遇，是《蛮夷律》调整的对象。这显然是基于秦汉统治者对蛮夷的羁縻政策。《文选·魏都赋》注引《风俗通》曰："盘瓠之后，输布一匹二丈，是谓賨布。廪君之巴氏，出幏布八丈（《后汉书》云八丈二尺）。"古人已将武陵蛮和巴郡南郡蛮所交纳的賨赋统一起来，只是因地区的不同而称呼有所不同。而且此制亦非自汉始，秦时即已有之。汉不过是"一依秦时故事"而已。其实，武陵蛮和巴郡南郡蛮所处地域本来就同属当年楚国。西周时，楚立国伊始就建都丹阳（今湖北秭归），后定都郢（今湖北江陵）。周人当时就称之为"荆蛮"，楚王室也自称为"蛮夷"。秦汉在同属"蛮夷之地"的相邻地区实行类似制度，亦在情理之中。

（三）板楯蛮

此为源出嘉陵江、渠江流域的板楯蛮巴人。《后汉书·南蛮西南夷传》载："板

---

① （汉）班固：《汉书》，北京：中华书局，1962 年版，第 742 页。
② （南朝宋）范晔：《后汉书》，上海：上海古籍出版社，1986 年版，第 289 页。

楯蛮夷者，秦昭襄王时有一白虎，常从群虎，数游秦、蜀、巴、汉之境，伤害千余人。昭王乃重募国中有能杀虎者，赏邑万家，金百镒。时有巴郡阆中夷人，能作白竹之弩，乃登楼射杀白虎。昭王嘉之，而以其夷人，不欲加封，乃刻石盟要，复夷人顷田不租，十妻不算①，伤人者论，杀人者得以倓钱赎死。②盟曰：'秦犯夷，输黄龙一双；夷犯秦，输清酒一钟。'夷人安之。至高祖为汉王，发夷人还伐三秦。秦地既定，乃遣还巴中，复其渠帅罗、朴、督、鄂、度、夕、龚七姓，不输租赋，余户乃岁入賨钱，口四十，世号为板楯蛮夷。"③

板楯蛮民风剽悍，作战骁勇，在秦有消弭虎患之功，在汉有讨平三秦、平定江山之勋，且曾抗击西羌侵扰，平定益州之乱，可谓功勋卓著。故受到顷田不租、十妻不算、杀人者得以倓钱赎死、部民岁入賨钱口四十等特别优遇。

秦时板楯蛮因消弭虎患之功，获得复除赋税等优遇，汉代更是如此。《华阳国志》卷一《巴志》亦载："汉高帝灭秦为汉王，王巴、蜀。阆中人范目有恩信方略，知帝必定天下，说帝，为募发賨民，要与共定秦。秦地既定，封目为长安建章乡侯。帝将讨关东，賨民皆思归。帝嘉其功而难伤其意，遂听还巴。谓目曰：'富贵不归故乡，如衣绣夜行耳。'徙封阆中慈（凫）乡侯。目固辞，乃封渡沔（县）侯。故世谓'三秦亡，范三侯'也。复除民罗、朴、昝、鄂、度、夕、龚七姓不供租赋。"《晋书》亦有记述："及汉高祖为汉王，募賨贵人平定三秦。既而求还乡里，高祖以其功，复同丰、沛，不供赋税，更名其地为巴郡。土有盐铁丹漆之饶，俗性剽勇，又善歌舞。高祖爱其舞，诏乐府习之，今巴渝舞是也。"

从以上情况看，賨赋实施的范围较广，战国秦汉时期，散居于今川东、重庆、黔东北、鄂西、湘西地区的蛮夷，或为华夏政权的建立和巩固立下了功勋，或基于统治者对边境少数民族采取的笼络羁縻政策，都享有减免赋税徭役的优待。《蛮夷律》正是賨赋等优惠政策固化的法律表现形式。因此，在秦汉时期，凡享受《蛮夷律》规定待遇的蛮夷都称为"賨人"。及至魏晋，巴人已不享受优待，賨人之名也就消失了。

四、古崇人的聚居地宕渠賨城

賨赋虽然被取消，但崇人并没有消失，崇人的聚居地称为"賨城"，曾置有"賨城县"④。夏代崇人把中原的农耕文化带入巴地。适于农业种植的渠江、嘉陵江河谷地带是崇人聚居地，也是巴山峡川开发最早的地区。秦灭巴国，在这里首设宕渠县，汉末设宕渠郡，有賨城县又称为"賨国都"。

---

① 十妻不算：即一户虽有十妻，按一户记税。
② 倓：蛮夷赎罪货也（原注）。
③ （南朝宋）范晔：《后汉书》，上海：上海古籍出版社，1986年版，第290页。
④ 龚熙春：《四川郡县志》，成都：成都古籍出版社，1983年版，第188页。

《华阳国志·巴志》："宕渠郡，延熙中置，以广汉王士为太守。郡建九年省。永兴元年，李雄复置，令遂为郡。长老言，宕渠盖为故賨国，今有賨城。"《水经注》："县以延熙中分巴立宕渠郡，盖古賨国也，今有賨城。县有渝水，夹水上下，皆賨民所居。"《太平寰宇记》："故賨国城在东北七十四里，古之賨国都也。"有学者认为其应在广安境内，《蜀中名胜记》记载："州立于浓洄镇，浓、洄二水名……故宕渠城，古之賨国都也。"任乃强先生亦认为："賨城，今广安县有賨城山，在渠县营山界上，为一山城，传古賨王城也。"从考古发掘出土的文物来看，渠县城坝遗址应是古賨城。①

渠县城坝遗址出土的青铜器等级较高，属于巴王侯一级的墓葬品，故賨城或"賨国都"应在渠县城坝。该遗址位于四川渠县土溪镇渠江东岸的城坝村、天府村，占地约 600 万平方米，北、西、南三面环渠江，东接佛尔岩，呈依山傍水之势。地理位置和文献记载说明这里应该是古代巴国属族崇人的聚居地。

公元前 314 年，秦国在此设立宕渠县。东汉时，车骑将军冯绲增修此城，俗称车骑城。《太平寰宇记》载："东晋末，为蛮獠所侵困而荒废。"该遗址兴盛延续达一千余年，其间屡为州、郡、县治所在地，为川东北地区政治、经济、文化中心，是目前川东北最具代表性的古代城池遗址。②

城坝遗址内现存有汉代水井、城墙、房址、窑址、墓葬、排水设施等多处遗迹，其中有 3 口汉代水井现在依然在使用。该遗址先后出土了大量刻有巴蜀符号的巴蜀兵器和具有典型代表性的战国青铜器及汉代文物，如铜戈、铜斧、铜矛、铜罍、铜钲、铜釜、甬钟、虎钮錞于、石辟邪摇钱树座、陶俑及各式陶器等。还有数以万计的汉砖，砖上装饰图案多达一百余种。

2005 年，四川省文物考古研究院对城坝遗址进行了首次正式发掘，发掘面积 260 平方米，发现有战国晚期至西汉中期木椁墓葬 3 座、西汉土坑竖穴墓葬 1 座、灰沟 2 条、汉井 1 座、各时期灰坑 24 个等大量遗迹，出土有铜器、漆器铁器、陶器、竹器和丰富的陶器残件、瓦片等。此次发掘揭露了遗址从明清—宋—两晋—东汉—西汉的 14 个文化层，其中汉代的地层最厚，证明该遗址在汉代最为繁荣，达到鼎盛时期。其中棺椁制木椁墓和出土的大量漆器为川东北地区首次发现。

2006 年，渠县历史博物馆在该遗址清理出土的汉代双石棺砖室墓，乃川东北地区首次发现，填补了川东北地区考古学上的空白。2007 年 2 月在该遗址清理出土的上釉砖为国内仅见。

关于宕渠的历史记载亦较多，如前引《华阳国志》。另外，《太平寰宇记》记："宕渠县，属巴郡，今即流江县东北七十里宕渠故城是也，其城后汉车骑将军冯绲增修，俗名车骑城……李寿乱后，地为诸獠所侵，郡县悉废。"清同治三年《渠县

---

① 王隆毅：《巴文化史话》，成都：四川人民出版社，2016 年版，第 89~90 页。
② 民国《南充县志·附宕渠考》，民国十八年（1929）本。

志》载：“宕渠故城，在渠县东北，汉置。”这些记载基本将宕渠县确定在流江县东北的城坝遗址，经过对城坝遗址郭家台城墙的解剖发现，其最早的筑城年代可能在战国晚期至西汉，这也与历史文献记载相符。①

城坝遗址青铜器的纹饰主要有三种：纯动物纹饰、巴蜀图语和巴蜀文字。纯动物纹饰主要见于铜戈，以虎纹最为常见，如 01773 的戈饰有变体兽纹，01863 和 01070 的援部均饰有浮雕虎纹，而 01130 的援部饰有“虎首人身”纹，这种纹饰可能与巴渝舞有关。巴蜀图语主要见于青铜礼器和兵器、生产工具。这种巴蜀图语又可分为两类：一类表现为动物纹饰，如虎钮錞于盖（01845）上两侧的图语，其中一侧饰有“鱼”纹，另一侧饰有“鸟”纹；钲（01123）身中部铸刻有虎、鸟、鱼及两个巴蜀符号。另一类表现为族徽方式，如罍（01873）腹中上部的纹饰，矛（00635－1）身上的纹饰，应具有族徽性质。巴蜀文字见于两件戈，分别为（01070）戈锋部出现的 10 个流畅的文字和（01865）戈出现的 6 个文字，这些文字均书写流畅，已不再是单纯的象形符号，应属于巴蜀文字，只是目前尚不能释读。②

青铜器是古代等级制度的显著代表，城坝遗址出土的青铜器包含了大量的礼乐器，其中钟、钲、罍、缶、錞于等青铜器与涪陵小田溪巴王墓葬中出土的器物一致，部分青铜器采用了错金银的手法，如铜泡、铜、镈、罍等器物上均可见这种做法。秦统一巴蜀以后，对巴蜀地区采取了不同的统治措施，如对巴采取大姓统治的方式，对蜀则采取郡县制。城坝遗址出土的青铜器应是这一时期中央政府对賨人统治方式的反映，表明城坝遗址为古代賨人的聚居区。四川省文物考古研究院对城坝遗址郭家台遗存进行了调查，发现其存在封闭的城墙，亦证明了古賨国国都可能设于此。③

城坝遗址与宣汉罗家坝遗址同处于渠江流域。宣汉罗家坝遗址位于渠江支流中河和后河交汇的一级台地上，1999 年至 2007 年，四川省文物考古研究院在此地清理墓葬 65 座，墓葬形制均为长方形竖穴土坑墓。葬具可分为船棺、木棺、无葬具三种，葬式以仰身直肢葬为主。随葬品较多，铜器可分为兵器、生活用具、生产工具和礼乐器。兵器主要有剑、钺、矛、戈、箭镞等，生活用具主要有鍪、釜、盆、壶、甑、勺、豆、镜、盘等，生产工具主要有削、斤、凿等，礼器主要有鼎、缶、簠、甗、敦、罍、带盖豆、鉴、匜、壶等。其年代在战国早期至西汉初年。城坝遗址出土的青铜器与宣汉罗家坝遗址晚期墓葬出土的青铜器较为接近，特别是兵器较为相似，但罗家坝遗址的主体年代在战国早中期，从其等级和年代上看，应是战国

---

① 四川省文物考古研究院、渠县博物馆：《城坝遗址出土文物》，上海：上海古籍出版社，2014 年版，第 89~95 页。

② 四川省文物考古研究院、渠县博物馆：《城坝遗址出土文物》，上海：上海古籍出版社，2014 年版，第 5~18 页。

③ 四川省文物考古研究院、渠县博物馆：《城坝遗址出土文物》，上海：上海古籍出版社，2014 年版，第 79 页。

早中期渠江流域巴文化的代表，而城坝遗址是战国晚期至西汉初巴文化的代表①，此时期巴国已经灭亡，巴文化的代表已是賨（崇）人，这个时期的"王"或者"侯"应该是"崇"或"賨"之王、侯。

五、结语

"賨"之为题，可以广泛涉及秦汉至魏晋时期古巴地、巴文化的各个方面。本文仅就"賨"的名称来源及夏代"崇人"与秦汉"賨人"的关系并结合考古发掘的出土文物对崇人聚居地古賨城做一初步探讨。对"賨"之名源于夏代大禹族"崇人"，限于本文所涉及范围及篇幅，只做了简略介绍，且当引玉之砖，切望各家关注并做深入之研究。

（作者刘兴国：四川省巴文化研究会理事，四川文理学院巴文化研究院特聘研究员）

---

① 参见《城坝遗址出土文物》，上海：上海古籍出版社，2014 年版，第 72 页。

巴蜀文化视野下的先民与英雄神话传说研究

——以《华阳国志》为例

张　爽

摘　要：巴、蜀地区因远离中原政治文化中心，其神话和传说被赋予了更多的神秘色彩和独特意义。《华阳国志》中的《巴志》与《蜀志》对巴、蜀两地的神话传说做了较为详细的记载与梳理。通过选取其中的先民与英雄神话传说，并对此进行比较分析，可剖析出巴、蜀两地地理、政治特点和历史思想的同异性，可帮助我们全方位、多视角地了解巴、蜀两地不同的地域文化特色。

关键词：巴；蜀；《华阳国志》；地域文化

提及巴蜀，由于其特殊的地理环境和悠久的历史，闪入人们脑海中的便是蜀道难行、辛辣口味、历代失意文人流徙之所或三国时期诸葛亮等历史故事。也正是因为巴蜀地区的封闭性，削弱了儒家正统思想对此地的影响，使得巴蜀文人思想各放异彩，也使得巴蜀文化更具神秘和个性色彩。巴蜀文化是中华文化的一个部分，考古论证巴蜀文化距今已有 5000 多年的历史，它与齐鲁文化、三晋文化并列中国上古时期的三大文化体系。巴蜀文化作为一种内涵丰富、特色独具、源远流长的地域文化，与其他地域文化共同构成中华文明的发源，在中华文明多元一体格局构成中处于重要地位，对整个中华民族的文化壮大有着不可磨灭的影响。任何一种文化都不可能完全地独立存在，它在发展和完善自身文化的过程中必定会和周边文化相辅相成。巴蜀两地毗邻贴近，且交往频繁，其交流和融合逐渐使两者相互渗透。巴蜀文化因此有很多相似点，自然而然被看作是一个整体概念。"在夏商两代，巴蜀当为一体，蜀亦巴也，巴亦蜀也。巴蜀民族是主体，居处汉水上游的今陕南之地，但已有其族类分支逐水渔猎而徙至今成都平原和长江三峡地区。迁徙到成都平原的巴蜀族人，乃融合当地土著而建立了古蜀方国。"[①] 古人将巴、蜀连称亦可见二者关系非同一般，但不论如何亲近，也不能简单地将巴蜀文化看作是巴文化与蜀文化的相加。1933 年，葛维汉和林名钧先生对广汉三星堆月亮湾玉器窖藏进行第一次发掘，推动郭沫若首次提出"西蜀文化"，揭开了巴蜀文化的现代学术帷幕。"后巴蜀

---

① 蔡靖泉：《巴人的流徙与文明的传播》，《华中师范大学学报》（人文社会科学版），2005 年第 4 期，第 60 页。

文化"作为一门新学科于 20 世纪 40 年代初由卫聚贤、郑德坤先生正式提出。此后，巴蜀文化研究受到学界的重视，其研究也朝着巴蜀和巴、蜀纵横两个方向发展，由整体研究走向了具体研究。巴与蜀各自不同的地域文化特色的研究也成为新趋势。

东晋的常璩是我国历史上的著名史学家，与他同时代的史学家孙胜就称他为"蜀史"，而更为著名的是其著作《华阳国志》。该书共十二卷，是我国现存最早的一部地方志专著。"全书叙述有方，结构严谨，内容丰富，史料可靠，是研究西南地方史和西南少数民族史以及蜀汉、成汉史的重要史书。成书以来，信誉卓著，受到历代学者的推崇。"[①] 正因为如此，在研究巴蜀文化时，《华阳国志》总是作为重要的理论依据。《华阳国志》是巴蜀文化的巨大财富，学界对其的研究也呈现出多元化。早期的研究主要有徐中舒的《古代四川之文化》《巴蜀文化初论》和顾颉刚的《古代巴蜀与中原的关系及其批判》。自三星堆这一举国惊叹的文明发现以来，对巴蜀文化的研究便偏重于考古和民族方面，比如蒙默《试论古代巴、蜀民族及其与西南民族的关系》、周群华《从考古和文献资料看巴蜀文化的内聚和外衍》。此后，学者对《华阳国志》中的巴、蜀文化进行了整体综合的研究，比如段渝《巴蜀文化发轫》、李同恩《〈华阳国志〉论稿》、辛艳《〈蜀王本纪〉与〈华阳国志·蜀志〉比较研究》。也有学者从《华阳国志》中抓取某一特质进行研究，比如杨颖《从〈华阳国志〉看东汉巴蜀地区的士族文化》。罗岚《李劼人作品的巴蜀文化阐释》则是把现当代文学和巴蜀文化融会贯通。另外，讨论巴蜀文化或历史在《华阳国志》中的记载有房锐《文翁化蜀与儒学传播》、唐妤《扬雄与巴蜀文化》、郑小琼《蜀道文学对李白诗风和人格形成的影响》、商拓《试论巴蜀文化与陈子昂》等。除研究《华阳国志》中有记载的或受其影响的巴蜀名人外，还有对其所载戏剧、蜀女、蜀道（南丝绸之路）、神话、石器等方面的研究。对巴、蜀两地差异性的研究有王元林《浅议巴蜀文化的地域差异》和朱世学《巴蜀文化的差异性探析》。现在此类差异性研究成果不如原来丰富，其中以童恩正《古代的巴蜀》为代表，还有吕智荣的论文《巴文化与蜀文化》和黄剑华《略论巴与蜀的文化关系》。而对在《华阳国志》中有关巴蜀的神话与传说做的研究就更少了。

神话是人类于原始远古时期，通过推理想象对自然现象做出的解释，有限的认知水平使得神话与传说经常笼罩着一层神秘的色彩。巴、蜀的区别性最先便是在它们的神话传说中显现出来的。阅读巴、蜀两地同主题不同表达的神话传说，可在一定意义上体现巴、蜀两地地域性和区域性的独特属性。比如敖依昌《〈华阳国志〉中的神话传说研究》与段渝《巴人来源的传说与史实》。常璩开创地方志之功是不可忽视的，其著《华阳国志》，从地方志的角度出发，分别撰写了《巴志》与《蜀志》，该书是研究巴、蜀文化神话传说部分的重要文献。本文正是基于《华阳国志》

---

① 刘重来：《说〈华阳国志〉》，《史学史研究》，1984 年第 2 期，第 28 页。

这一著作对巴、蜀两地先民和英雄的神话与传说进行对比，并总结其异同。

一、巴、蜀先民神话传说

常璩《华阳国志·蜀志》开篇即曰："蜀之为国，肇于人皇，与巴同囿（酉）。至黄帝，为其子昌意娶蜀山氏之女，生子高阳，是为帝（喾）〔颛顼〕；封其支庶于蜀，世为侯伯。历夏、商、周，武王伐纣，蜀与焉。其地东接于巴，南接于越，北与秦分，西奄峨嶓。地称天府，原曰华阳。"[①] 而其在《巴志》中又说："《洛书》曰：人皇始出，继地皇之后，兄弟九人，分理九州，为九囿（酉），人皇居中州，制八辅。华阳之壤，梁岷之域，是其一囿，囿中之国则巴、蜀矣。其分野：舆鬼、东井。"[②] 可见巴、蜀自古一脉相承，多系同宗，只是在时间顺序上存在着先巴后蜀而已，可分为巴人—巴国—巴楚—巴蜀四个发展繁衍阶段。

在四川东部和湖北居住的民族被称为"巴"，许慎《说文》谈及"巴"字时说："巴，虫也，或曰食象蛇。"[③] 后来的成语"巴蛇吞象"大概由此而来。最早涉及巴人先民起源问题的古史记载为《山海经·海内经》，其云："西南有巴国，大皞生咸鸟，咸鸟生乘厘，乘厘生后照，后照是始为巴人。"[④] 这段话说明巴人是大皞氏也就是伏羲的后人，但是伏羲与女娲都是神话中的造物者，所以《山海经》也有将他们作为巴人先民的神话传说。巴人便是从"母系文明"过渡到"父系文明"的整个族群的尊称与代号。先秦最早典籍《世本》载："廪君之先，故出巫诞，巴郡南郡蛮，本有五姓：巴氏、樊氏、谭氏、相氏、郑氏。皆出武落钟离山，其山有赤黑二穴，巴氏之子生于赤穴，四姓之子生于黑穴，未有君长，俱事鬼神，廪君名曰务相，姓巴氏，与樊氏、谭氏、相氏、郑氏凡五姓俱出争神。乃共掷剑于石，约能中者，奉以为君，巴氏之子务相乃独中之。众皆叹服，义令乘土船，雕文画之而浮水中，约能浮者，当以为君，余姓悉沉，惟务相独浮，因共立之，是为廪君。"可知，廪君的祖先伏羲最初活动于巴国的中心，即今天重庆市酉阳县桃花源钟灵山、丹穴山以及彭水县的郁山后照河古盐都一带。又，《路史·后记·太昊伏羲氏》："西南有巴国，太昊生咸鸟。太昊，伏羲氏……风姓。伏羲生咸鸟，咸鸟生乘厘，是司水土，生后照，后照生顾相，降于巴，是为巴人。"[⑤] 可以推论出巴人始祖廪君（土家族）的祖先世系。

《帝王世纪》列伏羲为伏羲氏、神农氏、黄帝三皇之首，他们之间分别相隔500余年，伏羲至黄帝相隔上千年。而廪君的始祖顾相、后照、乘厘、咸鸟皆居住于酉阳桃花源，这四代与伏羲年代相差不过百余年时间，也就是说巴人始祖廪君比

---

① （晋）常璩撰，刘琳校注：《华阳国志校注》，成都：巴蜀书社，1984年版，第175页。
② （晋）常璩撰，刘琳校注：《华阳国志校注》，成都：巴蜀书社，1984年版，第20页。
③ 谷衍奎编：《汉字源流字典》，北京：华夏出版社，2003年版，第89页。
④ 陈成：《山海经译注》，上海：上海古籍出版社，2012年版，第308页。
⑤ 转引自曾凡英主编《中国盐文化》第8辑，北京：中国经济出版社，2015年版，第275页。

黄帝要早出 800 年以上。① 依此说，从盘古开天地算起，可将中华远古先民世系依次排列为：盘古—燧人—华胥—伏羲—女娲—后照—顾相—廪君—炎帝—黄帝。但在《华阳国志·巴志》中却记载着："五帝以来，黄帝、高阳之支庶，世为侯伯……武王既克殷，以其宗姬封于巴。"② 这段文字阐明了巴人是黄帝和高阳的后代，身为支系的巴人后世也是册封的侯伯，后因巴与周同姓就被封在了巴国这个地方。黄帝为"三皇五帝"谱系中的一位中原文化传说中的重要人物，《华阳国志》将巴人归于黄帝的后代明显是唯心主义历史观和大一统思想支配下的产物。巴蜀古国之所以被称为"宗姬之国"，是据《周礼》所记"妇人称国及姓"之母系制，巴为其国名，姬便为国姓。加上之前已经提及的"蛇巴化蜀"，则巴、蜀两地皆为姬姓——国名国姓，乃划为宗祖之国。即"宗姬"之"姬"为国姓，"宗"则是祖宗。大概是由于巴、蜀为虽炎黄之支却远世，周朝时将其定名再封，成宗姬之宗族，意在将巴人纳入中原文化体系中。再从图腾上看，《山海经传》载："有巴遂山渑水出焉，又有朱卷之国，有黑蛇青首食象，即巴蛇也。"③ 有关巴蛇食象的传说，因为巴人的图腾为"巴蛇"，而巴蛇是伏羲的随从，这一传说也可表明巴图腾是源于中原的蛇图腾这一不争事实。公元前 316 年，秦灭巴国，并改设巴郡，从此，巴人地区成为秦朝疆域的一部分，中原文化与巴文化的交融逐渐加强，中央王朝以各种制度加强对巴郡的统治。另外，政治联系的加强为文化的交流与传播创造了有利条件，儒学教育成了学校教育的主要内容，儒学亦成为巴文化系统中的主导文化。

"蜀"字最初见于商代的甲骨文，许慎《说文》中释曰："蜀，葵中蚕也，从虫，上目象蜀头形，中象其身蜎蜎。"④ "蜀"最早是野蚕的意思，神话中，蜀的祖先便是蚕丛和鱼凫，所以人们往往将其与古蜀神话传说中的帝王蚕丛联系起来。蜀人多以蚕丛、鱼凫为自己的祖先，民间口传蚕丛在岷山的石穴中生活了几百年，并教会了当地的百姓植桑养蚕。而鱼凫则是一只食鱼为生的水鸟，在此期间教会了人们如何捕鱼，提升了蜀人的生活水平。再后来，教会民众务农的杜宇也成为蜀人的祖先，他再通过禅让制传位给了治水有功的鳖灵。这些历代相传的旧说代表着蜀人的祖先传说与族群记忆，也是蜀人神话传说特有的背景与自然基础。

《华阳国志·蜀志》中记载："有周之世，限以秦、巴，虽奉王职，不得与春秋盟会，君长莫同书轨。周失纲纪，蜀先称王。有蜀侯蚕丛，其目纵，始称王。死，作石棺石椁，国人从之，故俗以石棺椁为纵目人冢也。次王曰柏灌。次王曰鱼凫，鱼凫王田于湔山，忽得仙道，蜀人思之，为立祠。"⑤ 这段话有个三部分需要注意：

① （晋）皇甫谧：《帝王世纪》，王云五主编：《丛书集成初编》，北京：商务印书馆，1936 年版。
② （晋）常璩撰，任乃强校注：《华阳国志校补图注》，上海：上海古籍出版社，1987 年版，第 4 页。
③ （晋）郭璞：《山海经传》，《古逸丛书》，北京：中华书局，1983 年版，第 75 页。
④ 张章主编：《说文解字：中国人必备的工具书》（下），北京：中国华侨出版社，2012 年版，第 563 页。
⑤ （晋）常璩撰，刘琳校注：《华阳国志校注》，成都：巴蜀书社，1984 年版，第 181 页。

第一为朝代时间，"周失纲纪，蜀先称王"，不能将"周"理解为东周。公元前316年，"秦击蜀，灭之"①，再根据宋代罗泌《路史》说，开明王朝历时12代约350年，推测开明王朝建立的时间大约为公元前666年。公元前666年到西周末年，不过一两百年的时间。在这么短暂的一两百年内，蜀国经历了杜宇王朝、鱼凫氏、柏灌氏、蚕丛氏四个王朝（三代蜀王均为"一代之名，而非一人之名"，即鱼凫、柏灌、蚕丛代表的是一个氏族或一个家族，并不是指一个蜀王），这不太可能。② 且《蜀王本纪》开篇即明言："从开明以上至蚕丛积三万四千岁。"③ 据其遥不可及的年代即可知这些都是远古的神话传说。第二为纵目人的深远影响，蚕丛在蜀地历代的神话加工中，被逐渐神化，就像巴地将中原神话中的黄帝作为传世神一样，蚕丛被作为纵目人的祖先被大家供奉在祭坛上，并逐渐演化为纵目信仰。《华阳国志·蜀志》记："有蜀侯蚕丛，其目纵，始称王。"④ 当然，从现在的生物人种学来说，人不会出现"目纵"的情况，所以"目纵"应作为民间信仰及相关文化观念符号来理解。在后来的三星堆遗址的考古发现中也出现了纵目人的青铜面像，反映了古蜀人眼睛的特点，也足以证明此神话传说在民间的流传度。第三为蚕丛、鱼凫、柏灌的身份，不能将其理解为后世的"王"，应作为部落或联盟的酋长来解释。三代蜀王时期已是原始社会的尾声，"有蜀侯蚕丛，其目纵，始称王。死，作石棺石椁，国人从之"。一个"王"字表明，此时蜀王蚕丛已经拥有调动和组织群众的权力，能让大家一起做石棺；一个"从"字又表明，国人已经臣服于蚕丛的政治权力之下。与之相同的还有鱼凫王，"鱼凫王田于湔山，忽得仙道，蜀人思之，为立祠"。"仙道""立祠"两个关键词表明鱼凫王已获得了宗教权力，而宗教权力是由政治权力和经济权力共同决定的，这也就意味着鱼凫拥有超越其他人或部落首长的权力，突破了血缘社会的平等性，拥有了不一样的权力与地位。"显然，这已经不是纯粹血缘组织那种平等社会的特征，而是建立在等级制基础上的酋邦组织的特征。蚕丛不但握有号令部众的权力，而且还在相当深广的程度和范围内表现自身的意志，王者的意志不再取决于全体部众的意志，无须再经全民会议或其代表批准通过，这正是酋邦组织中拥有独裁权力的首领的特征。可以看出，所谓蚕丛'始称王'的实质，是酋邦的诞生。"⑤

蜀人的祖先神话传说，无论是教民养蚕的蚕丛、教民捕鱼的鱼凫或是后来的治水务农的杜宇，更为突显其对生活农业的影响和政治权力。相较之，巴人的祖先神话传说更注重其来源和统一思想。巴、蜀两地祖先神话传说的相同点则是人的神格化，不管是三皇五帝中的黄帝还是酋邦的君长，他们都传授了"君主专制"的大中

① （汉）司马迁撰，裴骃集解：《史记》，北京：中华书局，1959年版，第732页。
② 蒙文通：《巴蜀史的问题》，《巴蜀古史论述》，成都：四川人民出版社，1981年版，第42页。
③ 转引自童恩正《古代的巴蜀》，成都：四川人民出版社，1979年版，第57页。
④ （晋）常璩撰，刘琳校注：《华阳国志校注》，成都：巴蜀书社，1984年版，第181页。
⑤ 段渝主编：《巴蜀文化研究》（第三辑），成都：巴蜀书社2006年版，第41页。

华文化圈的核心思想。

二、巴、蜀英雄人物神话传说

随着巴、蜀两地之间的交往越来越多，其斗争也渐渐地多了起来，两地的英雄人物神话传说也应运而生。代表巴地的英雄形象非巴蔓子莫属。巴蔓子是巴国历史上唯一青史留名的英杰，迄今川东一带依然流传着他的传说。他也是土家儿女最尊敬的英雄人物，但其身世在考古学中却一直是一个谜。现今重庆七星岗莲花池的"将军坟"正是为纪念他而立的，该坟全部用石头砌封，墓碑正中用篆书写着"东周巴将军蔓子墓"。《华阳国志·巴志》中记载："周之季世，巴国有乱，将军有蔓子请师于楚，许以三城。楚王救巴。巴国既宁，楚使请城，蔓子曰：'借楚之灵，克弭祸难。诚许楚王城，将吾头往谢之，城不可得也。'乃自刎，以头授楚使。王叹曰：'使吾得臣若巴蔓子，用城何为！'乃以上卿礼葬其头。巴国葬其身，亦以上卿礼。"① 当地流传的有关巴蔓子的传说内容大致都是如此。巴蔓子慷慨请缨，运用纯熟的军事运筹能力计保三城，最后为国捐躯，不仅解除了巴国之危，也加强了巴楚军事联盟。"身首异处，而能由两国以上卿或诸侯之礼为之举哀或安葬的将军，从古到今只有关羽和巴蔓子两人。"② "土主庙"的祭祀活动源于巴蔓子割头保土这一壮举，每年农历三月四日，即巴蔓子割头的那一天，重庆忠县百姓都要围着巴蔓子夫妇的塑像游行，举办庙会纪念这位巴国英雄。

五丁力士的故事则代表蜀国的英雄神话传说。五丁开山的故事在四川各地都有传播，主题虽同为开通蜀道，不过各地的说法不一，同时也体现出古蜀国境内与墓葬相关的大石文化。《华阳国志·蜀志》载："时蜀有五丁力士，能移山，举万钧。每王薨，辄立大石，长三丈，重千钧，为墓志，今石笋是也，号曰笋里。"又云开明时，"乃遣五丁之武都担土，为妃作冢……其亲埋作冢者，皆立方石以志其墓。"③ 拥有强壮劳动力的五丁立大石为墓志，一身力气为统治阶级服务。这段话中的"石笋"在蜀地是有名的古迹，杜光庭的《石笋记》便载："成都子城西通衢，有石二株，挺然耸峭，高丈余，围八九尺。"④ 成都石笋在南宋时仍然存在，但到明代已被毁坏。后来，何宇度的《益部谈资》说："子美《石笋行》云：'在成都西门陌上。按志有二株双蹲，一南一北，南者高于北，以公孙时尝折也。今遍问故老于西门外，竟无有也。岂后又尽被折去耶？'"但石笋的残迹，据说在近代还有人见到。⑤ 郑德坤先生在《四川古代文化史》中指出"石笋""五块石""支机石""石镜""五丁担""天涯石"等都属于古蜀时期的大石遗迹，他们共同构成了古代巴蜀

① （晋）常璩撰，刘琳校注：《华阳国志校注》，成都：巴蜀书社，1984年版，第32页。
② 王峰：《巴蔓子考论》，《民族研究》，1998年第1期。
③ （晋）常璩：《华阳国志》，济南：齐鲁书社，2000年版，第27～28页。
④ 转引自邓少琴《巴蜀史稿》，重庆：重庆出版社，1986年版，第30页。
⑤ 见童恩正：《古代的巴蜀》，成都：四川人民出版社，1979年版，第92～99页。

最有地域特征的大石文化。①

同时，《华阳国志》中记载："周显王之世，蜀王有褒汉之地。因猎谷中，与秦惠王遇。惠王以金一笥遗蜀王。王报珍玩之物，物化为土。惠王怒。群臣贺曰：'天承我矣！王将得蜀土地。'惠王喜。乃作石牛五头，朝泻金其后，曰'牛便金'。有养卒百人。蜀人悦之，使使请石牛，惠王许之，乃遣五丁迎石牛。"② 和"周显王二十二年，蜀侯使朝秦。秦惠王数以美女进，蜀王感之，故朝焉。惠王知蜀王好色，许嫁五女于蜀。蜀遣五丁迎之。还到梓潼，见一大蛇入穴中。一人揽其尾，掣之，不禁。至五人相助，大呼曳蛇。山崩，同时压杀五人及秦五女，并将从；而山分为五岭。直顶上有平石。蜀王痛伤，乃登之。因命曰五妇冢山。川平石上为望妇堠。作思妻台。今其山，或名五丁冢。"③ 与此相联系的关于"武都山精化为美女"的传说，用"石牛便金"和"五妇冢山"两个神话传说来说明五丁开山的缘由：五丁力士和数千壮士披荆斩棘只为迎回五头会屙金子的石牛和五位绝世美女，虽是显出了蜀王的好色，但也表明当时秦、蜀两地已有了商贸往来。蜀地的险山被五丁打开后，蜀与秦之间的道路更加通畅无阻，秦国见伐蜀的障碍已除，很快便发兵攻打蜀国，没多久蜀国就灭亡了。五丁力士，未必就是真正的五个大力士，它可能只是一个集体的代名词，是蜀人对开通蜀道的祖先的纪念。在《华阳国志》中，具有英雄神话意义的典型人物还有秦国蜀守李冰。李冰也被赋予了英雄传奇色彩，《华阳国志》载："冰能知天文、地理，谓汶山为天彭门；乃至湔氐县，见两山对如阙，因号天彭阙；仿佛若见神。遂从水上立祀三所，祭用三牲，珪璧沉漬。"④ 李冰出任蜀守时就带有神秘色彩，仿佛他真的见到了神灵并能够祭拜神祀。神话传说中将李冰治水时入水斗水神写得惟妙惟肖，融合神力与人力，将凡人的智慧神化，反映了早期老百姓对治水英雄的敬仰。

在巴国的巴蔓子英雄传说与蜀国的五丁、李冰英雄神话传说中，这些人物都带有为国家、人民做出贡献或牺牲的特点。由于这类英雄人物用他们超人的智慧克服了当时自然环境或者人为造成的困难，为人们争得了一个比较安定的生活环境，加之当时人们认识的局限性，以及对神力或人力的模糊认识，因此一旦一般人难以克服的困难得到解决，就认为这些英雄人物具有神灵的威力，从而将其神化。

巴、蜀两地的英雄传说也有不同之处，一是巴的英雄神话传说更注重还原事件，传奇色彩较少；蜀的英雄神话传说更喜曲折的故事情节，传奇色彩十分浓郁，想象力丰富。二是巴地的巴蔓子传说的流传或宣扬多载于史书中；蜀地的五丁传说被纳入神话想象中，浪漫主义成分重，富有神秘感。

---

① 郑德坤：《四川古代文化史》，成都：巴蜀书社，2004年版，第33～42页。
② （晋）常璩撰，任乃强校补：《华阳国志校补图注》，上海：上海古籍出版社，1987年版，第123页。
③ （晋）常璩撰，任乃强校补：《华阳国志校补图注》，上海：上海古籍出版社，1987年版，第123页。
④ （晋）常璩撰，任乃强校补：《华阳国志校补图注》，上海：上海古籍出版社，1987年版，第132～133页。

三、结语

总而言之，巴、蜀两地的神话与传说都有其独特的艺术魅力，不同于中原地区大范围流传的神话传说，巴、蜀地区的很多神话传说都是其他地区少见的，《华阳国志》则往往将这些零散、片段的神话传说和历史事实混在一起，将神话和事实视为完整的历史。巴、蜀两地在神话传说方面的差异表现得十分清楚，这也从侧面证明了巴、蜀的差异性。巴人是以狩猎为主的部族部落，以虎为其图腾，成就了他们"质直好义，土风敦厚""尚武善斗""重迟鲁钝，俗素朴，无造次辨丽之气"的性格。而蜀人则"君子精敏，小人鬼黠"。若说巴人重武功，那么蜀人便是重文采。《华阳国志》中"巴将蜀相"的说法，也正是根据这种地域文化特征而来的。除神话传说外，最能显示巴、蜀两地差异的就是歌舞文化了。《华阳国志》载："周武王伐纣，实得巴、蜀之师，著乎《尚书》。巴师勇锐，歌舞以凌殷人，前徒倒戈，故世称之曰'武王伐纣，前歌后舞'也。"① 而蜀地的歌舞，形成之由是因"武都有一丈夫化为女子，美而艳，盖山精也，蜀王纳为妃。不习水土，欲去。王必留之，乃为《东平之歌》以乐之。无几，物故。蜀王哀念之，乃遣五丁之武都担土为妃作冢，盖地数亩，高七丈，上有石镜，今成都北角武担是也。后王悲悼，作《臾邪歌》《龙归之曲》"②。《臾邪歌》《龙归之曲》与《巴渝舞》相较，一个悲伤哀怨、丝竹管弦，一个慷慨昂扬、洪钟大鼓，对比真是太强烈了。巴、蜀两地的神话传说都是出自巴、蜀先民最早的口头创作，显示了巴、蜀人民不同的文化特征。直到今天，其反映的独特的艺术魅力和提供的文学养料仍扎根在两地人民的日常生活中，潜移默化地影响着巴、蜀大地。

（作者简介：张爽，四川师范大学文学院，中国古代文学、明清小说方向硕士研究生）

---

① （晋）常璩撰，刘琳校注：《华阳国志校注》，成都：巴蜀书社，1984年版，第21页。
② （晋）常璩撰，刘琳校注：《华阳国志校注》，成都：巴蜀书社，1984年版，第188~189页。

丧服制度、家族伦理与乡村治理：乡村社会中的丧礼习俗与秩序

——以巴县及周边区域为例

罗大蒙　张　芸

摘　要：作为传统中国的重要社会制度之一，丧服制度是儒家伦理纲常和封建宗法制的集中体现。它所展现的不仅是一种礼制节仪，更是以血缘关系的亲疏远近和身份等级的尊卑贵贱建立起宗族秩序的基本法则，可促使乡土民众通过日常的仪礼遵循，将国家倡导的礼制规则内化为自觉认可的内在价值，进而形塑传统国家意识形态的合法性。在乡土社会，通过对宗族制的嵌入，丧服制度成为规训思想、节制行为、建构秩序的乡村宗族自治的工具。本文以巴县为中心，兼及考察周边巴文化区域的丧服制度，以分析其对宗族伦理秩序和乡村社会治理的建构功能。

关键词：丧服制度；礼治秩序；宗族；乡村治理

中国古代社会极为重视丧礼，早在春秋时期就形成了丰富而规整的丧礼制度，其中至为繁琐的则属丧服制度。丧服制度是中国特有的重要社会制度之一，它产生与存续的意义不只是单纯的安葬死者或表达某种悲痛，更重要的是通过丧服制度的建立可以直接影响社会的伦理规范乃至政治秩序。[①] 我国古代巴县及受古代巴文化影响的区域（以下简称巴地），在儒家礼治思想的影响下也承继了儒家的丧服制度，并以此为基础建立了巴地乡村社会的宗族等级秩序和治理规范。在巴县及相关区域的地方志和档案资料中，我们可以窥见我国古代乡村社会的丧服制度及其对地方治理秩序的型构。巴县，在春秋时期属巴国，秦灭巴后置巴郡，"分其地为四十一县"，汉高祖灭秦，"天下既定，高帝乃分巴、蜀，置广汉郡。孝武帝又两割置犍为郡"[②]。北周保定元年（561）始称巴县，巴县新置时属楚州巴郡，宋至明清，属重庆府。民国时期由四川省所辖，中华人民共和国成立后又改属重庆，1994 年撤县设区，巴县改为巴南区，巴县至此消失。本文以巴县为中心，兼及考察其周边巴文化区域，如南川、涪陵、江津、宣汉、达县等地的丧服制度，以分析其对宗族伦理秩序和乡村社会治理的建构功能。

---

① 周苏平：《中国古代丧葬习俗》，西安：陕西人民出版社，2004 年版，第 4 页。
② （晋）常璩：《华阳国志·巴志》，济南：齐鲁书社，2010 年版，第 4 页。

一、巴地的丧礼习俗与丧服制度

丧礼习俗在我国由来已久，在黄帝时期便有"心丧"的说法，即生者在心中对死者默默地哀悼，以示悲痛。《易经》云："古者丧期无数。"《礼记·檀弓上》曰："事师无犯无隐，左右就养无方，服勤至死，心丧三年。"至西周早中期，丧葬之礼开始出现，据《尚书·顾命》记载，周成王去世后，召公命令作册制定葬礼，到了第七天癸酉之时，又令官员布置各种器物，以待丧事之用。这是我国有关丧礼的最早文字记录。我国的丧服习俗在此文献中也得以初现，"王麻冕黼裳，由宾阶隮。卿士邦君麻冕蚁裳，入即位。太保、太史、太宗皆麻冕彤裳"。我国古代的丧服习俗，在春秋战国时期经孔子及其弟子整理、编订，形成《仪礼·丧服》篇，从而得以系统化，丧服制度也成为与古代宗法制度相辅而成、互为表里的重要社会制度之一。在儒家丧礼与丧服制度的基础上，各地因乡俗差异，对丧礼的执行也有所不同。王尔鉴在乾隆《巴县志》（又名《王志》）中记载，县治丧，"大小二殓，民间鲜行，惟仕宦、远游者行之"。民国《巴县志》又载："今县通行丧礼，家祭用三献，或请大宾讲《书》读《礼》，诗童歌《蓼莪》，与清《通礼》所载初祭、大祭之礼节亦异，则时俗礼也。"在巴地，通行的葬礼仪式和程序主要包括：1. "讣告"，即"报丧"，死者死后，家属发出讣帖，通知亲友。2. "铭旌"，人死后，按死者生前等级身份，用绛色帛制一面旗幡，上以白色书写死者官阶、姓名，用与帛同样长短的竹竿挑起，竖在灵前右方。3. "魂帛"，将帛折成长条，相互穿贯，"上出其首，旁出两耳下垂，其余为两足"，形成人的形状，以此招魂，以为死者之魂将随帛而还。4. "题主"，丧家请人在木主前署死者的衔名。5. "楮币"，即祭供时焚化的纸钱。6. "烧七"，即人死后（或出殡后），从"头七"起即设立灵座，供木主，每日哭拜，早晚供祭，每隔七日做一次佛事，设斋祭奠，依次至"七七"四十九日除灵止。7. "除灵"，待死者葬后，于除丧之日，"民间率用僧道，设灵不设主，大祥复设醮事焚之，谓之除灵"。8. "复山"，民国《巴县志》载："葬后三日，必以香烛帛焚于墓。"民国《长寿县志》亦载："葬后三日，丧眷备酒食、香炬往哭，复覆土坟上，曰'复山'。"即安葬后第三日，后辈要上坟添土，称为复山。复山之时，还要用小猪、鸡等供奉，烧化香亭、纸马等。中华人民共和国成立后，巴地的丧礼仪式有所变化。胡天成在《接龙丧戏》一书中系统介绍了巴县接龙乡的传统丧葬仪式，主要有"筹办后事""移床""送终""烧落气钱""报丧""覆圣""点过桥灯""抹汗""殓尸""成服""奔丧""闹丧""做道场""挖阴井""做纸扎""出殡""清棺""出魂""扫财""掩土""复山""烧火焰包""回煞""烧七"等仪式和程序。①

---

① 胡天成：《接龙丧戏——重庆市巴县接龙乡刘家山合作社杨贵馨五天佛教丧葬仪式之调查》，台北：财团法人施合郑民俗文化基金会，2000 年版，第 6～16 页。

在中国传统的丧葬礼制中，服制的区别甚繁，巴地亦如是。各宗族编修的族谱一般都记有分别亲疏的服制，族人去世后需按服制居丧。在古代，因血缘关系的亲疏远近不同，亲属成员为死者所服之丧便分为斩衰、齐衰、大功、小功、缌麻五个不同的等级，这就是我国传统社会中的"五服"制度。"不同等级的丧服质地的粗细、服丧的期限和礼仪也均不同。"[①]"五服"中最重的丧服是斩衰，用最粗的生麻布制作，断处外露，不缉边，丧服上衣叫"衰"，因称"斩衰"，表示毫不修饰以尽哀痛，服期三年。次于斩衰的是齐衰，其服以粗疏的麻布制成，缘边部分缝缉整齐，有别于斩衰的毛边。齐衰的服期有杖期、不杖期、五月、三月之分。"杖"，后世称之为"丧棒"，在丧服制度中，是一个重要的组成部分，它"是丧服等级的重要标志。杖惟用于斩衰与齐衰三年[②]及杖期之服，齐衰不杖期与大功以下皆不用杖"。服齐衰一年，用丧杖，称"杖期"；不用丧杖，称"不杖期"。大功，其服用熟麻布做成，较齐衰稍细，较小功为粗，服期九月。小功，是次于大功的丧服，用稍粗熟麻布制成，服期五月。缌麻，是次于小功的丧服，乃"五服"中最轻的一种，用较细熟麻布制成，做工也较小功为细。在"五服"制的丧服等级中，亲近者布粗、期久而哀重，疏远者布细、期短而哀轻。由己身上推四世至高祖，下推四世至玄孙，共九个世代，俗称"九族"，在此范围内的亲属，包括直系亲属和旁系亲属，均在"五服"之列，为有服亲属，当为死者服孝哀痛。

表一　丧服总表

丧服等级	丧服质地	服丧期限	具体应用
斩衰	用最粗的生麻布制作，断处外露，不缉边	三年	诸侯为天子，臣为君，男子及未嫁女为父母，媳对公婆，承重孙对祖父母，妻对夫
齐衰	以粗疏的麻布制成，缘边部分缝缉整齐	杖期一年	夫为妻，出妻（被丈夫离弃的妻子）之子为母、为改嫁之继母
		不杖期一年	为祖父母、伯叔父母、兄弟、未嫁之姐妹、长子以外的众子以及兄弟之子。此外，祖父母为嫡孙，出嗣之子为其本生父母，已嫁之女为父母，随母改嫁之子为同居继父，妇（儿媳妇）为舅姑（公婆）、为夫之兄弟之子，妾为女君（夫的正妻）也服齐衰不杖期
		五月	重子、重女为其曾祖父、曾祖母
		三月	为高祖父、高祖母
大功	熟麻布制成，较齐衰稍细，较小功为粗	九月	为堂兄弟、未嫁堂姊妹、已嫁姑及姊妹，以及已嫁女为伯叔父、兄弟

---

① 高萍：《试论我国古代的丧服制度与其所蕴含的礼法思想》，《东南学术》，2011 年第 6 期，第 222 页。

② 《仪礼·丧服》中曾有"父卒则为母"齐衰三年的记载，明太祖认为父母恩无轻重，规定父母同为斩衰三年，自此齐衰无三年服。

续表

丧服等级	丧服质地	服丧期限	具体应用
小功	用稍粗熟麻布制成	五月	为从祖父母、堂伯叔父母、未嫁祖姑、堂姑、已嫁堂姐妹、兄弟之妻、从堂兄弟、未嫁从堂姐妹，以及为外祖父母、母舅、母姨
缌麻	用较细熟麻布制成	三月	男子为本宗之族曾祖父母、族祖父母、族父母、族兄弟，以及为外孙、外甥、婿、妻之父母、表兄、姨兄弟等

表二　本宗九族五服表①

				高祖父母齐衰三月				
			曾祖姑在室缌麻	曾祖父母齐衰五月	曾叔伯祖父母缌麻			
		族祖姑在室缌麻出嫁缌麻	祖姑在室小功出嫁缌麻	祖父母齐衰不杖期	叔伯祖父母小功	族叔伯祖父母缌麻		
	族姑在室缌麻	堂姑在室小功	姑在室期年出嫁大功	父母斩衰三年	叔伯父母期年	堂叔伯父母小功	族叔伯父母缌麻	
族姊妹在室缌麻	再从姊妹在室小功出嫁缌麻	堂姊妹在室大功出嫁小功	姊妹在室期年出嫁大功	己身	兄弟期年	堂兄弟大功	再从兄弟小功	族兄弟缌麻
	再从侄女在室缌麻	堂侄女在室小功出嫁缌麻	侄女在室期年出嫁大功	长子斩衰众子期年	侄期年	堂侄小功	再从侄缌麻	
		堂侄孙女在室缌麻	侄孙女在室小功出嫁缌麻	嫡孙期年众孙大功	侄孙小功	堂侄孙缌麻		
			曾侄孙女在室缌麻	曾孙缌麻	曾侄孙缌麻			
				玄孙缌麻				

从上述"丧服总表"和"本宗九族五服表"看，以"己身"为核心，层层外推，共形成五个圈层，由此形成丧服制度中的"五服制"。第一圈层，即"己身"，第二圈层包括父母、兄弟、子、姊妹，第三圈层包括祖父母、叔伯父母、姑、堂兄弟、堂姊妹、侄子、侄女、嫡（众）孙，第四圈层包括曾祖父母、叔伯祖父母、堂

---

① 丁世良：《中国地方志民俗资料汇编·西南卷》（上），北京：书目文献出版社，1991年版，第202页。

叔伯父母、堂姑、再从兄弟、再从姊妹、堂侄、堂侄女、侄孙、侄孙女、曾孙，第五圈层则是最外一层，包括高祖父母、曾叔伯祖父母、曾祖姑、族叔伯祖父母、族祖姑、族叔伯父母、族姑、族兄弟、族姊妹、再从侄、再从侄女、堂侄孙、堂侄孙女、曾侄孙、曾侄孙女、玄孙等。"五服"主要是晚辈对新逝的长辈的服丧制度，而长辈对逝去的晚辈服丧则为"报服"，即"以我死彼为我重服，彼死我当服以报之"。在"五服图"中，高、曾、祖、父对子、孙、曾、玄为报服，而因尊卑有别，报服比正服降一等。而若嫡子先于父母而死，未能为父母服丧，则由嫡长孙"承重"，即由嫡长孙代父对祖父母承担丧祭的重任，为"加服"，需加重服制，提高丧服等级，斩衰三年。对于出继他人为后者，对其本生父母及亲属，服制需降一等，即"降服"。出嫁的女子，对夫家的亲属需重服，对本家亲属的服丧等级则降而减等。未嫁或既嫁而还的女子，则与男子无别。女子为夫家亲属、子为继母、庶子为嫡母、侄为伯叔父母、父母为儿媳、祖父母为孙媳之类，并非直接亲属，或因父母，或因丈夫，或因子推及之而服丧，被称为"义服"，即恩轻而义重。除上述"本宗九族五服图"外，还有"妻为夫族服图""为家长亲服图""出嫁女为本宗降服图""外亲服图""夫为妻亲服图""三父八母服图""为人后者服图"等丧服礼制。

在巴地，儒家经典中的丧服制度执行得不甚严格，孝服发放的对象有时会扩展至前来吊唁的宾客。据《王志》载，丧家第四日"召亲族各服其服""无亲疏，悉破布缠头，谓之散孝"。民国十七年《涪陵县续修涪州志》载："丧家于成服日，无论服远近，遍给男女孝衣，头、腰孝布各一段。甥婿戚属头、腰孝布，亦给孝衣，红扣绊；吊客必送白布，约四尺，谓'散普孝'，不知起于何时。"还有的丧家，为示阔绰，"孝衣滥及于朋友"。如在光绪九年，湖北烟号庄客邓某去世，当地乡绅为邓某操办丧礼时，来吊唁之人均送了孝褂，得孝褂者穿上后方能行吊唁之礼。"此风一开，丧家备客孝衣过百件，族人贫者或不给"，被视为为人吝啬或对己不敬，多有拳足相加的情形发生，以致时人哀叹："区区丈尺白布，遂主宾废礼至此，是亦不可以已乎！"

逝者葬后，其子女并不能即刻除去孝服，还有"除服"之礼，且服丧期内其衣食住行均有不同规定。据清嘉庆十七年《江津县志》载："期而小祥，设祭，陈练服、练冠，去首经、负版、衰，妇人去腰经，男腰经不除，始食菜果。再期而大祥，设祭，陈禫服……三年丧毕，始饮酒、食肉。"民国二十年《南川县志》载："自初丧计算，交十三月而小祥……去麻衰经，服练衣、练冠也。交二十五月而大祥，完全去凶从吉也。然余哀未亡，犹不敢骤，且疑于急求自安，故又逾一月，共二十七月而行禫祭……祭后，乃举丧服、丧器焚之、毁之，是谓'除服'。"

二、丧服制度中的家族伦理与等级秩序

丧服制度自春秋时期形成以来，便与儒家经典一起内化为中国汉族文化的一部

分。儒家思想所及之处，丧服制度也与乡俗相结合，形成以儒家服丧礼制为内核的丧服文化。两千多年来，历经离乱，政治、经济、文化、社会等制度模式发生巨变，丧服制度虽稍有调整，但并未发生根本变革，成为中国文化中"最为稳固的基因之一"①。丧服的本意是因亲属的去世而以改变服饰的方式来表达某种禁忌或悼念之情，这种易服以致哀的习俗存在于世界各民族、各国家中，但是，"古今中外没有一个国家和民族形成过像中国古代丧服制度这样严整、系统的丧礼仪制"②。中国的丧服制度已经超越了对逝者哀悼和人伦孝道的层面，而与儒家礼制和宗法伦理结合在了一起，三者相互强化、相互构成中国的伦理秩序。承继周代礼制的儒家思想，将礼视作其思想的核心，儒家所倡之礼，体现在《论语》《礼记》《仪礼》《春秋》《孝经》《诗经》《孟子》《荀子》等儒家经典著作中，礼在儒家经典那里，不仅表现为外在的形式，更是一种内在价值的体现，它是一种基本的道德原则和制度结构，由礼而生发的伦理秩序，也成为中国的基本社会治理规则。

在儒家礼制思想中，丧服制度处于极为重要的地位，有学者认为"在中国古代儒家的制度建构中，最重要的莫过于丧服"③。清末礼学家曹元弼在《丧服郑氏学·序》中不仅将礼视作"六经之体"，更将丧服视作礼经之本。"天道至教，圣人至德，著在六经。六经同归，其旨在礼。礼有五经，本在丧服。"丧服制度，特别是其中的"五服"制度，是儒家礼制的集中体现，其外部表现形式是"居丧者在服丧期间所穿戴的各类特殊的服饰及所应遵守的社会节仪"，而其内在的价值却体现为伦理道德规则和社会等级秩序。作为"依生者与死者关系的亲疏贵贱而制定的一套严格的丧葬等级制度"④，"五服"制度充分表现了伦理道德观念与社会等级秩序的合一。《礼记·大传》载："服术有六：一曰亲亲，二曰尊尊，三曰名，四曰出入，五曰长幼，六曰从服。""五服"制便是根据这六项原则确定的，它们也构成了丧服制度中确定丧服轻重、亲疏远近、等级贵贱的标准。在六项服制原则中，"亲亲"和"尊尊"最为重要。清崔述在《五服异同考汇·五服余论》中认为："《丧服》一篇，两言足以蔽之，曰亲亲、尊尊而已。"凌廷堪将"亲亲""尊尊"与其他四者之间视作经与纬的关系，他在《封建尊尊服制考》中言："亲亲、尊尊二者，以为之纬也，其下四者，以为之维也。"所谓"亲亲"，即根据血缘亲疏关系来确定丧服轻重和服丧期限等，九族之亲均在五服之内，为有服亲属。所谓"尊尊"，即根据社会关系和身份高下来确定服丧等级，体现了"尊祖敬宗"的原则。

以"亲亲"与"尊尊"为主要原则的丧服制度所构建的是一套家族伦理和等级秩序，"这套仪制的精神在于强调宗法制度所蕴含的'尊尊''亲亲'的伦理秩序和

① 罗开玉：《丧葬与中国文化》，海口：三环出版社，1990年版，第158页。

② 丁鼎：《〈仪礼·丧服〉考论》，北京：社会科学文献出版社，2003年版，第2页。

③ 郭晓东：《亲亲与尊尊：先秦儒家对父母服三年之丧礼意解读的再检讨》，《云南大学学报》（社会科学版），2012年第2期，第40页。

④ 陆建松：《魂归何处：中国古代丧葬文化》，成都：四川人民出版社，1999年版，第69页。

道德架构，体现宗族亲属的层级亲疏关系和社会的政治等级制度"①。丧服制度及其中的"五服"制是以儒家的"三纲"思想和礼制来安排"五伦"关系的，从而在家族伦理秩序的基础上形成封建政治秩序的根基。在儒家经典中，"三纲"指的是君为臣纲、父为子纲、夫为妻纲；"五伦"即狭义的"人伦"，指的是中国传统社会中的父子、君臣、夫妇、兄弟、朋友五种基本人伦关系。忠、孝、悌、忍、善为"五伦"关系准则。《孟子·滕文公上》曰："使契为司徒，教以人伦：父子有亲，君臣有义，夫妇有别，长幼有序，朋友有信。"孟子认为君臣之间有礼义之道，故应忠；父子之间有尊卑之序，故应孝；兄弟手足之间乃骨肉至亲，故应悌；夫妻之间挚爱而又内外有别，故应忍；朋友之间有诚信之德，故应善。这是处理人与人之间伦理关系的道理和行为准则。董仲舒在"五伦"关系基础上进一步提出君臣、父子、夫妻三种关系是最主要的，而这三种关系存在着天定的、永恒不变的主从关系：君为主，臣为从；父为主，子为从；夫为主，妻为从。亦即所谓的"君为臣纲，父为子纲，夫为妻纲"这三纲。

如果说"三纲""五伦"是在较为抽象的层面规定了君臣、父子、夫妻、长幼、朋友等之间的基本人伦秩序，丧服制度则通过丧葬仪制将儒家纲常伦理日常化、家庭化、生活化和具体化。丧服制度根据人伦的亲疏、尊卑的等级秩序，规定了服丧者的服丧等级，在丧服轻重、原料、服饰组合以及服丧期限上都有明确的要求，从而以此来体现"等级社会中尊卑贵贱的'礼缘人情'的伦理秩序，强调现实社会中亲属层次体系的宗亲与姻亲、直系与旁系、长与幼、世代、嫡庶、性别等轻重区分原则，协调社会人际关系和确保社会政治等级秩序"②。中国社会历来缺少个人主义的传统，中国社会的基本单位是以血缘关系为基础的家庭，由家庭扩展至家族和宗族，家族的伦理秩序和制度结构便是国家伦理秩序和制度结构的缩版，或者说封建国家为了稳固统治秩序，需要将自身的统治规则与伦理规范内化为每一个家族甚至家庭的日常伦理与礼制秩序。无疑，丧服制度的推行及其对伦理秩序的建构是成功的。丧服制通过"亲亲"与"尊尊"的原则，既在横面确立了血缘关系的亲疏远近，又在立体层面确立了家族结构中的主从关系和等级秩序。《丧服小记》曰："亲亲，以三为五，以五为九，上杀，下杀，旁杀，而亲毕矣。"即以己为中心，上推四世至高祖，下及四世至玄孙，均为有服亲属，而父子兄弟为"一体之亲"，应服齐衰期年，"杀，谓亲益疏者"，上下推及的旁系亲属"服之则轻"。"亲亲"原则所论述的不仅仅是一种亲疏之情，更是宗法制度框架下的基本人伦关系。"亲亲"要求"父慈、子孝、兄友、弟恭"，从而在家族内部建立基本的伦理秩序，进而达到"修身齐家"的目的。以横面的"亲亲"原则为基础进而发展起立体层面的"尊尊"原则，《大传》曰："是故人道亲亲也，言先有恩。亲亲故尊祖，尊祖故敬宗，敬宗

---

① 丁鼎：《〈仪礼·丧服〉考论》，北京：社会科学文献出版社，2003年版，第3页。
② 陆建松：《魂归何处：中国古代丧葬文化》，成都：四川人民出版社，1999年版，第73页。

故收族。"尊尊，谓祖及曾祖、高祖也"，以"尊尊"为原则，"对父亲的服制就被加隆为斩衰三年，祖父、曾祖父、高祖父都被加隆为齐衰，这体现出的就是父系长辈对后辈的等级制度"①。如《仪礼·丧服》曰："为父何以斩衰也，父至尊也。""何以三年也？受重者，必以尊服服之。"这是封建宗法家长制在丧服制度中的体现。宗法制度因血缘关系而得以维系，是以亲缘为核心、以父族为主导的制度架构，缘起于西周时期宗族势力的强盛。宗，即奉亲族中一人为主；族，指全体有血缘关系的人。班固《白虎通·宗族》云："宗者，何谓也？宗者，尊也。为先祖主者，宗人之所尊也……古者所以必有宗，何也？所以长和睦也。大宗能率小宗，小宗能率群弟，通其有无，所以纪理族人者也。"也就是说，通过宗法等级秩序的建立，能够维持宗族和睦，进而在宗法制度的基础上按照"家国同构"原则，"形成井然有序的血缘·伦理·政治的社会构造体系"②。丧服制度所体现的正是这种强烈的宗法观念，"'亲亲'是宗法制度赖以建立的基础，'尊尊'是宗法制度的主导性纲领"③。丧服制对亲疏远近和身份等级"差序格局"的强调，是宗族内不同人伦关系的反映，丧服制所构建的礼制规仪和伦理道德秩序，也是封建宗法秩序的微缩。

三、丧服制度、伦理秩序与乡村社会的治理

如费孝通所言，从基层上看去，中国社会是乡土性的。④ 而乡土社会的治理遵循着与上层社会不同的逻辑，"传统中国的治理结构有两个不同的部分，其上层是中央政府，并设置了一个自上而下的官制系统，其底层是地方性的管制单位，由族长、乡绅或地方名流掌握"⑤，属于自治系统。由于中国传统社会具有发达的宗族组织，乡村也是按照家族制组织起来的，因此，乡土社会主要由宗族组织进行治理，而宗族治理的主要依据则是宗法制度和儒家的伦理纲常。正如上文所言，"亲亲"和"尊尊"是儒家伦理和宗族制度建立的基本原则，它构建了传统社会的人伦关系和等级秩序：父慈、子孝、兄友、弟恭是家庭和睦的基础，由这种父子兄弟之间的"一体之亲"推及君臣、夫妇、长幼、朋友，从而发展出忠、孝、悌、忍、善的"五伦"关系准则。君臣、父子、夫妇之间存在着尊卑差等和主从关系，由此，"君为臣纲，父为子纲，夫为妻纲"的三纲伦理也得以建立起来。在"三纲""五伦"基础上，依据"家国同构"的原则，即使实行上下分治的治理体系，在传统中国乡土社会的官制体系缺位的情况下，依然能够形成一套较为稳固的礼治秩序。

---

① 吴飞：《从丧服制度看"差序格局"——对一个经典概念的再反思》，《开放时代》，2011 年第 1 期，第 117 页。

② 许结：《尊祖敬宗：中国古代家族·宗法制（二）》，《古典文学知识》，2001 年第 4 期，第 109 页。

③ 丁鼎：《〈仪礼·丧服〉考论》，北京：社会科学文献出版社，2003 年版，第 186 页。

④ 费孝通：《乡土中国》，南京：江苏文艺出版社，2007 年版，第 5 页。

⑤ 张静：《基层政权——乡村制度诸问题》，杭州：浙江人民出版社，2000 年版，第 18 页。

　　丧服制度是儒家伦理纲常和封建宗法制的集中体现，它以血缘关系的亲疏远近和身份等级的尊卑贵贱而建立起宗族秩序的基本法则，从而促使乡土民众通过日常的仪礼遵循，将国家倡导的礼制规则内化为自觉认可的内在价值。所谓"皇权不下县，县下皆宗族，宗族皆自治，自治靠伦理"，指的就是在这种上下分治的治理体系下，乡村基层社会的治理逻辑。丧服制度是乡村社会伦理治理秩序的"集中装置"，它所展现的不仅是一种礼制节仪，更是通过固定化的仪式强化着社会的活动规则和礼治秩序。"仪式是一套具有文化性、象征性、表演性的符码，是最能体现人类社会结构、秩序和特征的符号表述。"① 仪式由一系列的符号组成，任何一套仪式的建构无不是对其所要传播的价值、信念、思想、信息等进行的符号化编码。仪式中的每一个仪程都是一个具有特定意义的符号，仪式的开展或经常化的展演也皆是为了强化和塑造社会的古老规训或劝服、吸引与感染人们对新的规则体系的认同。仪式越正式、庄重与常规，则其编码意义越强，也越具有影响思维、控制行为、增强规训的奇特力量。作为儒家伦理纲常的日常化应用，丧服制度通过借助生者对死者的哀悼与纪念，以某种庄重化、神圣化而又日常化的仪式，形塑着宗族权威与国家宗法等级秩序的合法性，从而维持着乡村社会礼治秩序的有效运转。丧服制度具有符号学的编码特征，它通过平面化的符号文本的组合与立体面的符号文本的聚集，展示着乡村治理规则，传播着儒家伦理纲常，构筑着国家意识形态。一方面，丧服制度是平面化的符号文本的组合。丧服最直接的意义是生者以易服的方式表达对死者的哀痛之情，因此，悼亡者在参加死者的丧礼仪式上均会穿着与常服及吉服不同的服饰。不同的服饰也表达着与其身份或与死者关系的亲疏相符的哀痛之情。《仪礼·丧服》中所规定的服饰规制主要有衰裳、首服、绖带、鞋饰、杖等五个方面的内容。② 九族之内均为有服亲属，九族之外则为无服亲属。依据"亲亲"的原则，有服亲属又会以死者为中心形成五个圈层，不同圈层会穿戴不同的丧服，由此也便形成了以"己身"为中心的平面化的亲属网络。这种亲属网络是家族结构的集中展现，它既反映了宗族组织的范围，也反映着人们的亲属观念和实际的亲属结构。另一方面，丧服制度又是立体化的符号文本的凝聚。"五服"制所反映的不仅是宗族组织的亲属网络，同时也是宗族治理结构的体现。"五服"制所建构的实际上是一种等级秩序。"'五服'反映了中国封建家庭中的宗法观念。宗法的人伦关系和等级制度，在五服中得到最集中、最鲜明的体现。"③ 丧服中的每一种服制、质料、配饰，以及穿戴的时间长短等都蕴含着宗法等级秩序的隐喻。宗族是以父系继嗣关系界定出来的群体，"父之党为宗族"，在立体化的丧服制度中，"五服"亲属均是以父系为中心而进行的扩展和延续。这种建立在父系基础上的宗族组织结构

---

　　① 金霞：《政治仪式的符号学解读——以阅兵式为例》，《武汉理工大学学报》（社会科学版），2014 年第 6 期，第 1012 页。

　　② 丁鼎：《〈仪礼·丧服〉考论》，北京：社会科学文献出版社，2003 年版，第 108 页。

　　③ 万建中：《中国历代葬礼》，北京：北京图书馆出版社，1998 年版，第 79 页。

意味着父权在家庭中具有至上的权威，以及族权在宗族组织治理中具有至上性。由此建构起夫对妻、长对幼、君对臣的等级秩序，家长制、男权制、君权制均得到了集中展演。

　　丧服制度通过平面与立体的双重符号编码构筑了以宗族为中心、以礼制为手段的乡村治理体系。马克斯·韦伯将中国形容为"家族结构式的国家"，每一个中国的孩子自出生起便陷入了一个等级森严的家族结构中，且附有按其地位而定的、不容争辩的权利和义务。① 宗族作为具有拥有共同的祖先、男系血缘的嫡传、按辈分排列长幼次序等特点的血缘共同体，承载着家族治理的任务。在乡村社会中，宗族都会建立自己的祠堂，用于崇宗祭祖。据《宣汉县志》载，清嘉庆至民国初年，宣汉县内共有 160 多个姓氏，修建祠堂 250 余座，"宗族建总祠，宗支建支祠"。各宗族祠堂占地面积较大，如向、文、王、李、龚、张、冉等宗祠互相攀比规模，画栋雕梁，成为当地最好的建筑。由此，祠堂也成为宗族的宗教、政治、社会与文化中心，祠堂的功能"化作族人交际的场合，变为族老政治的舞台；公众意见由此产生，乡规族训由此养成，族人无不以祠内的教义信条奉为圭臬"②。祠堂是宗族权力和权威的象征，族人会在祠堂内学会行重要的仪式，如各房子孙的婚、丧、寿、喜等事均可借助于祠堂的空间，族老一般也会在祠堂内行使族权，对违反族规的族人进行公开的训诫和惩罚，甚至将其驱逐出宗祠。因此，可以说宗族祠堂是审判封建道德的法庭。它对违反族规和封建礼制秩序的族人具有惩处的权力和权威，以此维护宗族的礼仪道德和乡村秩序。祠堂是乡村的政治中心，它也勾连着乡村与国家之间的关系。"宗族乡村是一个自治的团体、政治的单位。县衙门与乡村的关系，只征收赋税，其方法则假手于祠堂，所以官府从来是勉励祠堂的组织。"③ 也就是说，对于乡村社会的治理，国家官制体系并不会直接干预，而是会借助于宗族的网络组织，将其纳入宗族自治的范畴。因此，在乡村社会中，宗族组织对于国家权力而言，具有依靠族规和家族伦理规约族人，协同治理村庄事务的功能，从而维护国家在乡村社会的统治根基。而于宗族族众及乡村而言，宗族组织也在协调着国家与乡村之间的关系，保护着族人和乡村社会的利益，从而使其免遭来自国家权力的滋扰。除此而外，宗族组织在乡村治理中的功能还体现在其对乡村公共责任的承担。宗族组织不仅是一个血缘共同体，同时也是一个经济共同体。宗族组织一般会拥有一定的族产，即宗族的集体财产，包括土地、山场、仓廪、宅居、桥渡、水利设施、工商经营等，其中最基本的则是族田。④ 族产的收入除了用于完纳国家赋役外，更多的则会用于祭祖修祠、赡养族人、办理族学、储粮备荒等。宗族组织对公共责任的承担也为其赢得了更多的乡村治理权威。巴地宣汉县内有三百余个不同姓

　　① ［美］费正清：《美国与中国》，张理京译，北京：世界知识出版社，1999 年版，第 24 页。
　　② 林耀华：《义序的宗族研究》，北京：生活·读书·新知三联书店，2000 年版，第 28 页。
　　③ 林耀华：《义序的宗族研究》，北京：生活·读书·新知三联书店，2000 年版，第 58 页。
　　④ 常建华：《宗族志》，上海：上海人民出版社，1998 年版，第 314 页。

氏，多是明清之际自省外迁入的汉族人口，他们在县属各乡镇繁衍，至民国三十七年已建立起 7.6 万余个家庭，并形成县城冉姓、西北龚姓、明月任廖二姓、下八曾杨二姓、方斗寇姓、天宝尹姓、三河彭姓、普光张罗二姓等大家族。他们承袭封建宗法传统，募集族产建宗祠、修族谱、办族学，形成一种宗族自治组织。县中各同姓宗族，联合成立"同宗馆"，以扩大族势和加强宗族联系，如"王氏同宗馆""张氏同宗馆""冉氏总祠"等，各设宗长于县城。达县在清代和民国时，县内家族有同一血统的"亲房"（父系五代以内）、"远房"（五代以外）结成的"房族"，一般几十户；有同一宗祖的家族成员结成的宗族，多达数百户；还有同姓不同宗祖结成的同姓联宗和不同姓氏结成的异姓联宗（又称合族）。宗族组织承担着本族婚丧嫁娶、养老抚幼等伦常事件和民间纠纷的裁处以及族产管理等职责。

宗族治理的礼治秩序主要体现在其对族规祖训的制定与执行上，"族规即宗族组织制定的要求族人遵守的行为规范和各类规章制度。族规可以大致分为几类：一是义庄规条；二是族学的章程；三是祠堂权力的祠规；四是对族人行为的禁戒；五是对族人行为劝说的训语"[①]。在传统社会，宗族族规具有地方法的效力和权威，凡违反者会受到一定的惩罚。如同治四年巴县《陈氏家法》规定"凡不尊家法，不从家长命"，决杖五十下。《王氏宗谱》规定，违法族规家法者，"若经官府惩治之后，尚复怙恶不悛……查明从前过犯实迹，将该犯流三千里安置，不准潜回原籍生事。倘族人不法，事起一时，合族公忿不及鸣官，处以家法"。《达县志》中也有族人触犯族规被处以酷刑的记载，清末达县罗江口张姓有一惯盗，被族人用系磨磴沉入罐子滩河中；蒲家场一对同族青年男女私通，被活埋。为了维护族规权威，宗族组织有时也会借助于国家权力，以向地方官署提起诉讼解决争端。据巴县档案所载《嘉庆二十一年彭守愚禀状》，彭氏一族自明朝由湖广黄州移民来川，相传七房，子孙繁多，彭守愚"经合族叠次公议……议举生为族长……设族治家规条，以正族纲，族簿注明，各领一本为凭。生谨遵仰管诫族众，翼为合族永远和睦。不料去九月内，生弟彭儒魁控彭宗道弟兄借项在案。时因生弟被汪朝控提赴省，案悬未训……兹生弟甫归，朝杰挺身同彭祥等平白嫁以祸害难息……更敢以族众各色，捏写字帖，遍贴不堪臭言，败坏家族。斯种逆恶，不忍本支百世，不异灭族，情法难容。事关灭族，生有族长之责，理应实禀电察严究"。巴县《王氏宗谱》中也规定，对拖欠国课、乖背伦常以及凶悍不法、偷窃奸宄之人，"许族长等呈明地方官，照所犯本罪，依律科断，评记档案"。遇此情形，统制阶级为了在赋税、征兵、劳役等方面赢得宗族更多的支持，一般也会支持宗族的诉求。此外，为了维护宗族秩序的运作，宗族组织也会非常重视家庭关系秩序和家庭治理。宗族组织会要求族人按照儒家伦理观念处理家庭关系，做到父慈子孝、兄友弟恭、夫妻相敬如宾。巴县《邓氏族谱》中对家庭日常伦理纲常做出详细规定，于父母，"欲报之德，无天罔

---

① 常建华：《宗族志》，上海：上海人民出版社，1998 年版，第 430 页。

极。生而事，死而葬祭……膳需因时而具……问得一刻起居……冬温夏清昏定晨，省之节。必恭必亲，以为妻子倡率，并令祖有孝孙，舅姑有孝妇"；于夫妻，"夫义妇从，故礼之所在；夫和妇柔，亦情之所宜。孝慈有同心，肃雍有同德。琴瑟在御，莫不静好"；于兄弟，"为人兄，于弟宜友。为人弟，于兄宜恭。毋以小忿起争端，毋以微嫌伤雅爱，毋以私财薄手足之宜，毋以妇言乖骨肉之亲"。只有做到这些，才能使家族和睦。民国《重修宣汉县志》记载，清代县内的孝亲人物就有418人，其中甚至有为父母割股疗疾者。宗族组织通过将儒家伦理纲常揉入族规家法，从而在乡村社会构建起宗族治理的伦理秩序。

四、结语

通过对巴县及周边巴文化区域历史维度的考察，我们可知，丧服制作为中国重要的社会制度，历经千年演变，已经成为中国文化中较为稳定的基因之一，并在中国乡村社会治理和国家秩序维护中发挥着重要的形塑功能。丧服制度作为封建宗法制度和儒家伦理节仪的集中展现，借助于丧礼仪制在乡村社会构建起了具有等级色彩的伦理秩序，形塑着传统国家意识形态的合法性，并通过对宗族制的嵌入，进而成为规训思想、节制行为、建构秩序的乡村宗族自治的工具。这也是中国传统乡土社会在国家官制体系缺位的情况下能够保持长期有序运转的重要原因之一。虽然丧服制度在现代社会依然在继续传承，但不可否认的是，它也表现出式微之势。在演变过程中，其繁杂的服制逐渐被简化。这既与市场经济条件下人们日益世俗和理性有关，也是因为它所塑造的等级秩序，以男权为中心的家长制、男统制等理念与现代民主、平等、法治的价值倡导格格不入。它既难以适应现代国家意识形态传播的需要，也不能有效嵌入现代村民自治体制。因此，在日益理性化的现代社会，丧服制度也许会一直衰微下去，最终回归到其对死者致哀的本意。

（作者简介：罗大蒙，四川文理学院政法学院讲师，主要从事乡村治理方面研究；张芸，四川文理学院档案馆研究馆员）

巴史新探

王　平　胡昌钰

摘　要：本文拟从历史研究和传说入手，并结合考古学所取得的成果对巴名称的由来、巴人族源、巴文化起源以及巴人最初的迁徙路线进行试探性研究。提出巴名称应源于蛇图腾，"巴"字应该是"蛇"的象形字，是巴氏族的图腾标志。释"巴"为蛇，可能更符合"巴"字的真实寓意。认为巴人既不是东方太皞的后裔，也不是西方黄帝的后裔，巴人的先祖"蜒"，应为南方一支古老的民族。从越到蜒再到巴，蛇是他们拥有的共同图腾标志，他们源于同一图腾蛇神先。虎，应是巴人崇拜的自然神。认为就目前考古学资料来看，巴文化起源还有待进一步的研究。认为廪君最初并未顺清江而下向东迁徙，而是向西迁徙的。最后提出巴发展史大概经历了四个大的发展阶段，即初始的野蛮阶段、向文明社会迈进的阶段、进入文明社会却成为附属国的阶段和独立发展阶段。

关键词：巴名称；巴人族源；巴史

一、巴文化研究概况

关于巴名称的由来，说法颇多。古人有三种说法：第一种说法，释为蛇。据《山海经·海内经》载："西南有巴国……有黑蛇。"许慎《说文·巴郡》："巴，虫也。或曰食象蛇。"第二种说法，释为芭蕉或大麻。据《史记·张仪列传》载："苴、蜀相攻击。"司马贞《索隐》："苴音巴。……巴人、巴郡本因芭苴得名，所以其字遂以苴为巴也。"第三种说法，释为河流形。据《元和郡县志》卷三四《渝州》："（渝州为）《禹贡》梁州之域，古之巴国也。阆、白二水东南流，曲折如巴字，故谓之巴。"今人也有三种说法：第一种说法，徐中舒《巴蜀文化续论》说："巴之本义为坝。《广韵》巴在麻韵，坝在祃韵，巴坝同音，惟平去稍异。……《广韵》坝下云'蜀人谓平川为坝'。"主张巴族是古代居住在平坝的一种民族。第二种说法，童恩正《古代的巴蜀》："考虑到巴族的祖先廪君有生于石穴的传说，而在川东的方言中，又长期地呼石为巴，那么巴最初的含义，可能就是指'石'或'石穴'而言。"主张巴氏族可能因其居住环境而得名。第三种说法，李恕豪《试论巴的得名之由》："因巴人崇尚白色，巴是白的意思"。主张巴是因白色而得名。

关于巴人的族源，也众说纷纭，主要有三种说法：第一种为太皞后裔说。依据为《山海经·海内经》："西南有巴国，太皞生咸鸟，咸鸟生乘厘，乘厘生后照，后照是始为巴人。"第二种为黄帝后裔说。依据为《华阳国志·巴志》："华阳之壤，梁岷之域，是其一囿。囿中之国，则巴蜀矣……五帝以来，黄帝、高阳之支庶，世为侯伯。"第三种为"廪君种"说。依据为《后汉书·南蛮西南夷列传》："巴郡南郡蛮，本有五姓：巴氏、樊氏、瞫氏、相氏、郑氏，皆出于武落钟离山。其山有赤黑二穴。巴氏之子生于赤穴，四姓之子皆生黑穴。未有君长，俱事鬼神。乃共掷剑于石穴，约能中者，奉以为君。巴氏子务相乃独中之，众皆叹。又令各乘土船，约能浮者，当以为君，余姓悉沉，惟务相独浮。因共立之，是为廪君。……廪君死，魂魄世为白虎。巴氏以虎饮人血，遂以人祠焉。"

随着考古事业的发展，也有学者以考古资料为据提出了三种巴文化起源说。其中，第一种看法认为巴文化起源于鄂西长江沿岸；第二种看法认为巴文化起源于川北嘉陵江上游地区；第三种看法认为巴文化起源于峡西长江沿岸。

关于巴人最初的迁徙路线也有两种不同意见。第一种为东向说，据《水经注·夷水》"（廪君）乃乘土舟，从夷水下至盐阳"，"廪君乘土舟下及夷城"，认为廪君是顺夷水而下向东迁徙的。第二种为西向说，据《世本》"（廪君）从夷水至盐阳"，再联系巴人自从离开鄂西南地区以后，主要活动在重庆、四川东部、湖北西北部和陕西汉中一带，故认为廪君是向西迁徙的。

对于上述问题，笔者试图从历史研究和传说入手，并结合考古学所取得的成果来做一些试探，如果在阐述中有不确的地方，还望方家指正。

二、巴名称应源于蛇图腾

巴名称的由来说法很多，并且均持之有故。但笔者认为，还是应该以巴人的图腾崇拜为出发点，对巴名称的由来进行深一步探索。只有这样才能真正理解"巴"字的含意。

众所周知，世界上绝大多数民族都曾经存在过图腾文化。"图腾"包含了血缘亲属、祖先、保护神这三方面的含义。所以，我们可以从巴人奉崇的图腾中去寻找其祖源。在原始社会，各氏族为了相互区别，往往会在自己的居住地、氏族所拥有的物件上描绘或雕刻自己的图腾形象。时间长了，表示自己的图腾和氏族的最早的象形文字便在我国产生了。

《后汉书·南蛮西南夷列传》注："廪君之先，故出'巫诞'。"应劭曰："夷水出巫，东入江。"《水经注·夷水》有"廪君之族，以虎为崇奉，分布清水流域"一说，"巫"为地名，应在今湖北省长阳清江流域。《太平寰宇记》写"巫诞"为"巫蜑"。"蜑"为族名。《类篇·虫部》"蜑，亦作蜒"，"蜒，蜕蜒，龙儿"。《赤雅》："蜑人神宫画蛇以祭，自云龙种。""蜑"字，今天又写作"疍"。徐松石《粤江流域人民史》亦载："潮州蜑人所奉神宫皆为蛇像。""故"有根源之意。以上说明廪君是清江流域以蛇为始祖崇拜的诞民的后裔，巴子务相即廪君，所以"巴"字，应该是"蛇"的象形字，是巴氏族的图腾标志。笔者认为，释"巴"为蛇，可能更符合

"巴"字的真实寓意。

三、巴人应为百越族的后人

我们首先来分析巴人为太暤后裔说。《惜诵》载："令五帝以折中兮。"王逸注："五帝，谓五方神也。东方为太暤。"《淮南子·时则训》载："东方之极……东至日出之次……太暤、句芒之所司者万二千里。"由此，我们知道太暤为居住在黄河下游一带的东方民族，与太暤关系极其密切的是少昊。《楚辞·天问》："九天之际，安放安属?"王逸注："九天，东方暤天……暤一作昊。""太"有表示辈分最高的意思，而"少"相对于老，表示辈分要低一级。如按近代称东家的儿子为少东家来理解，则少昊理应为太暤之子（亦可理解成少昊为太暤的分支）。据"太暤生咸鸟"之说，少昊就应该为咸鸟。所以，《左传·昭公十七年》载："少暤挚之立也，凤鸟适至，故纪于鸟，为鸟师而鸟名。"也许有人会提出，据《左传·昭公十七年》："太暤氏以龙纪，故为龙师而龙名。"即太暤的图腾为龙。太暤的图腾既为龙，其子少昊的图腾怎么会是鸟呢? 实际上在图腾时代，图腾的传承有三种形式：母系继承法、父系继承法和感生继承法。因少昊出生时，正好有凤鸟飞临，所以少昊继承的图腾形式为感生继承法，其图腾就变为了鸟。《山海经·西山经》载："长留之山，其神白帝少昊居之……实惟员神魂氏之宫，是神也，主司反景。"郭璞注："日西入则景反东照，主司察之。"说明少昊是西部"主司反景"的神。按巴人始于太暤后裔后照，"照"亦有反射影像的含意①，后照是相对少昊最早成为"主司反景"之神而言，说明巴人应始于少昊成为"主司反景"的神之后。

据神话传说，太暤曾经到过四川。《山海经·海内经》有这样的记载："南海之内，黑水、青水之间有木，名曰若木……太暤爰过，黄帝所为。"《淮南子·地形训》："建木在都广。"高诱注："众帝之从都广山上天还下，故曰上下。"关于都广为今之成都，都广山应为岷山，即古之昆仑山，这点前人早有论述，这个观点已被学术界普遍接受。这个传说告诉我们，太暤曾沿黄帝在昆仑山上建的通天建木，上下于天地之间。

在距今 5000 年左右，时逢全球气候处于小间冰期，气温上升，导致了"天倾西北""洪水横流，泛滥于天下"的特大洪灾。由于大量洪水涌入大海，导致海水上涨②，形成"地不满东南"的大海侵。海侵迫使部分少昊族民西迁。《佩文韵府》载："少昊以主西方，一号金天氏，亦曰金穷氏。"说明少昊族的一支不仅来到了西部，最后还与蓐收共司"西方之极"，成了西方的天帝少昊族之"丹鸟氏（又称为'益'）"，他们从川西北进入川西岷山地区后，与原居住在这一地区的黄帝系、蚕丛系联盟即古籍所载的蚕丛氏蜀国剧烈碰撞，导致"蚕丛国破"。由于"蚕丛氏国破，

---

① 《汉语大字典》（缩印本），武汉：湖北辞书出版社，1993 年版，第 930 页。
② 赵希涛：《中国东部 20000 年来的海面变化》，《海洋学报》，1979 年第 2 期，第 278 页。

民亦随王而去",绝大多数蜀民南逃到了今天的云南大姚、四川凉山州一带,于是少昊族与留下的蜀人组建了以少昊族为主的新联盟,并建立了鱼凫氏蜀国。《山海经·大荒西经》中所载的"风道北来,天乃大水泉,蛇乃化为鱼……颛顼死复苏"正是这段历史的真实记录。[①] 在三星堆遗址出土文物中,我们可以看到不少与鸟和太阳崇拜有关的文物,可证少昊族的一支,不仅来到了西部,还成了蜀国统治集团中最重要的一员。在蜀国政教合一的政治体系中,少昊身为蜀国的最高统治者,当然也就成了神。笔者认为《山海经·海内经》所载"(建木)太皞爰过,黄帝所为",可能应为"少昊爰过",因为太皞并未在蜀国当过统治者。

那巴人是否真的就是少昊的后裔呢?以少昊族为主的鱼凫氏蜀国的建立,从时间上看,不会早于距今 4000 年前,因为鱼凫氏蜀国时期的文化遗存即考古学上的"三星堆文化"的年代在距今 3200~4000 年。而巴人自清江西迁,辗转从乌江进入长江沿岸后所创的哨棚嘴文化约始于距今 4600 年前。在时间上,巴人所创的"哨棚嘴文化"比少昊成为西方之神的年代要早。前面说过,巴人始于后照,起始时间当在少昊成为神(统治者)之后,所以说巴人是少昊的后裔不太可能。另外,少昊族为鸟系,行农耕,崇拜太阳,崇尚白色。而巴人为蛇系,行渔猎,崇拜虎,崇尚赤色。综上所说,少昊后为巴人起源说是不合情理的。

在少昊族所创的"大汶口文化"的遗存中,典型的陶器主要有鬶、鼎、瓿、彩陶钵和黑陶高柄豆等。这些器物约在距今 4600 年时,在巴人于峡江地区所创的"哨棚嘴文化"一期中,是寻不到一点蛛丝蚂迹的。放眼川西平原,在由少昊鸟系与黄帝、蚕丛联盟的后裔鱼系共创的"三星堆文化"中,"大汶口文化"因素举目可见,与太阳崇拜有关的文物甚至占据了重要位置。可见巴人为太皞后人的说法不成立。

之所以有巴人为太皞后人的说法,可能源于在《山海经》神话传说中太皞是几位族群始祖之一,加上在巴人的早期历史发展进程中,少昊族的后人又确实与巴人之间产生过密切交往,所以后人误认为巴人出自太皞。

下面我们来分析一下巴人为黄帝后裔说。大巴山西接岷山,东连三峡,为黄帝族东迁至鄂西提供了条件。黄帝族、巴人又同为蛇系,看起来巴人是黄帝族后人是有可能的。

《世本·帝系篇》载:"太昊伏羲氏。"由此,我们知道伏羲即太皞。《春秋世谱》载"华胥生男子为伏羲",知伏羲为华胥所生。晋代郭璞说,江东人把"华"读成"敷"。徐铉在《说文》中注"夏"音为"胡雅切"。古音也读为"敷"。所以"华"与"夏"同音,"华"就是"夏"。照此说,伏羲即太皞就是夏的后人,也就是说是黄帝后裔。难怪《世本·帝系篇》(清张澍稡集补注本)说:"少昊,黄帝之子,名契,字青阳。"既然伏羲为华胥所生,是黄帝的后人,少昊也成了黄帝的儿

---

① 胡昌钰:《古蜀史新探》,《成都文物》,2014 年第 3 期。

子，当然巴人也就成了黄帝的后裔。但是，我们知道，黄帝族是辫发[1]、行农耕、崇尚青色的族群，与巴人为椎髻、行渔猎、崇尚赤色相左。看起来两者间的差异如此之大，说黄帝后人为巴人起源又似乎不太可能。

《世本·帝系篇》有载："黄帝娶西陵氏之子，谓之嫘祖。"西陵氏就是蚕丛氏，说明位于岷山地区的蚕丛氏蜀国为黄帝系、蚕丛系族群联盟所建。与该历史时期对应的考古学文化是岷山地区的"营盘山文化"。"营盘山文化"是一支既含甘青地区"马家窑文化"因素，又有当地土著文化因素的考古学文化。据此，可以说地处甘青地区的黄帝族是考古学"马家窑文化"的主人。在距今 5500 年前左右，黄帝系一支就进入了与其相邻的川西岷山地区，与蚕丛系共创了蚕丛氏蜀国。其后该联盟的一支又与入川的少昊系结成联盟，并进入成都平原，创建了辉煌的古蜀文明。"马家窑文化"以彩陶著称，所以"营盘山文化"也有许多彩陶，而巴人所创的"哨棚嘴文化"一期却不见彩陶。"哨棚嘴文化"与"营盘山文化"之间虽有一点点相似因素，但两个文化的内涵主体相去甚远。"哨棚嘴文化"与同时期的"川西平原的古文化有极大的区别"（孙智彬《忠县中坝遗址》），由此可见，巴人为黄帝后人的说法也不太可能。

少昊族所创的"大汶口文化"，分布在黄河下游地区，距今 4500~6300 年。黄帝族所创的"马家窑文化"，分布在黄河上游甘青地区，距今 4100~5300 年。在地域上，一个位于东，一个处于西。在时间上，"大汶口文化"比"马家窑文化"还略早。所以说太皞为华胥所生，是黄帝后裔，此说很难成立。

巴人为黄帝后人的说法，可能是出于华胥感应生伏羲传说，更有可能是出于一种文化中心说的需要。

再看"廪君种"说。巫地廪君五姓，应理解为五个原始部落。五姓之子争为君长，实际上是争当部落联盟的首领。巴子务相因掷剑中穴、泛舟不沉而争得了部落联盟的领导权，于是被共立为"廪君"。《素问·皮部论》载："廪于肠胃。"王冰注："廪，积也，聚也。"可见"廪"有聚积、联合之意。"廪君"即部落联盟的最高领导。

由于巴部落成了五姓联盟的盟主，"巴"的含义也就发生了变化，它不再仅仅代表原来的巴部落，而成为整个联盟的称谓，最后还上升成了一个民族的名称。

荆人鳖灵为巴人，这一学术观点已为学术界普遍接受。《蜀王本纪》载："鳖灵即位，号曰开明。"《山海经·海内西经》载："开明兽身大类虎……东向立昆仑上。"看来崇拜虎是廪君与鳖灵的共同点。《华阳国志·蜀志》载："九世有开明帝，始立宗庙，以酒曰醴，乐曰荆，人尚赤。"看来崇尚红色是两者的又一共同点。宋陈师道《后山谈丛》卷四曰："二广居山谷间，不隶州县，谓之傜人，舟居谓之蜑人。"廪君以渔猎为生，与开明氏蜀人葬俗以船棺为葬具似乎也有千丝万缕的关联。

---

[1] 胡昌钰：《古蜀国辫发蜀人族属探》，《成都文物》，2015 年第 1 期。

所以，源自鄂西清江流域古老的以蛇为图腾，以虎为自然神，并以舟楫为家，从事渔业的水上居民廪君才极有可能是巴的先祖。故"廪君种"传说，可能是巴人自己对古代历史的追忆。

因为巴人既不是东方太皞的后裔，也不是西方黄帝的后裔，所以《说文新附》曰："蜑，南方夷也。"巴人的先祖"蜑"，应为南方一支古老的民族。据《隋书·南蛮传》载："南蛮杂类，与华人错居，曰蜒，曰獽，曰俚，曰獠，日㐌，俱无君长，随山洞而居，古先所谓百越是也。"《隋书》所载，非常明确地告诉我们，"蜒"是百越的后人。《说文》："东南越，蛇种。"说明越族是以蛇为图腾崇拜的。"蜑"字从"延"从"虫"。《山海经·海外南经》载："南山在其东南。自此山来，虫为蛇。"可见古人把蛇又视为虫。"蜑"表示为爬行中的头部较大的毒蛇。[①] 从铁四六·二的"虫"字，到昌鼎上的"虫"字，再到汉印上的"虫"[②]，直至今天的"巴"字，我们不仅可以看到"虫"字的演变过程，还可以看到"虫"实为昂首的眼镜蛇。"巴"字正是昂首眼镜蛇形象的描写。可见，从越到蜑再到巴，蛇是他们拥有的共同图腾标志。虎，应是巴人崇拜的自然神。犹如少昊族人的图腾标志为鸟，崇拜的自然神却为太阳一样。综上所述，巴人应为百越一支的后人。

过去，一般人认为巴人有两源：一为清江廪君种虎巴，一为大巴山的蛇巴。笔者认为，之所以形成两源说，根源在于把图腾神与自然神混为一谈。大巴山的巴，应为廪君种蛇巴在大巴山繁衍的结果。

四、就目前考古学资料看，巴文化起源还有待进一步的研究

认为巴文化起于鄂西长江沿岸的根据是长阳香炉石遗址是夏末到东周时期的巴人遗址，而时间在新石器时代晚期的宜都石板巷子遗址[③]与介于"河南龙山文化"晚期和"二里头文化"之间的宜昌三斗坪白庙遗址[④]又与香炉石遗址之间"有一定的继承发展关系"。

实际上，上述三处遗址的文化内涵所反映的它们之间的相互关系却并非"有一定的继承发展关系"。湖北省博物馆的杨权喜先生在通过对长江西陵峡及峡口以东一带所发掘的一批时间在夏代前后至商末周初的遗址资料进行研究后认为："以三斗坪为代表的一类夏商文化遗存……它与荆楚地区的其它夏商周文化具有根本区别……（它）包含有十分浓厚的巴蜀文化因素……还保留明显的土著文化因素……中原文化的影响……土著与中原两种文化因素均处于次要地位。相反，巴蜀文化的陶器，不但成组出现，而且出土数量大，并有明显的发展变化系列，巴蜀文化显然

① 《汉语大字典》（缩印本），武汉：湖北辞书出版社，1993年版，第1188页。
② 湖北省清江隔河岩考古队：《湖北清江香炉石遗址的发掘》，《文物》，1995年第9期，第26页。
③ 宜都考古发掘队：《湖北宜都石板巷子新石器时代遗址》，《考古》，1985年第11期。
④ 宜昌地区博物馆等：《湖北白庙遗址试掘简报》，《考古》，1983年第5期，第419页。

为三斗坪类型的文化的主体。三斗坪类型文化并非当地土著文化或中原文化的直接延伸，而是巴蜀文化在峡江地区的发展。"[1] 湖北省文物考古研究所的王劲先生在对西陵峡沿岸地区夏商时期的文化遗存进行研究后也认为："这类文化遗存，不可能是由当地早于夏商时期的石板巷子类型的文化遗存发展而来。看来其文化源头不是峡江沿岸的龙山时期文化遗存，其文化渊源似不在西陵峡区……鄂西峡江沿岸夏商时期的文化遗存，应属川东至成都平原上的巴蜀文化范畴。"[2]

笔者赞同上面两位先生的看法。笔者认为，上述鄂西峡江沿岸夏商时期文化遗存，从文化内涵及遗存存在的时间段来看，应属"哨棚嘴文化"第二期范畴。"哨棚嘴文化"第二期，实际上已经演变成了"三星堆文化"在三峡地区的一种地方类型，所以"三星堆文化"因素在这些遗址中占据了主导地位。长阳香炉石遗址出土陶器以圜底罐、釜、直领瓮、尖底杯等器物为代表，与同时期峡西长江沿岸、川东北渠江流域的遗址所出陶器一致。所以，长阳香炉石遗址文化内涵应属"哨棚嘴文化"范畴。以上说明，石板巷子遗址、白庙遗址之间没有直接继承关系，巴文化起源于鄂西长江沿岸说是不成立的。

认为巴文化起源于川北嘉陵江上游地区的看法，其根据是该地区从 20 世纪 80 年代以来的考古调查与发掘所显示的"嘉陵江上游广元中子铺……绵阳边堆山……渠江流域通江擂鼓寨……一脉相承的土著史前文化为代表"[3]。

在该区域所发现的遗址中，时间最早的要数广元市中子铺遗址，其次是广元市张家坡新石器时代遗址。张家坡遗址因受资料所限，其文化面貌并不十分清楚。在这方面做了较多工作的中国社会科学院考古研究所王仁湘、叶茂林两先生认为："张家坡遗存与中子铺文化遗存有些联系，但差别很大。""中子铺遗址的另一类遗存，即磨制石器与夹砂灰褐陶……或许可以同张家坡遗址的年代相当，不过性质似不同。""它（张家坡遗存）是后来的邓家坪和边堆山遗存的渊源之所在，则是比较清楚的，是否有直接发展关系，现在还不能确定。""邓家坪遗存和张家坡、边堆山遗址都有一些联系。"[4]

由此可见，该区域内较早的各遗址文化面貌尚不十分清楚，而且还有文化向南扩展至绵阳的趋势。经过对在时间上与绵阳边堆山遗址大致相当的通江擂鼓寨遗址、宣汉罗家坝遗址的发掘，我们可以清楚地看到，上述两处遗址的文化面貌不仅与川北地区同时期的考古学文化较为相同，还与分布在三峡长江沿岸的"哨棚嘴文化"关系十分密切，它们之间存在千丝万缕的联系。据此可以说，这一时间段在该

① 杨权喜：《荆楚地区巴蜀文化因素的初步分析》，《三星堆与巴蜀文化》，成都：巴蜀书社，1993 年版，第 233~235 页。

② 王劲：《鄂西峡江沿岸夏商时期文化与巴蜀文化关系》，《三星堆与巴蜀文化》，成都：巴蜀书社，1993 年版，第 229 页。

③ 马幸辛：《川东北考古与巴文化研究》，成都：西南交通大学出版社，2011 年版。

④ 王仁湘、叶茂林：《四川盆地北缘新石器时代考古新收获》，《三星堆与巴蜀文化》，成都：巴蜀书社，1993 年版，第 259~261 页。

区域的考古学文化，到目前为止还未发现与中子铺、张家坡、邓家坪遗址文化内涵有直接的发展关系，它们应是三峡地区考古学文化向嘉陵江上游扩散的结果。所以，说巴文化起源于川北嘉陵江上游还缺乏根据。

认为巴文化起源于峡西长江沿岸的说法，其根据在于重庆忠县"哨棚嘴文化"的发现。[①]"哨棚嘴文化"从时间和空间上看，应为巴人于距今 4600 年左右始创的文化，所以该考古学文化的确认，给我们研究巴文化的起源及发展提供了极其重要的资料。但是，我们必须看到该文化与早于它的"大溪文化"和"屈家岭文化"之间只有地层叠压关系而无文化继存关系，说明"哨棚嘴文化"是一支外来文化。它是巴文化发展过程中的文化遗存，而不是巴文化的源。要说巴文化起源于峡西长江沿岸，目前还缺乏考古学依据。

结合巴人为清江武落钟离山"廪君"后人、巴人西迁路线，以及巴人后来的主要活动区域等综合分析，正好说明在清江流域、乌江流域一带应有早于"哨棚嘴文化"的巴人早期文化遗存有待我们去发现。最初，巴子五姓均居住在洞穴中，在上述地区靠近河流的洞穴中也许会找到巴人的早期遗存。如果要索廪君的根，在东南沿海、两广、贵州等早期越人生活的地区去寻觅，也许能有所收获。

五、巴人最初是向西迁徙的

巴人离开武落钟离山迁徙所到的第一站为"盐阳"，所以要弄清巴人最初是顺清江而下向东迁徙还是逆清江而上向西迁徙，关键是要弄清楚"盐阳"的位置。

盐阳应指盐水北岸一带地方。隋代，在今湖北恩施境内，置有清江县。《后汉书·南蛮西南夷列传》李善注引盛弘之《荆州记》："案：今施州清江县水一名盐水，源出清江县西都亭山。"北周时期，又曾在清江上游设盐水县。可见隋代时清江县和北周时期的盐水县应在古时的夷水上游"盐阳"一带。又据《华阳国志·巴志》："（巴）先王墓在枳。""枳"指涪陵，古涪陵在今彭水县郁山镇（《四川郡县志》），以上说明巴人溯夷水西向，越七曜山进入今重庆黔江。结合巴人活动区域，可知巴人再顺郁水下至乌江，最后沿长江、嘉陵江发展。巴人先后在涪陵、丰都、合川、重庆、阆中建都，与其向西再向北发展是一致的。

从考古学的角度看，如前所述，"哨棚嘴文化"是外来文化，是巴人在距今4600 年左右进入峡江地区时始创的。1990 年至 2003 年间，四川省文物考古研究所曾对通江擂鼓寨遗址、宣汉罗家坝遗址进行了发掘，发掘结果证明上述遗址的文化遗存与川北地区同时期的考古学文化较为相近，与忠县"哨棚嘴文化"遗址第一期遗存有十分密切的关系。这与巴人从乌江入长江，再溯嘉陵江发展也是一致的。

相反，在西陵峡沿岸直至清江口一带所发现的夏商时期文化遗存，却属"哨棚

---

① 马幸辛：《川东北考古与巴文化研究》，成都：西南交通大学出版社，2011 年版。

嘴文化"第二期文化范畴，比其还早的距今 2200 年左右的宜都石板巷子文化遗存无论在陶系、纹饰、器物组合上都与"哨棚嘴文化"第一期遗存不尽相同。可见巴人进入鄂西长江沿岸一带的时间不会早于距今 2200 年左右。说明廪君最初并未顺清江而下向东迁徙。

六、巴经历了四个大的历史发展阶段

巴的发展史大概经历了四个大的发展阶段，即初始的野蛮阶段、向文明社会迈进的阶段、进入文明社会却沦为附属国的阶段和独立发展阶段。

（一）野蛮阶段

这一发展阶段为巫地五姓联盟以前的历史发展阶段。因缺少资料，仅知其大概发展脉络从百越一支到蜑，再到最初的穴居的巴，最后到巫地五姓联盟。

（二）向文明社会迈进的阶段

这一发展阶段为巫地五姓联盟确立至"夏后启之臣孟涂，是司神于巴"这一历史发展阶段。

在父系氏族社会的晚期，随着私有制的不断发展，阶级逐渐形成。这时，不少相邻部落出于自卫和掠夺的需要，纷纷结成部落联盟。这一时期在社会发展史中又称为军事民主主义时期。巫地五个部落组成联盟，说明当时其社会发展阶段正处于原始社会末期的军事民主主义时期。伴随着部落联盟的成立和自身力量的壮大，巴开始向外扩张。如果说以前的战争纯属血族复仇性质，从这时起战争就成了掠夺财产的重要手段。盐，从古到今都是人类赖以生存的重要生活物资，占领盐产地，这也许是廪君巴人最初向西迁徙的原因。

（三）沦为附属国的阶段

这一发展阶段为孟涂治巴到巴人叛楚（距今 2700～4000 年），这一历史时期，巴因面临强邻，曾先后沦为蜀、西周及楚的附属国。

1. 距今 3100～4000 年沦为鱼凫氏蜀国的附属国

鱼凫氏蜀王把蜀文化的发展推上了一个新的高峰，以成都平原为中心创造了一个灿烂的古代区域文化。反映在与其对应的考古学文化三星堆文化上，其东已影响到鄂西清江流域。如果说距今 3800～4600 年的哨棚嘴文化是一支极其具有地方特色的考古学文化，但紧随其后，我们可以清楚地看到具有三星堆文化特征的新文化因素强烈地表现了出来，该区域的考古学文化从性质上讲，实际上已演变成了三星堆文化在三峡地区的一种地方类型。忠县中坝等遗址的发掘就充分证明了这一事实。联系到川东地区许多地名和河流名称都与鱼或凫有关，如奉节县春秋时被称为鱼邑，从秦汉直到晋都被称为鱼复县。乌江下游称涪水，据《南中八郡志》载："犍为有鱼凫津。"《郡国志》在记南溪有鱼凫氏时，却写作"鱼涪泮"。可见"涪"与"凫"有一定关系。

从上，我们可以看出鱼凫氏蜀人的一支曾到过三峡地区，与土著巴人共同创造了一种极其具有地方特色的文化。三星堆文化东进，并在三峡地区形成新的地方类型，与《山海经·海内南经》所载的"夏后启之臣曰孟涂，是司神于巴"，在时空上应是吻合的。在这里，考古学文化纠正了一个重要的神话传说内容，即巴不是夏（启）王朝的属国，应为鱼凫氏蜀国的附庸。鱼凫氏是由以少昊鸟系后人凫为主和禹的后人鱼组成的联盟，《山海经》作者误将禹的后人即鱼凫联盟之鱼认为是禹的后人启，故出现上述"夏后启之臣曰孟涂"的错误。"涂"为嬴姓，是少昊鸟系的后裔。鱼凫氏蜀国统治集团以鸟系为主，《山海经》说是孟涂"司神于巴"，又有它正确的一面。

这一时期的巴，在高度文明的鱼凫氏奴隶制王国的直接影响下，应该迈入了文明社会。

2. 距今 2800～3100 年为西周王朝的封国

商周之际，天下大乱，周武王率八国之众灭了商。《华阳国志·巴志》："周武王伐纣，实得巴蜀之师……武王既克殷，以其宗姬封于巴。"正如《左传》所说："及武王克商……巴、濮、楚、邓，吾南土也。"这时的巴国应为周封的子国。巴自从成了西周的属国以后，与周王朝保持着一定的贡纳关系。据《逸周书·王会篇》的记载，西周成王大会诸侯于洛邑时，巴国还派专人贡献了比翼鸟。

在整个西周时期，巴国似乎都在经营自己的领土，与周边邻国没有发生什么冲突，国力得到了一定发展。

3. 距今 2700～2800 年沦为楚的附属国

西周时期，天子保持着"天下宗主"的权威。自宗周灭亡，平王迁都洛阳，王室衰弱，侯国互相兼并，大国开始陆续出现。据《史记》记载，这时的楚征服了不少江汉间的小国，由于"蛮夷皆率服"，楚成了南方一大国。

《华阳国志·巴志》载："周之季世，巴国有乱。""季"有表示某朝代末期的意思。[①] 东周末年为公元前 221 年，而巴被秦所灭在公元前 316 年，显然"周之季世，巴国有乱"是指在西周末期，巴国发生了内乱。长时期内乱导致了巴国国力的削弱。《华阳国志·巴志》载："将军蔓子请师于楚。"于是楚国在巴国请求下出兵平乱。楚国利用这次大好机会，不仅征服了巴，还吞并了巴的黔中地区。《十道志》记："楚子灭巴，巴子兄弟五人……各为一溪之长，号五溪蛮。"我们知道，这里讲的巴子兄弟五人，实际就是最初在武落钟离山结盟的廪君联盟五姓，这五姓是巴在以后发展的核心力量。如果说这个核心集团都被击溃了，巴国当时的情况就可想而知了。这里虽未说明楚人灭巴的时间，但自楚国出兵平定巴国内乱后，巴国就沦为楚的附庸却是不争的事实。《左传》载，公元前 703 年，"巴子使韩服告于楚，请与邓为好。楚子使道朔将巴客以聘于邓"。公元前 689 年，楚国派斗廉率兵攻打申国，

---

① 《汉语大字典》（缩印本），武汉：湖北辞书出版社，1993 年版，第 426 页。

巴人还须出兵随征。从上我们不难看出，当时巴国想与邓国交好还须征得楚国的同意，并且由楚国派人带领前往。楚国对外用兵，巴人也必须随从。所以说，最迟在东周初期，巴就沦为了楚国的附庸国。正如《华阳国志·巴志》所说，"楚主夏盟，秦擅西土"，巴不得与之会盟。巴沦为楚附庸的时间与楚出兵平定巴内乱的时间是吻合的。

《蜀王本纪》载："荆有一人名鳖灵，其尸亡去，荆人求之不得。""灵"可释为"神"[1]。在政教合一的时代，最高统治者就是神。可见鳖灵实为巴王。"亡"有"逃亡"之意。"其尸亡去"，意指巴王鳖灵带众人溯长江逃亡了。鳖灵出逃应与东周初年楚灭巴的事件有关。

正因为鳖灵率部投靠了杜宇氏蜀国，所以蜀国才会同意鳖灵在蜀的势力范围内即乐山一带建国。《水经注·江水》有这样的记载："（南安）县治青衣江会……即蜀王开明故治也。"《蜀王本纪》载："鳖灵尸随江水上至郫，遂活，与望帝相见。望帝以鳖灵为相。"鳖灵立国而为蜀相，恰好说明鳖灵巴为蜀的附庸。

《华阳国志·蜀志》载："（杜宇）教民务农……巴亦化其教而力农务。"应指在蜀国的统治下，追随鳖灵来到川西乐山一带的巴人，放弃了原来以渔猎为主的传统生产方式，改为注重农业生产。他们在接受了当地蜀人的先进农业生产经验后，再加上得天独厚的自然环境，生产力很快得到极大提升，为鳖灵巴的发展提供了坚实的物质基础。

鳖灵在随后消除成都平原水害的过程中，由于有较大贡献，又得到人民的支持。"遂活"，有逐渐更具活力的含意，即势力越来越大。随着势力的增长，鳖灵最终于公元前 660 年左右逐走了杜宇，建立了开明氏蜀国，统治了川西地区。

与开明氏蜀国相对应的考古学文化，我们暂时将其称为"晚期巴蜀文化"，包含有成都市青羊区古蜀船棺合葬墓等文化遗存。这一时期的蜀，由于开明氏带来的新的文化因素，与以前三代蜀王时期文化有极大差异，进而形成了传统意义上的巴蜀文化。

（四）独立发展阶段

这一发展阶段为距今 2370～2700 年，是从楚文王元年巴叛楚至巴灭于秦的历史时期。

公元前 689 年，楚文王即位。同年，巴随楚国攻伐申国时叛楚，从此摆脱楚国控制。公元前 674 年，秦、楚、巴三国联手灭了庸国后，三分庸地，从此巴国国力大增，随后开始向外扩张。西线，据《华阳国志·巴志》载："巴、蜀世战争。"《太平寰宇记》卷一三六引李膺《益州记》说："昔巴、蜀争界，久而不决。"说明巴与蜀沿涪江一带形成拉锯战。北面，据《战国策·燕策》："汉中之甲，乘舟出于

---

[1] 《汉语大字典》（缩印本），武汉：湖北辞书出版社，1993 年版，第 1699 页。

巴。"可知汉中地区曾为巴所有。东线，"巴、楚数相攻伐"，并于公元前 672 年大败楚国于津，将东部边界一直推到今湖北荆门附近。南面以长江为界隔江与楚相望。

到楚庄王时（前 613—前 591 年），《韩非子·有度》说"荆庄王并国二十六，开地三千里"，其国力已相当雄厚。但在公元前 551 年，巴人却错误地判断了形势，再次挥师向东，伐楚围鄀，结果大败。从此，巴在东线节节败退，相继丢失了鄂西及今重庆东部部分地区，被逼将都城向西迁到重庆。据《益部耆旧传》："楚襄（应作威）王灭巴子，封废子于濮江之南，号铜梁侯。"可知在公元前 339 年至公元前 328 年之间，巴再次大败于楚。"废"可当灭字讲。[①]"废子"即指灭国的巴王。这一仗巴王被擒，被楚封为铜梁侯。巴人不得不另立新王并将都城向北迁到了嘉陵江中游的阆中。这时的巴已被楚挤压到了嘉陵江中上游一带，仅剩川东北一隅之地了。

《华阳国志·巴志》载："巴子时虽都江州，或治垫江，或治平都，后治阆中。其先王陵墓多在枳。"一般认为，巴国建都的先后顺序是先重庆，再合江，又到丰都，最后迁阆中。但据楚国先吞并巴的黔中地，把巴压到长江以北，再攻占巴东部土地的情况，结合巴国所建几个都城的地理位置，笔者认为巴人建都的先后顺序是先涪陵，再丰都，再合江，又到重庆，最后是阆中。

公元前 316 年，苴侯由于与巴国交好而疏远蜀国，蜀王因此发兵攻伐苴侯。苴侯在逃往巴国的同时向秦国求援。鉴于蜀国的富饶，秦国早有灭蜀之心。于是秦国借此良机出兵灭了蜀国。

同年十月，在蜀地基本平定后，张仪等挥兵东指，占领了巴国，并俘虏了巴王，巴国灭亡。公元前 314 年，秦"置巴郡"，"分其地为县"。

（**作者简介：**王平，达州市博物馆馆长、副研究员，研究方向为巴蜀历史；胡昌钰，四川省文物考古研究院副研究员，研究方向为历史考古）

---

① 《汉语大字典》（缩印本），武汉：湖北辞书出版社，1993 年版，第 380 页。

论巴族群的文化性格

姜 约

摘 要：要对巴文化有一个系统的了解，就应当了解巴族群的文化传统以及这种文化传统得以形成的基础——影响巴族群发出社会行动的根本原因，即巴族群在其生存环境中所形成的文化性格。古代巴人及其后裔土家族所生存的自然环境是条件恶劣的山区，社会环境总体上也较为恶劣。在这样的生存环境影响下，巴族群逐渐形成了较为稳定的"朴直敦厚""刚勇重义""乐观豁达"的文化性格。

关键词：巴族群；文化性格；朴直敦厚；刚勇重义；乐观豁达

要对巴文化有一个系统的了解，有一项工作是势在必行的，那就是必须对巴族群——古代巴人及其后裔土家族人的文化传统进行深入了解。按照法国艺术史家丹纳的"种族、时代、环境"三因素说，除了所属种族这样一种先天的因素之外，对一个族群及其文化传统影响最大的，自然是其所生存的环境——包括自然环境和社会环境。因此，要了解巴族群的文化传统，就必须首先研究古代巴人及其后裔所赖以生存的自然环境和社会环境，分析他们由此形成的文化性格。

一、巴人的生存环境

笔者在《巴国、巴地与巴人》[①] 一文中已经讲过，巴族群大约还在氏族社会的时候，就开始了长途迁徙的生活。到廪君与樊、瞫、相、郑四个氏族联盟时，大约已迁徙到了今山西南部。结合《世本》关于廪君"乃乘土船，从夷水至盐阳"的记载和上文所推导出的廪君巴人迁徙路线来看，廪君巴人一族当是较早掌握造船技术的上古渔猎族群，这一点也可从今天仍在传唱的土家族《族群迁徙歌》中看出一些端倪："打猎的套子，捉鱼的钩、网，打虎的虎叉，捉猴子的麻套，样样东西装上船，样样路上有用场。"[②] 人类趋利避害的生物本性决定了巴人在迁徙过程中必定会用其所长，避其所短，故而他们的迁徙当是以走水道为主，在其定居期间，也当

---

① 姜约：《巴国、巴地与巴人》，《巴文化研究》（第一辑），成都：四川大学出版社，2017 年版，第 3～10 页。

② 湖南少数民族古籍办公室主编：《摆手歌》，《中国少数民族古籍土家族古籍之一》，长沙：岳麓书社，1989 年版，第 133 页。

主要居住在河流沿岸的山地上。从不断发现的古代巴人文化遗址，以及现今各地土家族人民的实际分布和《华阳国志·巴志》"赛民多居水左右"的记载来看，也可得出大致相同的结论。当然，这还只是就他们生存于其中的自然环境而言。实际上，作为一个社会群体，巴族群既生活于一定的自然环境之中，同时还生活在一定的社会环境之中，下文将分别予以讨论。

（一）巴人所处的自然环境

在人口稀少的上古时代，主要以渔猎采集为生的巴人所生活的临水山地植物、动物资源相对比较丰富，能够较好地满足族群的生存和繁衍所需，那时的自然环境对他们来说是相对比较优越的。[①] 但是，随着人口的日渐增长，仅靠渔猎和采集越来越难以满足族群人口的生存和繁衍需要，在这种情况下，从现存土家族摆手仪式中的《迁徙歌》所反映出来的巴人不断迁徙—定居—迁徙，以寻找生活乐土的运动轨迹来看，一旦巴人由迁徙转入定居状态，便开始了农业种植。传承至今的土家族《摆手歌》中就记录了巴人在定居初期，经过长期艰难地开荒种地，终于换来丰衣足食的过程："大家辛辛苦苦，开垦这块荒地。太阳没出就上山，太阳落土未归屋。过了几年几月，做尽艰难工夫。手板磨破，脚板换皮，肩膀磨肿，脸上长角。大田开了九十九丘，大坪开了九十九块。陈谷装满三仓，黄豆也有三仓。布衣缝了九十九件，腊肉三年吃不完。"[②] 歌中所唱的这种衣食充足的美好景象恐怕只是在巴人定居的初期及巴国较为强盛时才有可能出现，对于现实生活中的大多数土家人来说，那可能更多的是一种对丰衣足食生活的憧憬和只要辛勤劳动就能发家致富的信念。

图一　川东巴人后裔生活地区部分耕地地貌[③]

---

①　峡江地区考古发掘中大量鱼骨的发现说明鱼是当时当地巴人族群的主要生活资源。

②　湖南少数民族古籍办公室主编：《摆手歌》，《中国少数民族古籍土家族古籍之一》，长沙：岳麓书社，1989年版，第185页。

③　图片来源：作者拍于宣汉县渡口土家族乡。文中图片依次排序，凡属作者所拍图片，只标注序号和图片内容，不再另行说明。

从现今土家族族群主要的分布区域——湘鄂渝黔川等省市毗连的武陵山区和大巴山地区——来看，这些地域的自然环境大部分属于典型的喀斯特地貌，面积大、山区多，平原少，是典型的山区丘陵地带，大部分地区海拔都在 400～1500 米之间。这些地方处处是大山陡岩和深沟峡谷，自古就以"土地山险水滩"[①] 著称。在一些海拔较低的缓坡和平坝地区，尚能出产一些水稻，在较多高海拔地区，则既无水田，也不出产水稻，通常只能以玉米、土豆、红薯等为主食。其艰苦的自然环境大致可以用著名土家族诗人彭秋潭《长阳竹枝词》中的第一首来描述："长阳溪水乱滩流，无数高山在上头。山田惟有苞谷米，山船惟有老鸦鴂。"[②]

图二　川东巴人后裔生活地区部分耕地地貌

《摆手歌》中所唱的"大田""大坪"在现实场景中几乎难以看到，很多用来栽种粮食的土地都是人工在山坡上的巨石之间开垦出来的数尺见方的小块土地。由于土地贫瘠，这些土地产量非常有限，而且很多地方没有任何水利设施，基本只能靠天吃饭，如遇干旱，往往颗粒无收。因此，巴人后裔土家族人一直保留了渔猎技术，一旦粮食不够，他们就只能寄希望于山林、河流的恩赐。

正是由于自然地理条件的恶劣，土家族地区交通很不发达，信息十分闭塞，这在某种意义上虽然使土家族人避免了过早地被中原汉族文化完全同化，从而保留了更多的族群特点，但也导致了这些地区的经济发展非常滞后。目前，由于经济发展水平远远低于全国平均水平的原巴人生活地区——巴地，尤其是巴人后裔土家族人所生活的地区被纳入国家的两个集中连片特殊困难地区——武陵山区和秦巴山区。[③]

---

① （晋）常璩撰，刘琳校注：《华阳国志校注》，成都：巴蜀书社，1984 年版，第 83 页。

② 长阳土家族自治县地方志编纂委员会：《长阳县志》，北京：中国城市出版社，1992 年版，第 744 页。

③ 参见中华人民共和国中央人民政府网站，2011 年 12 月 1 日中国要闻栏目：《〈中国农村扶贫开发纲要（2011—2020 年）〉印发》一文。网址：http://www.gov.cn/jrzg/2011-12/01/content_2008462.htm.

（二）社会环境

原始社会时期，和其他族群相似，巴人的首领和一般民众之间的地位差距并不是太大。随着剩余财产的增加，巴人之间社会分配也出现了不平等现象，首领和平民之间的差距越来越大，阶级于是逐渐形成。从时间上推算，大约在后照"是始为巴人"的时候，巴族群尚处于原始社会时期。到廪君与四姓结盟之时，巴族群则显然已经进入了奴隶社会，因为它已经有能力发展自己的军队去占领其他族群的地盘了。

此处，且不论哪种社会形态有利于人的生存和生产力的发展，对于一般民众来说，生产力的发展虽然意味着更加充足的物质生活，但与之相伴而生的则是赋税、劳役等负担的加重和人身依附关系的产生。在族群内部，人的地位开始由其所占有物质财富的多寡来决定，人与人之间的平等关系被打破了，随之而来的是阶级压迫的产生和加剧。

粗略来讲，在商初至西周时期，巴方（巴子国）定期向中央王朝进贡的物资和巴子（战国以后是巴王）及其臣属所需的物资消耗均主要依靠奴隶的劳动来提供，巴人中的自由民大概不需要负担太多，他们所受的剥削应当还不重。随着巴国对内、对外战争的增加，物资消耗越来越多，仅靠奴隶的劳动难以生产足够的产品，自由民的经济负担也日渐加重。到战国中晚期，巴国在秦、蜀、楚的夹击下大约已经到了国力羸弱、民生凋敝的境地了，所以才会轻而易举地被刚刚灭蜀的秦国疲惫之师一举消灭。

秦和西汉王朝对巴国遗民似乎都采取了轻徭薄赋的政策，据《后汉书》记载，秦惠王灭巴以后，规定巴人"其君长岁出赋二千一十六钱，三岁一出义赋千八百钱。其民户出幏布八丈二尺，鸡羽三十镞"。进入汉朝以后，南郡太守靳强又请求中央政府在对巴国遗民征收赋税时"一依秦时故事"。不仅如此，对于巴人中伐三秦有功的板楯蛮，西汉王朝更是优待，"复其渠帅罗、朴、督、鄂、度、夕、龚七姓，不输租赋，余户乃岁入賨钱，口四十"[1]。应当说，此一时期巴人整体上过的是一种安居乐业的生活。

好景不长，进入东汉以后，地方官吏擅自加重赋税和劳役，对巴人"过于奴虏"，巴人生活出现了"嫁妻卖子"，乃至轻生自杀的惨状，致使"忠功如此，本无恶心"的巴人也多次发动叛乱。[2] 东汉以后的几乎整个古代社会，那些生活在如今秦巴山区的巴人，由于长期处于中央王朝流官的统治之下[3]，其社会生活状况也随

---

[1] （南朝宋）范晔撰，（唐）李贤等注：《后汉书》卷八十六《南蛮西南夷列传》，北京：中华书局，1965年版，第2841~2842页。

[2] （南朝宋）范晔撰，（唐）李贤等注：《后汉书》卷八十六《南蛮西南夷列传》，北京：中华书局，1965年版，第2843页。

[3] 秦巴山区的巴人也并非完全在流官统治之下，据考证，在川东巴人地区的宣汉县境内，明代还有冉姓土副巡检司存在。参见刘兴国：《明代达州南昌滩土司文化》，《四川文理学院学报》，2015年第5期。

着中央王朝政策的变化而变化，总体而言是较为恶劣的。只有在社会环境致使巴人后裔无法生存时，他们才会加以反抗，譬如南北朝时期，在巴蜀地区发生的一次由巴西宕渠巴人后裔李特、李雄领导，并最终建立起成汉政权的流民起义[①]，就是在统治阶级过度压榨，致使巴人难以生存的情况下发生的。清朝发生在川东宣汉一带的白莲教起义也是如此。

在武陵山区扎根的巴人，自秦汉至宋代，中央王朝基本都对其采取羁縻政策，实行土司制度，统治相对宽松。但是，这种宽松仅仅是对于土司和巴人中的上层统治阶级而言。在巴人族群内部，土司像土皇帝一样统治着当地的巴族群人民，不但要下层巴人为其提供向中央王朝进贡的贡品，满足他们骄奢淫逸的物质生活，而且还继续保留了奴隶社会遗留下来的"初夜权"[②]等恶俗，致使下层人民在承受经济剥削的同时，还要承受肉体和精神的摧残，其生活的苦难可想而知。明清以后，这些地区的统治模式虽然从土司制度变为流官制度，社会风气有所改变，但是，除了中原汉文化的影响加大，整体生产力水平有所提高以外，下层巴人的生活并没有得到根本改观，土王、贵族、族长等人依旧是这一地区的特权阶级。此时的巴人族群不仅要继续承受原来的经济和精神压迫，而且还要接受地方官吏的盘剥和压榨，其生存状态当然也不可能有根本性的扭转。

简而言之，巴人是一个苦难的族群，其民众在长达数千年的历史时期内，都不得不一边与残酷、恶劣的自然环境相搏斗，通过艰难困苦的劳作去获得赖以生存的物质产品；一边承受着来自异族统治者的经济剥削以及来自本族群统治阶级的物质和精神双重压榨。直到 20 世纪中叶，巴人后裔的命运才得以根本改变。

二、巴族群的文化性格

正是在上述自然环境和社会环境的影响下，巴族群依据自身的文化天性，逐渐强化并最终定型了一种与其他族群相区别的文化性格。在讨论巴族群的文化性格之前，有必要先弄清"什么是文化"这样一个问题。目前，关于"文化"最广为人知的概念当系英国著名人类学家泰勒所说："文化是包括知识、信仰、艺术、道德、法律、习俗以及由社会成员习得的能力和习惯所构成的复杂整体。"[③] 这个概念的囊括范围几乎达到了无所不包的境地，但是，当我们在运用这一概念去分析具体文化事象时，又常常感觉到它的大而无当，很多时候不得不在其前面加上"物质""非物质""民俗""农业""语言""器物"之类的前缀来缩小讨论的范围。也正是

---

① 任乃强校注：《华阳国志校补图注》，上海：上海古籍出版社，1987 年版，第 483 页。

② 关于巴人土司行"初夜权"的相关记载，还可参见以下文献，田发刚、谭笑：《鄂西土家族传统文化概观》，武汉：长江文艺出版社，1998 年版，第 130 页；伍湛：《土家族的形成及其发展轨迹述论》，《伍湛民族学术论集》，成都：四川民族出版社，1999 年版，第 144~145 页。

③ E. B. Taylor, *Primitive Culture: Research into the Development of Mythology, Philosophy, Religion, Art and Custom, Gloucester*, 1958, p. 1.

有感于泰勒过于宽泛的文化概念可能导致的概念困境，人类学家克利福德·格尔兹力主应用狭义的、特殊的，从而更具理论力度的概念来代替泰勒那个著名的文化概念。① 在这一思想指导下，格尔兹本人给出了似乎最为简单的"文化"概念——"意义之网"②。根据这个概念，他进一步认为文化虽然是"观念性的"，却并不"存在于人的头脑中"；同时，虽然它是"非物质性的"，但也并非"超自然的存在"，它是"表演的文件"，"具有公共的性质"。③ 因此，在格尔兹看来，要想真正理解和精确描述（即所谓"深描"）某一种文化，就必须关注文化持有人的行为，因为文化形态是在他们的"行为之流"，更准确地说是"社会行动"，以及"各种人造物和各种思想状态"中表达出来的。④ 这就是说，我们可以通过观察人们的社会行动，去察知支配其行为方式的文化传统。

那么，巴族群的文化传统是怎样的呢？按照格尔兹的意思，当然就是在巴人的"社会行动"及其所创造的"各种人造物"和他们的"各种思想状态"中表现出来的那张"意义之网"了。正如方铁教授在论及巴蜀地区族群与汉族的融合时所言："在相当一段时间内，相对后进的賨、氐、獠、獽、蜑等族群，仍较多地保留了原有的特点。"⑤ 从古代巴人到今天的土家人，巴族群的文化虽然在与其他族群，尤其是与汉族的交往中不断发生着诸如生产方式、语言运用等方面的各种变化，甚至在很大程度上与汉族文化融合了，但是"其社会行动"的方式总体上却保持了相对的稳定。

应当说，巴族群文化之所以能够保持基本不变，自然有风俗习惯一旦形成就具有相当稳定性的原因。正如《隋书·地理志》所载"自汉高……迁巴之渠率七姓，居于商、洛之地，由是……其人自巴来者，风俗犹同巴郡"⑥ 那样，迁居商、洛之地的七姓巴人，在历经近八个世纪以后，其风俗仍与巴郡相同；更为重要的是，在文化地理学的意义上，这正是巴人后裔生存环境的封闭性及其文化的非中心性使然。

徐新建先生基于巴人及其后裔所处地域行政治理上的"腹地化"与文化习俗上

① ［美］克利福德·格尔兹：《文化的解释》，纳日碧力戈等译，上海：上海人民出版社，1999 年版，第 4 页。

② 格尔兹的完整表述："人是悬挂在由他们自己编织的意义之网上的动物，我把文化看作这些网，因而认为文化的分析不是一种探索规律的实验科学，而是一种探索意义的阐释性科学。"参见 ［美］克利福德·格尔兹：《文化的解释》，纳日碧力戈等译，上海：上海人民出版社，1999 年版，第 5 页。

③ ［美］克利福德·格尔兹：《文化的解释》，纳日碧力戈等译，上海：上海人民出版社，1999 年版，第 11 页。

④ ［美］克利福德·格尔兹：《文化的解释》，纳日碧力戈等译，上海：上海人民出版社，1999 年版，第 20 页。

⑤ 方铁：《巴蜀、西南夷地区大姓的异同及其形成的原因》，《尤中教授从事学术活动 40 周年纪念文集》，昆明：云南大学出版社，1995 年版。

⑥ （唐）魏徵、令狐德棻：《隋书》，北京：中华书局，1973 年版，第 843 页。

的"土著化"长期并存的特征，称之为"腹地里的边疆"或"边疆里的腹地"。①可以说，直到今天，且不论其生产、生活方式已经在多大程度上汉化，绝大多数巴人后裔所生存的自然环境都还属于徐先生意义上的"腹地里的边疆"。一方面，行政治理上的"腹地化"确保了巴人后裔总体上对于中央王朝的归顺与驯服；另一方面，交通的不便以及长期实行的土司制度，又使这些地区像遥远的"边疆"一样较少受到中原文化熏染乃至同化，故在很大程度上保持了其作为"土著"的特色，或曰"毕兹卡性"。恐怕也正是在这种"腹地化"与"毕兹卡性"的张力之中，巴人及其后裔逐渐形成了其相对稳定且独具特色的族群性格，而作为巴族群"意义之网"的"巴文化传统"，也就一直保存在那最终决定巴人及其后裔（乃至受巴文化影响较大的其他人）如何展开"社会行动"的族群文化性格之中了。根据现存史料中关于巴族群及其后裔性格的相关记载，笔者认为巴族群大致具有以下三个方面的文化性格。

（一）朴直敦厚

常璩在《华阳国志·巴志》中对巴人的族群性格曾有多次记载。他在评价巴族群的民风时赞赏"其民质直好义，土风敦厚，有先民之流"，但又认为其缺点则在于"重迟鲁钝，俗素朴，无造次辨丽之气"。② 这就说明，在常璩看来，巴人族群具有"质直好义"和"素朴敦厚"的民风，这种民风深深地刻印在巴人的族群意识之中，成为他们与别的族群相区别的显著特征。这种民风反映在个体身上，则是大凡巴人都具有"质直"之"人性"，这种"人性"难以磨灭，即便是秦惠王灭巴之后，尽管大量巴人被迁徙到了异地定居，其"质直"的"人性"和"敦厚""素朴"的风俗仍然得以牢固地保持——"虽徙他所，风俗不变"③。在《巴志》的结束处，大约是有感于巴人独特的性格特征，常璩又充满总结意味地评价道："若蔓子之忠烈，范目之果毅，风淳俗厚……观其俗，足以知其敦壹矣。"④ 再一次强调其民俗中所表现出来的朴直敦厚之风。

从常璩上述几段关于巴人族群性格的记载当中，我们可以提炼出"质直""素朴"和"敦壹"（"敦厚"亦包含其中）等几个关键词。《三国志·蜀书》在给位至蜀国光禄大夫的巴人代表谯周立传时，对他"体貌素朴，性推诚不饰"⑤ 的评论中所使用的"素朴""推诚不饰"等评语，实际也包含在上述关键词的意涵之中。作为巴人上层人物的谯周的精神气质尚且如此，可见常璩所论之不虚。下文笔者试对以上关键词加以分析。

---

① 徐新建：《从边疆到腹地：中国多元民族的不同类型——兼论"多元一体"格局》，《广西民族学院学报》（哲学社会科学版），2001年第6期。

② （晋）常璩撰，刘琳校注：《华阳国志校注》，成都：巴蜀书社，1984年版，第28页。

③ （晋）常璩撰，刘琳校注：《华阳国志校注》，成都：巴蜀书社，1984年版，第84页。

④ （晋）常璩撰，刘琳校注：《华阳国志校注》，成都：巴蜀书社，1984年版，第101页。

⑤ （晋）陈寿撰，裴松之注：《三国志》，北京：中华书局，1959年版，第1027页。

首先来看"质直"一词。这里的"质",当作"本"解①，即"本质"的意思，"直"字是巴人族群性格的关键所在。对于"直"字，先秦诸子已多有使用和分析，《老子》第五十八章中就已有"是以圣人方而不割，廉而不刿，直而不肆，光而不耀"之说，《韩非子·解老》释"直"曰："所谓直者，义必公正，公心不偏党也。"意即公道正直，没有偏私就是"直"；陈鼓应释"直而不肆"为"直率而不放肆"②，则"直"又有"直率"之意。《论语·雍也》篇中，子曰："人之生也直，罔之生也幸而免。"刘宝楠释"直"曰："盖直者，诚也。诚者，内不自以欺，外不以欺人。"③ 刘氏的解释尚较为含糊，其大意为待人待己如一，既不自欺，也不欺人；邢昺《论语注疏》的解释更明确："此章明人以正直为德，言人之所以生于世……以其正直故也。"④ 照此理解，则"直"在孔子那里乃是"正直"之意，无怪乎一向重德的他在《论语·季氏》中强调交友原则时又说"益者三友……友直友谅友多闻，益矣"。《荀子·修身》篇在对人的品格进行分类时也说："是谓是，非谓非曰直。"可见，早在先秦时期，"直"就是儒、道诸家所公认的一种道德，这种道德简而言之就是"公正、直率、是非分明、无所偏私"。

也正因为具有"直"这一最根本特点，所以巴人待人接物真诚坦率而不假虚饰，即具有所谓"素朴"的族群性格。巴人的"素朴"不只像谯周那样表现在体貌上，更表现在思想和行为上，用今天巴文化圈中的话说，就是为人"耿直"，对人对事有一说一，有二说二，从不"假打"（意即虚情假意），从不担心因表露自己的真实情感或说出某件事情的真相而开罪于人，也从不为了讨好别人而阿谀奉承、言不由衷。

同样因为本性之"直"，巴人也具有为人诚实、待人忠厚，即"敦壹"的性格特征。巴人待人真诚，为人诚恳，不斤斤计较于蝇头小利。据清同治《来凤县志》记载，邑人到集市"买日用饮食之物者，取物酬直，恒不俟主人，主人亦不问也"⑤。为人如此诚实不欺，其敦厚、朴实的民风可见一斑。事实上，《来凤县志》所记录的这种因性"直"而诚实不欺的淳朴民风在巴人后裔居住区，乃至受巴文化影响较多的非巴人后裔居住区都非常具有普遍性。例如，在川东巴文化圈，直到改革开放前，乡镇集市上乡民之间的买卖活动都一直保持着这种货不二价的诚实传统。

（二）刚勇重义

古人大约也在一定程度上注意到了生存环境对族群性格的影响，故而《华阳国

---

① 参见宗福邦、陈世铙、萧海波主编：《故训汇纂》，北京：商务印书馆，2003 年版，第 2191 页，"质"字条第 18 至 20 义项。

② 陈鼓应：《老子今注今译》，北京：商务印书馆，2006 年版，第 286 页。

③ （清）刘宝楠著，高流水点校：《论语正义》，北京：中华书局，1990 年版，第 234 页。

④ （三国）何晏集解，（宋）邢昺疏：《论语注疏》，《十三经注疏》，北京：中华书局，1980 年版，第 2479 页。

⑤ 同治《来凤县志》，1981 年重印本，第 247 页。

志·巴志》在谈到涪陵郡的巴人"人多戆勇"时，特意在前面加了一句"土地山险水滩"。① 这似乎在告诉我们，正是这"山险水滩"的生存环境造就了涪陵巴人的"刚勇"性格。与之相类，《后汉书》在谈到板楯蛮夷"天性劲勇"和"其人勇猛，善于兵战"的特点之前，也首先谈到了他们所居住的自然环境——"阆中有渝水，其人多居水左右"②，很容易让人联想到板楯蛮劲勇的性格与其长期在渝水的风浪中求生存之间的关系。除上述几处外，《华阳国志》还有多处写到巴人的刚勇性格，如《巴志》引益州计曹掾程苞的话评价川东賨民说："其人勇敢能战。昔羌数入汉中……后得板楯，来虏（弥）〔殄〕尽。"③ 又说："賨民……天性劲勇。"④ 在介绍巴东郡的巴人时又说其"郡与楚接，人多劲勇"⑤。在《李特雄期寿势志》中又为李特一族称雄巴蜀寻找种族方面的原因说："李特……祖世本巴西宕渠賨民，种党劲勇。"⑥ 此外，南宋地理总志《方舆胜览》在记载有大量巴人定居的夔州路时也说："其人豪，人多劲勇……烧地而耕。"当地人"劲勇"的族群性格，恐怕与其生存环境也不无关系。

对于这种族群性格与生存环境之间的关系，光绪《巫山县志》的解释似乎颇有道理："沃土之民不材，瘠土之民响义，良由逸则生侈，劳则思善，理固然也。巫邑山多田少，无自然之利，非克勤克俭，何以立家？故士勤诵读，农勤稼穑……颇有古风焉。"⑦ 恐怕也正是在恶劣的自然环境中，巴人后裔逐渐练就了土老司在"解钱"仪式中所唱的"花蛇拿来做腰带，花虎捉住当马骑。吃酒连糟，吃肉连毛"⑧ 这样天不怕、地不怕的过人胆识。

值得注意的是，在中国文化的语境中，"勇"与"义"通常是联系在一起的，即所谓"勇者，循义不惧，能果毅也"⑨。"义"则以"利他"为原则，即所谓"利己曰利，利物曰义"，"见利而让，义也"⑩。因此，大凡"刚勇"之士，必是"重义"之人。对于巴人来说，这不仅表现在"重然诺，轻生死"的侠义行为之中，更是整个巴人族群的族群性格。像《来凤县志》所记载的那种"过客不裹粮，投宿寻

---

① （晋）常璩撰，刘琳校注：《华阳国志校注》，成都：巴蜀书社，1984 年版，第 83 页。

② （南朝宋）范晔撰，（唐）李贤等注，《后汉书》卷八十六《南蛮西南夷列传》，北京：中华书局，1965 年版，第 2842 页。

③ （晋）常璩撰，刘琳校注：《华阳国志校注》，成都：巴蜀书社，1984 年版，第 52 页。

④ （晋）常璩撰，刘琳校注：《华阳国志校注》，成都：巴蜀书社，1984 年版，第 37 页。

⑤ （晋）常璩撰，刘琳校注：《华阳国志校注》，成都：巴蜀书社，1984 年版，第 83 页。

⑥ （晋）常璩撰，刘琳校注：《华阳国志校注》，成都：巴蜀书社，1984 年版，第 661 页。

⑦ 参见光绪《巫山县志·风俗》，1893 年版。

⑧ 中国人民政治协商会议湖北省委员会文史资料委员会等编：《湖北文史资料·鄂西南少数民族史料专辑》，1990 年第 1 辑，第 153 页。

⑨ 宗福邦、陈世铙、萧海波主编：《故训汇纂》，北京：商务印书馆，2003 年版，第 248 页，"勇"字条第 10 义项。

⑩ 宗福邦、陈世铙、萧海波主编：《故训汇纂》，北京：商务印书馆，2003 年版，第 1806 页，"义"字条第 74、71 义项。

饭无不应者……发逆之乱，避其地者，让居推食"的轻财重义之"邑中风气"① 也绝非个例，在包括川东地区在内的整个巴文化圈中，类似这种乐善好施和见义勇为的行为应当说是相当普遍的。

（三）乐观豁达

除上文所述"朴直敦厚"和"刚勇重义"的族群性格之外，巴人的乐观豁达也是广为人知，且有史籍记载的。正如《毛诗序》阐明的那样："在心为志，发言为诗。情动于中而形于言；言之不足，则嗟叹之；嗟叹之不足，故永歌之；永歌之不足，不知手之舞之，足之蹈之也。情发于声，声成文谓之音。"② 歌舞是人类对内心情感的最高表达。巴人的乐观主要表现在其喜爱以歌舞的形式表达内心情感。

目前所知，最早形象记录巴人喜爱歌舞的是西晋著名文学家左思。他在《蜀都赋》中描写川东巴人的舞蹈时说："若乃刚悍生其方，风谣尚其武。奋之则宾旅，玩之则渝舞。锐气剽于中叶，蹻容世于乐府。"③ 左思写的虽然是文学作品，但根据其在《三都赋·序》中对司马相如、扬雄、班固等人"假称珍怪，以为润色"的批评和"余既思摹二京而赋三都，其山川城邑则稽之地图，其鸟兽草木则验之方志。风谣歌舞，各附其俗"④ 的自我表白可知，其对于巴人歌舞的记载应当是真实的。

史志关于巴人喜爱歌舞的记载首见于晋人常璩《华阳国志》，其载曰："周武王伐纣……巴师勇锐，歌舞以凌殷人，前徒倒戈，故世称之曰'武王伐纣，前歌后舞'也。"⑤ 在令常人恐惧万分的战争面前，巴人不但无所畏惧，反而是"前歌后舞"。这则记载表明，巴人不仅勇猛善战，而且是一个勇于面对死亡的乐观族群。对此，《后汉书》也记载说："板楯蛮夷者……俗喜歌舞，高祖观之，曰：'此武王伐纣之歌也。'乃命乐人习之，所谓巴渝舞也。"⑥ 有谁能说一个"喜歌舞"而成"俗"的族群不是一个乐观的族群呢？

和巴人的乐观相结合的是他们的"豁达"。巴人的豁达首先表现在其生死观上。由于巴人在亡国以前所定居的巴蜀地区是道教的发源地⑦，巫觋之风很盛，加之"巴俗事道，尤重老子之术"⑧。故而道家、道教思想对巴人的思想影响极深，这种

---

① 同治《来凤县志》，1981 年重印本，第 247 页。

② 叶朗：《中国历代美学文库·秦汉卷》，北京：高等教育出版社，2003 年版，第 24 页。

③ （晋）左思撰：《蜀都赋》，（梁）萧统：《昭明文选》卷上，北京：中国戏剧出版社，2002 年版，第 32 页。

④ （梁）萧统编：《昭明文选》，北京：中国戏剧出版社，2002 年版，第 31 页。

⑤ （晋）常璩撰，刘琳校注：《华阳国志校注》，成都：巴蜀书社，1984 年版，第 21 页。

⑥ （南朝宋）范晔撰，（唐）李贤等注，《后汉书》卷八十六《南蛮西南夷列传》，北京：中华书局，1965 年版，第 2842 页。

⑦ 卿希泰：《道教在巴蜀初探》，《道教文化与现代社会生活研究》，成都：巴蜀书社，2007 年版，第 253～297 页。

⑧ （唐）李延寿撰：《北史》，北京：中华书局，1974 年版，第 2331 页。

影响，《华阳国志》亦有记载："张鲁……以鬼道教百姓，寅人敬信。"[1] 道家、道教思想加上前述恶劣自然环境和沉重阶级压迫的影响，在死亡随时都可能来临的现实面前，巴人不得不展开对生活意义、死后去处以及生死关系等人生终极问题的思考。长期思考的结果，就是逐渐形成了一种坦然面对生死的独特生死观。

尽管求生是人的生物本能，但由于巴人对人的生老病死有着相当冷静客观的理性思考，所以他们清醒地歌唱道："日月明明，亦惟其名；谁能长生，不朽难获。"[2] 意思是说，既然长生难得，何不乐观地度过此生呢？再进一步讲，生死尚且可以看破，则人生中又有什么坎是过不去的呢？难怪巴人后裔土家族人有"生不记死仇，亡者为大"[3] 的说法。生前有再大的恩怨，一旦死去，便一笔勾销，这样的胸怀，不是"豁达"，又是什么？

三、结语

一方面，巴人及其后裔长期定居于自然条件恶劣、社会生产力发展落后的偏僻山区，并且长期处于中原地区封建王朝、各级地方官吏、本族群土司及族内各层级贵族与首领的多重压迫下，使得他们在生活中所遭遇的艰难困苦远远超过了其他地区的人民，从而磨砺出了他们素朴、质直、忠实、敦厚、勇敢、义气、乐观、豁达的族群性格。另一方面，也正是得益于其生存环境的"边疆"性质，以及中央王朝在政治治理上长期采取的"羁縻政策"，最终由上述族群性格决定的"社会行动"——作为"意义之网"的文化——才能够较少地受到中原文化的浸染，从而保持了相对的独立性，进而发展成为一种保持至今的文化传统。

（作者简介：姜约，博士，四川文理学院文学与传播学院副研究员，主要从事美学、人类学、巴文化等领域的研究）

---

[1] （晋）常璩撰，刘琳校注：《华阳国志校注》，成都：巴蜀书社，1984年版，第661页。

[2] （晋）常璩撰，刘琳校注：《华阳国志校注》，成都：巴蜀书社，1984年版，第28页。

[3] 武占坤主编：《中华风土谚志》，北京：中国经济出版社，1997年版，第753页。

巴域文学与文献

地域·科举·馆阁：
姜学渐《资中赋钞》的三个维度

潘务正

摘　要：清同治年间蜀人姜学渐编纂的《资中赋钞》，力求构建赋的地域特征，编者与此地赋家推尊乡贤，以司马相如、王褒、扬雄为楷模，追求雄奇劲峭、侈丽竟爽的赋风。但由于他们为应付观风、童试与岁科二试的需要而作赋，赋作风尚又不得不向科举依附，理论与创作上重视居于"第一义"的层次，以符合"清真雅正"的衡文标准而容易获得提携。且在主持考试的学政即翰苑词臣的引导下，其赋风又受馆阁的影响，追求神韵与古律融合的新风尚。这部赋选一方面有意凸显地域意识，另一方面在科举与馆阁的双重作用之下又偏离既定轨道，呈现出独特而又丰富的特征。

关键词：资中赋钞；地域；科举；馆阁

清代赋钞多集赋话、赋选、赋评于一体，赋钞的功能趋于多样化，由此，选本中体现出的文化信息颇为丰富。同治年间蜀人姜学渐汇集其同时代乡人赋作及自作编纂而成的《资中赋钞》就是这样一部有特色的选本，从中不仅可以窥探出他们为构建赋的地域特征做出的努力，而且能够感受到翰苑词臣主持的科举考试与地方文学风貌形成的密切关系。这部赋选规模不大（收录包括编者在内的七人八十九篇赋作，且赋家生平不显，事迹难考），不过若将之置于地域、科举与馆阁等背景之下考察，则不难发现其仍是一部极有价值的赋学选本。

一、地域特征

赋，尤其是散体大赋与律赋作为应制、应试之体，长期以来就与庙堂近而离江湖远，其共性远远大于个性。不过明清时期，随着文学地域特征的显豁①，赋的地域色彩也开始展露，尤其在清代后期，如刊于道光年间的欧阳厚均《岳麓赋钞》、杨景曾《澄江赋约》，刊于光绪年间的杨浚《闽南唐赋》、李恩绶《润州赋钞》，以及年代不详的《淮南赋钞》《竹西吟馆赋钞》（这两种似已亡佚）等，相继问世。编

---

① 蒋寅：《清代文学论稿》，南京：凤凰出版社，2009年版，第60页。

于同治六年的《资中赋钞》正是在这股思潮中出现的。

《资中赋钞》从多个层面彰显地域意识。首先是推尊乡贤。资中秦时为蜀地，汉时为犍为郡资中县地，西魏时更名资州，治阳安。后周武成二年移州治于资阳县，并置资中郡。隋开皇七年移州治于盘石县，后代相沿。唐宋以来，归属累易，或属剑南道，或隶潼川路。明代改州为县，属成都府。清雍正五年复升为州，直隶四川布政司，领资阳、内江、仁寿、井研四县。① 此地著名赋家，汉有王褒，虽《汉书》本传笼统地称其为蜀人，但《华阳国志》卷十上则云其为资中人。另南宋时期有"小东坡"之称的赵逵亦为此地先贤，他与秉政的秦桧对立，深受高宗信赖（《宋史》卷三八一）。曾璧光在《资中赋钞·序》中云："窃叹资川为川南大州，西汉有王子渊，北宋有赵庄叔诸先达，类有词赋流传。"② 赵逵《棲云集》三十卷虽不传，不过近邻眉县人曾璧光之言定然有据。且资中历史上有段时间隶属于成都府，故司马相如、扬雄亦被资人视为乡贤，如此而言，则这一地域赋家云集，故姜学渐在《资中赋钞叙》中说："吾蜀向称人文渊薮。"此种自豪之情，多缘于蜀人在辞赋创作方面的贡献。

对先贤的推崇，还在书前所赋《味竹轩赋话》中有所体现。姜学渐往往在赋话中引用蜀中前贤之语，如论赋"青"字之法云："前人赋青句云：'帝子之望巫阳，远山过雨；王孙之别南浦，芳草连天。'何等神韵。其赋黄赋黑白均见《雨村赋话》，可查阅也。"《雨村赋话》的著者李调元为四川童山人。又如："余最爱唐眉山（庚）诗话云：古之作者，初无意于造词，所谓因事以陈词，如杜子美《北征》一篇，直记行役耳。忽云'或红如丹沙，或黑如点漆，雨露之所濡，甘苦齐结实'此类是也。文章只如人，作家书乃是，学赋造词者不可不知。"唐庚为眉州人，眉州与资中相邻。赋话中还引用杨慎《升庵集》、毛文锡《茶谱》等，前者为新都人，后者虽非蜀人，然其于十国时期从王建入蜀，官文思殿大学士，拜司徒，视之为先贤也不为过。在《味竹轩赋话》之后，姜学渐还抄存了江海平的《律赋说》，并注云："公名含春，江津廪生，著述甚富，咸丰元年诏举才品优长，县人举公，不就。"可见江含春亦为蜀人，观其有评姜学渐《吴道子画迦陵山水赋》之语，则知其当与编者为同时代之人。就赋话所引文献涉及的人物来看，除俞益期、白居易、傅肱外，均为蜀人，可以看出姜学渐对先贤文献的推崇。

其次，《资中赋钞》所收赋家均为资中人，赋作多描绘本地人文风物。曾璧光云："姜君曾出其州人顾采臣、尹缙臣、蒋名岚、胡江亭、何补之诸公《赋钞》一册，见其天姿学力，均不可及。"顾采臣名焕，《资中赋钞》录其赋 8 篇；尹缙臣名国冕，《资中赋钞》录其赋 8 篇；蒋名岚名忠恕，《资中赋钞》录其赋 8 篇；胡江亭

---

① （清）刘炯原本，黄济等增修，王宗泗等增纂：同治《资州直隶州志》，"上海图书馆藏稀见方志丛刊"第 214 册，北京：国家图书馆出版社，2011 年版，第 485～486 页。

② 姜学渐：《资中赋钞》，清同治六年（1867）刻本。

名琅,《资中赋钞》录其赋 7 篇;何补之名衮,《资中赋钞》录其赋 4 篇。另尚有萧海鹏字荣吾者,《资中赋钞》录其赋 2 篇。此六人赋作为上卷,下卷录编者自作 52 篇。姜学渐事迹虽不可考,然其为资中人则确凿无疑,他在本书自叙末落款为"珠江瀣云氏",珠江为资中别称,《锦绣万花谷》卷十"资州"条下云:"珠江,相传江中有珠,其光夜现如灯烛,故刘光祖《状元楼记》:'资号珠江,以地之灵,出产瑰异。'"与《岳麓赋钞》《闽南赋钞》等收录当地前人之作不同,《资中赋钞》所收不仅为同一地域之人的赋作,赋家亦为同时代人,此从顾焕、胡琅、何衮等均为姜学渐赋作做评点可知。

资中赋家自然对本地人文风物情有独钟,《资中赋钞》中有些作品的描写对象即具有地域色彩。如尹国冕《五月渡泸赋》,姜学渐评云:"切定武侯当日出师情事。"尹氏《筹笔驿赋》亦是有关诸葛亮的赋作。胡琅《李白梦游天姥赋》《前蜀王错书妙法莲华经赋》均敷陈蜀地历史人物事迹。而姜学渐《火井赋》则描绘了当地火井奇观,张华《博物志》卷九云:"临邛有火井一所,从广五尺,深二三丈,在县南百里。"姜赋写道:"惟邛郡之西南,有静边之名目,卓王孙开凿之乡,袁天罡登临之麓。地接铁窖铜山,路绕橦华桃竹。有火井焉,去郡则八十里而遥,其深则二三丈可卜。"描绘的对象正是《博物志》中提到的那口火井。对蜀中人文与风物的抒写,是《资中赋钞》地域特色的重要方面。

再次,《资中赋钞》崇尚的赋风亦具有地域特色。就作品来看,资中赋家对司马相如、王褒、扬雄等先贤,尤其是对扬、马赋作才能与雄奇侈丽的文风推崇备至。在其赋作中常用与他们相关的典故,如蒋忠恕《拨云寻古道赋》末云"爰吮毫而奏凌云之赋",何衮《多文为富赋》云"千金买长门之颂",此用司马相如之典;姜学渐《蟹奴赋》云:"嘘波毂以成文,知是长卿出手。"对相如赋才敬佩不已。何衮《蚯蚓曲赋》云"试学雕虫,爰涂鸦而命笔",姜学渐《汉瓦赋》云"步声韵于长杨",此用扬雄之典,并体现出步趋扬雄的创作祈向。实际上他们的赋作多仿效先贤,胡琅《拟范崇凯花萼楼赋》云:"弇言典重,赋制奇皇,都从班、张、扬、马诸赋中胎息得来,故能博我皇道,宏我汉京。此等拟体,竟能别开畦町,一空依傍,允推绣虎雄才,不是鸣蛙细响。"何衮《多文为富赋》云:"题本陈腐,此独胎息扬马,一以方劲峭宕之笔达之,遂为是题别开生面,非汲古功深哪得有此。"显然,胡琅、何衮受司马相如与扬雄影响不浅,故他们多追求"典重""奇皇""方劲峭宕"的赋风。是选于此种赋风的赞美之情溢于言表,如蒋忠恕《黄钟为万事根本赋》"运以精心,纬以浩气",《鹰隼出风尘赋》"浩浩落落,有不可一世之概",《畸人侔天赋》"笔力诡奇",姜学渐《周子隐除三害赋》"写得孝侯当日凛凛有生气"。受司马相如和扬雄的影响,资中赋家多崇尚雄奇劲峭的赋风。

他们的赋学理论,亦具有地域色彩。与创作风貌一致,此地赋家在赋学理论上推崇气盛。江含春《律赋说》云:"作赋之妙,不外气机。气须清,又须盛,叙事有条不紊,浅深虚实一线穿成,此气清也;抑扬开合,提顿关锁,一气卷舒,篇如股，股如句，虽平仄有不调，对仗有不工，亦令阅者不觉，此气盛也。气势非揣摩古人骈体文不可。"对气清的提倡与"清真雅正"的科举衡文标准有关，而对"气盛"的向往，则主要因为崇尚扬马赋风。正如蒋忠恕《赋赋》所向往的"枚马竞爽擅其能，王扬以侈丽为极则"，司马相如之竞爽，扬雄、王褒之侈丽，无疑使资中赋家受到了熏陶。虽然江含春主张从骈文的对仗中获得气盛，但不难看出，胎息扬、马，自可形成浩气雄才；同时，以"侈丽"为极则的赋学理想，必然会吸收骈文笔法入赋。对气盛的提倡，正与此地赋家崇尚司马相如、王褒、扬雄赋风一致。

可以看出，《资中赋钞》的编者与赋家基于此地深厚的文学传统，努力构建赋的地域特色，并且形成了别具一格的赋学风貌。不过，这种赋学风貌与地域流派的形成尚有较大的距离，因为此地赋家仍然要以赋为谋求科举的手段，其赋风仍受馆阁的较大影响。

二、科举作用

姜学渐于《资中赋钞》中收录了包括他本人在内的赋家的多篇科举考试之赋。清代乡试及殿试虽不考赋，但此外的多种场合亦时有赋试，除了翰林一系如朝考、散馆及大考外，地方性考试如童试、观风、岁科二试及书院考试都时常考赋。然在《清史稿·选举制》及《钦定大清会典事例》的记载中，这些考试的正场并未有考赋的规定，不过清人的一些赋序则明确说明这些场合确有赋试。如杨恩寿《坦园赋录自叙》即云："令甲、庶吉士散馆、大考翰詹俱试诗赋，故翰林院月有课焉。下此督学使者下车观风，岁、科两试，以诗赋为一场，而府县童试亦有于招、覆试以赋者。"[①] 其实这种说法并不十分严谨，据商衍鎏《清代科举考试述录》所载，赋考往往为正场之前的经古场所设。商先生为清代科举考试的经历者与成功者，其言固自不诬，而《资中赋钞》中所收赋作正可以印证其说。

首先是观风考试。学政案临于未开考前，出经解、策、论、古诗、近体诗、古赋、律赋、时文、试帖诗各项题目，无论童生、生员，择作一门或数门均可，谓之观风。[②] 姜学渐《至德要道赋》就是道光丙午观风题。

其次是童试。此试正场前先考经古一场，题目一般为经解、史论、诗赋等，虽此场考否听凭考生自愿，但录取者大半入学[③]，亦是一次重要的机会，故考生一般都会选做。《资中赋钞》虽未直接选录这类的赋作，但其中姜学渐《茶船赋》就是"泸州童试题"，此赋是友人嘱其拟作，以为子弟式。

再次是岁、科二试。清代科制，学政到任第一年为岁考，第二年为科考，凡府、州、县之附生、增生、廪生皆需应考。岁考为学政主试，限当年十二月考完；

---

① 杨恩寿：《坦园赋录》，杨氏坦园藏版。
② 商衍鎏：《清代科举考试述录》，广州：百花文艺出版社，2004年版，第9页。
③ 商衍鎏：《清代科举考试述录》，广州：百花文艺出版社，2004年版，第10页。

科考为选拔参加乡试的考试。岁、科试之题目，清前期为四书文与经文，自乾隆二十三年增五言八韵试帖诗一首，其中并无考赋的规定。但岁、科两考之前，尚有合考各府、州、县之廪、增、附生经古一场，试题除经解、史论、算学外，还有诗赋，考生各认一门报考，能录取者，岁、科考大半取在一等。① 可见岁、科二试对士子来说亦很重要。《资中赋钞》选录数篇岁、科二试经古场的赋考之作，如尹国冕《筹笔驿赋》为道光甲申科试考古题；萧海鹏《新蕉赋》为咸丰甲寅岁试考古题，《家承赐书赋》为咸丰乙卯科试考古题；姜学渐《宵雅肆三赋》为道光丙戌岁试考古题，《金柅赋》为丁亥科试考古题，《圣立而将之以敬赋》为己丑科试考古题，《先河后海赋》为壬寅科试考古题，《吴道子画迦陵山水赋》为甲辰岁试考古题，《一团和气赋》为同治乙丑岁试古学题。另姜学渐《书同文赋》标明为道光癸巳考古题，《俚儒朱墨开冬学赋》下注"考古题"，虽未明岁试或科试，然为二者之一无疑。所谓"考古题"，即正场之前的经古场考试题目。

此外，为应付这些考试，书院山长也会在教学中课以诗赋。如姜学渐《冬虫夏草赋》与《火井赋》就是锦江书院山长李惺课题，只是前者入选的并非原作，而是多年以后"及门促作"。平时同学朋友之间还经常会课诗赋，姜学渐《河阳一县花赋》就是"道光丙申锦江书院与曾枢垣太史、张石艻拔萃会课题"。姜学渐后来还曾在省城冻青吟馆与会府东街以开馆授徒为生，教授诗赋，并且常作下水文章。如《牧童遥指杏花村赋》即为"同治丙寅省城冻青吟馆改课"，《故人家在桃花岸赋》亦为"同治丙寅省城冻青吟馆课徒拟作"，《举杯邀明月赋》为"咸丰丁未会府东街馆中改课"。

《资中赋钞》八十余篇赋作中，注明与科举有关的就有23篇，实际上此选本就是为举业而编。姜学渐在叙中云："吾资自聂学院试时，如顾采臣孝廉、尹缙臣拔萃、蒋茗岚茂才诸公，皆蒙拔取。今皆物故一时。渐幸附取，而胡江亭茂才与何补之孝廉皆后来居上者，历因州人将诸公赋稿各有钞本。"可见诸人在考赋时均取得过成功，故其赋作被州人抄存。叙中虽未提及萧海鹏，但所收其《新蕉赋》《家承赐书赋》亦为岁、科二试一等之作，可以推想此选本原是州人将举业尤其是岁、科二试成功者之赋作汇钞一册，以供应试士子揣摩。姜学渐对原本又加以补充，并大量增入己作，而成是编。

不管是童试、观风还是岁科二试，都是较为初级的科举考试，从这种意义上说，《资中赋钞》是为入门者学赋而编，其所附姜学渐《味竹轩初学律赋一则》正说明了这一性质。姜学渐《味竹轩赋话》与江含春《律赋说》也体现出为初学者提供作赋法则的意图。曾璧光在序中说："姜君每谓作文须求第一义，论赋又称沤师试帖，词意确切，一线到底，所谓第一义也，学赋当以为法，同仁以为确论。"所谓"第一义"，首先在于指明入门之径。在同时代人李元度所编家塾课本《赋学正

---

① 商衍鎏：《清代科举考试述录》，广州：百花文艺出版社，2004年版，第28~29页。

鹄》之《序目》所分十类中，最前列的"层次"与"气机"也是"入门第一义也"①。姜学渐"第一义"所指"词意确切，一线到底"，正是李元度所云"层次"。赋学入门如此重视层次，与岁试的黜陟标准有关。根据规定，文理平通者列为一等，文理亦通者列为二等，文理略通者列为三等，文理有疵者列为四等，文理荒谬者列为五等，文理不通者列为六等。②"文理"相当于"层次"，"文理平通"就是"词意确切，一线到底"。很显然，赋作层次被姜学渐、李元度提到这么重要的地位，用意正在科举。从《资中赋钞》评语中，可以看出学政及应试者都对赋作的层次极为关注。对姜学渐科试题《金柅赋》，学政潘光藻批云："明晰称题。"曾和瑞评姜学渐《宣子辞玉赋》云："格局分明。"江含春评姜学渐《吴道子画迦陵山水赋》云："层次清晰，组织精工。"姜学渐自评《至德要道赋》"颇觉清爽明晰"，《王子安滕王阁序赋》"叙次尚觉明晰"，《一团和气赋》"各段层次尚觉分明"，《举杯邀明月赋》"炼句押韵，颇觉爽朗称题"，《火井赋》"虽少警策句，叙次尚觉明晰"，《茶船赋》"虽无多警句，尚见逐层明晰"。正是出于此，在给诸生讲解时，姜学渐也特别强调层次用意，其自评《故人家在桃花岸赋》云："各段为诸生讲究，命意明晰。"可见在岁科考中若想获得好的名次，层次明晰是首要的追求。

其次，佛教所云"第一义"为真谛之意，而层次分明之所以被如此重视，还在于由此可以形成"清"的赋风，从而与"清真雅正"的科举衡文标准相一致。"清真雅正"虽是针对八股时文而言，实际上赋考也如此。朱一飞论律赋做法即云："其品有四：曰清、真、雅、正。"所谓"清"，在他看来主要是"以气格言"，不过此种气格还是要通过层次来体现。江含春《律赋说》解释"清"道："叙事有条不紊，浅深虚实一线穿成，此气清也。""有条不紊""一线穿成"，就在于层次的讲求。看来若追求层次的明晰，则能实现"清真雅正"的文风，如此则能符合应试之文的衡文标准。故而李元度《赋学正鹄·序目》亦将层次视为"赋家不二法门"，层次关合着显性及隐性诸多方面的内容，故而成为赋家讲求的"第一义"。

至于如何做到层次明晰，则是姜学渐和江含春的赋话的重要内容。所谓层次，李元度说："作赋如作文，有前路，有中路，有后路；有翻面，有反面，有正面，有衬面，而皆可以层次括之。"姜学渐在《味竹轩赋话》中也说："凡初学作赋，不遽求工，先要去浮泛，去夹杂，去重复，篇中层次尤要分明。与前既免重复，又要留后段地步，方能层次分明。"层次分明是基本要求，恰当安排诸路与诸面，又与审题、押韵相关。"学者每得一题，须将题之前后路细想一番，分作数层，然后将官韵配合，某层宜押某韵，某韵宜用某字，自有一定不易之节次。"层次与韵关系密切，江含春《律赋说》持相同观点，他说："律赋首重层次，初学遇层次少者每以为难，不知统观全局，布置要有一定。场中赋题，多者不过八韵：首韵浑笼，次

① 李元度：《赋学正鹄》，清光绪七年（1881）文余堂刻本。
② 商衍鎏：《清代科举考试述录》，广州：百花文艺出版社，2004年版，第28页。

韵原题，结韵颂扬，是八韵已得其三也。其中五韵必有正面两段，如时文中之中股。余三段中或分或合，或抑或扬，或翻或衬，仅够铺排，章法不过如此。"通过对韵的安排，强化层次的明晰，也是一种便利的手段。

层次之外，但凡能吸引考官注意力，在科考中获得理想成绩的手段，都成为他们关注的重点。如押韵，江含春《律赋说》论难押的官韵，他提醒士子"更须留意"，因为"试官每于此着眼"，此处若能出色，"则佳句在人口矣"；再如，论句法，他特别强调"能间用成语工对，加以语妙指点，则场中可制胜矣"；论用典，则申明"能将眼前典故用得新色，场中尤能夺目"，"窗下多记颂扬典故，则场中末段自不吃力，成篇亦易，又合体裁，此讨巧之一法也"。其实作赋所讲究的一切，就是想方设法吸引考官注意，以便在考试中脱颖而出。

三、馆阁印记

姜学渐《资中赋钞》虽是一部地域性赋选，却也烙上了馆阁的印记。远在京城的馆阁与偏僻的蜀之资中，通过科举这条途径发生了联系，而起作用的，则是馆阁中人。赋选中提及最多的官员是主持各类地方考试的学政，而嘉庆以后，这类官员几乎均为翰林出身。即以此选本涉及的学政来看，最早且对此地文风的复兴起重要作用的是聂铣敏。姜学渐在叙中高度评价这位学政的功绩，他说："嘉庆初，'教匪'乱后，各属考古者均属寥寥。自前学院聂蓉峰先生宏奖风流，各州县应考始有百余名之多，良以士风隆替，恒视主文衡者之振作为转移。"蓉峰为聂铣敏字，其于嘉庆二十四年以翰林院编修任四川学政。此前蜀中经"教匪"之乱，能应古学之试者极少，正是在他的主导下，蜀中风气大变。道光元年科试，顾焕录上取，尹国冕录诗古上取，蒋忠恕以《和王阮亭秋柳》四首蒙取上等，诸人得聂氏提携名重一时。在他之后，学政为吴杰（字梅梁），道光二年以编修任，四年科试，尹国冕以《筹笔驿赋》录取古学选拔；五年，潘光藻（字湘门）以编修任，科试取进蒋忠恕；六年，姜学渐岁试以《宵雅肄三赋》取进科试，补廪，次年又以《金柅赋》应科试；八年，郭尚先（字兰石）以编修任，次年，姜学渐以《圣立而将之以敬赋》应科试；十一年，黄琮（字矩卿）以编修任，两年后，姜学渐以《书同文赋》应科试。又，姜学渐于《先河后海赋》后注云："道光壬寅何一山学院科试考古题，是作蒙列上取。"一山为何桂馨字，考其任四川学政为道光十七至十九年，而壬寅为二十二年，此时学政为翰林院侍读何裕承（字小笠），此处恐姜学渐混淆两位何姓学政而致误。赋选中提及的最后一位学政是何绍基（字子贞），咸丰二年以编修任。萧海鹏《新蕉赋》为四年岁试考题，取古学第一，并蒙取进。他于次年以《家承赐书赋》应科试，又蒙取第一。姜学渐在相关赋后注明为某位学政主持的某种性质考试题目，可以看出资中人士对这些掌故非常热衷，以及学政选拔才士对振兴此地文风起到了重要作用。

除学政之外，馆阁翰苑还通过书院山长对资中文风产生影响。清代翰林官员退归林下之后多出任地方书院山长，在教导学生时，自然将翰苑风气传授给了他们。姜学渐等人就从学于这样一位教师。曾璧光《资中赋钞序》云："吾川李西沤先生，向推词馆大手笔，尤以试帖播名海内。道光乙未，告终养归，主讲锦江。余丙申从游，一时会课诗赋，有汉州张石艻、资川姜瀚云诸君。"李西沤即李惺（1787—1864），四川垫江人，嘉庆二十二年进士，选庶吉士，散馆授翰林院检讨，官至詹事府左赞善。道光十五年乞归养，主讲成都锦江书院二十年。曾璧光、姜学渐都曾随之问学。据姜学渐赋后自记，《冬虫夏草赋》及《火井赋》就是锦江书院课题，显然作赋之法也是李惺授课的重要内容。

学政与山长在教导士子时，自然会将翰苑风气传达给他们，尤其是学政。童生、生员考赋，《钦定大清会典事例》《清史稿·选举志》等官方文献并未有明确记载，也就是说，地方科制考赋制度朝廷未明确规定，极有可能是学政有意安排。学政试童生、生员律赋的用意，诚如当时赋家所说，在于"拔录生童，预储馆阁之选"[①]，"备他日承明著作之选"[②]，都是为将来的翰林院培养人才。既然如此，提前让士子了解或掌握翰苑作赋风气就更有必要了，翰苑赋作遂成为资中士子取法的模范。清代中后期士子作赋，不再以唐代律赋为模范，转而效法本朝馆阁赋。正如曾璧光所云："我朝馆阁前辈，多可取为程序。"《味竹轩赋话》论所宜效法的对象云："本朝吴毅人、鲍觉生集中，均宜多读，吴集中如《羯鼓催花》、鲍集中如《流云吐华月》等篇。此外如王梦楼《牛羊勿践行苇》诸作，均篇法之最为爽豁者。"吴锡麒（毅人）、鲍桂星（觉生）、王文治（梦楼）之赋被姜学渐视为典范，此三人均翰林出身，所提及的三篇赋作中，据法式善《同馆赋钞》卷一，王作为乾隆庚辰科散馆一等一名之赋；据卷二十七，鲍作为嘉庆己未科翰苑馆课之赋[③]；吴作被收入王家相所编《同馆赋补钞》卷二中[④]，亦是翰苑馆课之赋。显然，姜学渐主张有志于赋学者宜向馆阁中人学习。

翰苑赋学风尚资中士子影响颇深。这首先表现在《资中赋钞》提倡神韵赋风。《味竹轩赋话》云："造句尤须如生铁铸成，有天然神韵为第一，如《滕王阁序》'腾蛟起凤，孟学士之词宗；紫电青霜，王将军之武库'。又如前人赋青句云：'帝子之望巫阳，远山过雨；王孙之别南浦，芳草连天'，何等神韵。"具有天然神韵的赋句最受姜学渐推崇。在评论赋作时，姜学渐对富有神韵者亦给予极高的评价，顾焕《牡丹为花王赋》"造句选词，亦复别有神韵"，故而赞其"洵作手也"；尹国冕《秋虫赋》"佳句络绎，神韵双清"，编者每读一过，定要"凄凉欲绝"。憧憬神韵赋风，一方面应与王士禛诗学影响有关。康熙十一年，王士禛为四川乡试正考官，十七年进入翰林院，被推为"一代正宗"，其神韵诗风自然得到蜀中士子的响应。不

---

① 余丙照：《赋学指南》，王冠辑：《赋话广聚》（5），北京：国家图书馆出版社，2006年版，第5页。
② 胡敬：《敬修堂词赋课钞·序》，清道光间刻本。
③ 法式善：《同馆赋钞》，清光绪十六年（1890）刻本。
④ 王家相：《同馆赋补钞》，清咸丰年间文琳堂书坊刻本。

过时过境迁，其本人的影响不一定能延续至嘉道时期。而如果考察另一面，则可以发现嘉道时期的翰林院正盛行着神韵赋风。曾任翰林院编修的鲍桂星在《赋则》一书凡例中云："闺阁之词，衰飒之语，皆应奉文字所禁。学者于古人，学其气格神韵可耳。"① 在他看来，应制、应试之文应该以气格、神韵为准。在评价赋作时，鲍桂星对具有神韵之作评价甚高，如评谢庄《月赋》云："神韵凄婉，风调高秀，其中佳句，真乃一字一珠。"② 鲍氏所处的时代，正是汉学兴盛时期，文坛不仅以学问为诗，也以之为赋。为改变此种风气，继而提倡诗赋应讲求神韵，在评价谢惠连《月赋》时鲍桂星说："月诗文皆以情韵为主，微独赋也。情生于兴象，韵出于音节。兴象音节之不讲，而诗赋难言矣。"③ 兴象情韵中即包含着神韵，诗赋只有讲求神韵，才有其独特的价值。鲍氏的观点在其时翰林院中具有代表性，聂铣敏在四川学政任上时，科试即以王士禛《秋柳诗》为题，命士子唱和，蒋忠恕就因此而蒙取上等，显然聂氏也提倡神韵诗学。正因如此，姜学渐才对神韵赋风情有独钟。同时，正如姜学渐《书同文赋》所歌颂的那样："我皇上六书订正，八体区分，主说文而字归典核，依唐韵以力扫纷纭。驰乙夜之观，炳如日月；启右文之治，焕若星云。"资中人士作赋亦不废学问，姜氏此赋就"意义周匝，考据详明，直是此题一篇好文字"（王作宾评语）。学问与神韵可以结合，江含春《律赋说》云："气势非揣摩古人骈体文不可。又须多记典故，否则典不足用，虽有兴会，必致气阻，此又当求之根柢，非可袭而取也。"既重兴会，又重根柢，将学问与神韵融合，这既与王士禛《突星阁诗集序》所云"夫诗之道，有根柢焉，有兴会焉，二者率不可得兼……根柢原于学问，兴会发于性情"一致④，也可以视为词苑风尚的地域流布。

其次，主张古律融合的赋风。上文所言资中人士汲取扬、马雄奇赋风入律赋，实际上就是一种古律融合。不仅扬、马，徐陵、庾信也是他们的偶像，如顾焕《梅聘海棠赋》"句以偶生姿，双管齐下，洵非熟于徐庾体者不辨"，姜学渐《柳絮晴有絮赋》"清辞丽句，鲍庾之遗"。在评论中，他们均推崇古律融合的赋风，如蒋忠恕评胡琅《严子陵钓台赋》"托体于韩潮苏海，而仍不失律赋规模"，此是以散为律。还有以古为律，胡琅自评《汉武帝通天台赋》云："规模律体，稍参古意。"顾焕评姜学渐《马援戒兄子书赋》云："一片神行，以古为律。"可以看出，古律融合是资中士子追求的理想赋风，而这一风尚也是来自翰苑的启示。成书于道光初年的林联桂《见星庐赋话》卷六云："馆阁多用律赋，而独能研都炼京、直入汉人之室者，如阮芸台制军（元）《盛京恭谒三陵礼成赋》、陈阁部荔峰师（嵩庆）《拟潘岳藉田赋》，渊懿古穆，自是一代大手笔。而后来嗣响，能以古赋为律赋，上下纵横，奇

---

① 鲍桂星：《赋则》，王冠辑：《赋话广聚》（6），北京：国家图书馆出版社，2006年版，第140页。
② 鲍桂星：《赋则》，王冠辑：《赋话广聚》（6），北京：国家图书馆出版社，2006年版，第203页。
③ 鲍桂星：《赋则》，王冠辑：《赋话广聚》（6），北京：国家图书馆出版社，2006年版，第200页。
④ 袁世硕编：《王士禛全集》，济南：齐鲁书社，2007年版，第1560页。

古生辣，居然雄视等辈者，则莫如程太史恩泽之《雪夜入蔡州》一赋。"[①] 阮赋作年不详，据法式善《同馆赋钞》卷一，《拟潘岳藉田赋》为嘉庆八年翰林院大考赋题，陈嵩庆一等一名；据王家相《同馆赋钞二集》卷二，程恩泽之赋为十六年馆课赋题。由此可见以古为律的赋风至迟始于乾嘉之际。此种赋风将汉大赋渊懿古穆之气融入律赋之中，形成奇古生辣的新风尚。同时，他们还融骈赋、文赋于律赋之中，"以文赋之气格，加骈赋之精工，竟体如一笔之书，对偶有单行之气，致足法也"[②]。翰苑出身的曾璧光在序中也说："学赋必多读古赋，而律赋源本六朝，自当以徐庾为极则。篇法层次，则当由唐人小赋入门。"曾氏所言与林联桂观察到的翰苑风气一致，可见，融文赋、骈赋、律赋为一体，是嘉道时期馆阁中人普遍追求的风尚。这种风尚，通过学政传达给了资中士子。如何绍基评萧海鹏《新蕉赋》云："音韵谐和，笔情脱洒，非沉潜于徐庾者不辨。"何学政也是有意以翰苑赋风来引导他们。于是资中士子作赋时也体现出以古为律、古律融合的赋学风尚。馆阁的新动向通过学政传达给士子，成为士子心摹手追的对象，这有利于他们在观风、岁科试中出人头地，也有利于他们为将来进入馆阁打下基础。

姜学渐《资中赋钞》一意凸显赋的地域特色，不过出于应对科举考赋的需要，在词垣出身的学政及书院山长的引领下，他们的赋作与赋学理论又受到馆阁翰苑文学风气的影响，虽展示出一定的地域风貌，但未能形成地域流派。也许正是由于律赋对科举的依附，清代自始至终都未出现地域性的赋派。《资中赋钞》虽部头不大，所附《味竹轩赋话》及江含春《律赋说》亦非精深之作，但它作为个案，却能多维度地呈现其时蜀中赋坛的面貌，对于考察清代后期文学生态也极有价值。

（作者简介：潘务正，1974 年生，男，安徽芜湖人，教授，博士生导师，主要从事清代文学研究）

---

① 林联桂撰，何新文、余斯大、踪凡校证：《见星庐赋话校证》，上海：上海古籍出版社，2013 年版，第 79 页。

② 林联桂撰，何新文、余斯大、踪凡校证：《见星庐赋话校证》，上海：上海古籍出版社，2013 年版，第 81 页。

巴文化与巴域文学*

李　莉

　　摘　要：湘鄂渝川黔毗连接壤之处曾是古代巴人活动的地区，巴人创造了灿烂的巴文化。在时代的更迭和社会的不断发展中，它与周边文化交互融合形成新的巴文化。巴文化对巴地文学产生了巨大影响，从古到今的巴域文学从不同层面反映了巴文化的丰富多彩。巴域文学也在不同程度上保护、传承、弘扬了巴文化。

　　关键词：巴文化；巴域文学；交互影响

一、巴文化之地理疆域及其与周边文化之关系

　　探究巴文化，需先了解巴人的来源及其发展史。关于巴人的发源，学界已有多种表述。《巴楚文化源流》一书通过检索、梳理大量的史料文献、研究资料以及出土文物，集中表述了巴人的发源与巴文化的发展。关于巴人发源，存在两种说法，一种认为巴人祖先是"太昊氏（伏羲）"，一种认为是"廪君种"。潘光旦先生调研后认为"巴人源在西北而流在中南"[①]，即巴人从甘肃天水出发向东南流徙，其中一支在清江流域的武落钟离山定居下来。宽泛一点说，"从渭河上游和汉江上游到嘉陵江上游的西汉水和白龙江，是戎的本土，是羌的'巢穴'，也正是巴人的摇篮"[②]。但是，另一观点却完全相反，认为"廪君部落沿夷水而上，称君夷城，再经过漫长的时间后，发展到川东，建立巴国，理由较为充分"。其依据是史籍记载（《元和郡县志》《太平寰宇记》《大明一统志》）、中华人民共和国成立后的出土文物（虎纽錞于等）、巴人墓葬（巴蔓子墓等）以及有关纪念巴人而留存的地名（巴子山等）等信息。[③] 无论廪君是西上还是东下，一个大家都认同的事实是周王朝建立后，因巴人协助武王伐纣有功，巴族聚居地被分封为巴子国，"到东周之时，巴国已经发展成为地括今陕、渝、鄂等部分地区的南方大国"[④]。今天这些省市许多地名仍带有巴文化痕迹，如川陕间有大巴山、巴水，陕西镇巴县内有巴山镇、巴庙

　　* 本文为湖北省教育厅重点项目"民间文学对中国乡土小说的贡献研究"（项目编号：17D060）资助成果。

　　① 彭万廷、冯万林：《巴楚文化源流》，武汉：湖北教育出版社，2003年版，第13页。
　　② 彭万廷、冯万林：《巴楚文化源流》，武汉：湖北教育出版社，2003年版，第20页。
　　③ 《鄂西土家族简史》，1983年9月，内部资料，第9~11页。
　　④ 彭万廷、冯万林：《巴楚文化源流》，武汉：湖北教育出版社，2003年版，第22页。

镇，四川有巴中市，重庆有巴南区，湖北有巴东县，恩施市有巴公溪、巴王墓，等等。

这就是说，当时巴子国的范围包括今天的贵州、四川、重庆、鄂西、湘西的部分地区。"清江流域，是先秦巴人的聚居之地。清江流域的长阳，传说为廪君蛮的发祥地，今日则为巴人后裔集中居处的土家族自治县。"①

这项研究说明，土家族的祖先是古代巴人廪君。廪君部落在清江流域发展壮大，其后裔在周朝时因战功受封，创建了封国，因其首领叫巴子，故称巴子国，简称巴国。巴地生活的本土居民，自称"毕兹卡""贝锦卡"，"毕兹"和"贝锦"两个土家语翻译成汉语就是土家，"卡"是族的意思，合称为土家族。汉人称之为"蛮"，故有"巴蛮"之称谓。由此可见，巴人是土家人的前身。

清江流域的土家族创造的文化都属于巴文化范围。"在巴国的发展过程中，巴人创造了丰富多彩又具有鲜明的民族、地域色彩的文化，如巴式兵器、乐器、舟船、民居、歌舞、服饰及婚丧习俗等。"② 巴国存续了 800 多年，被秦吞并后，巴文化随着巴人的流动传播到周边地区。又因为与蜀地、楚地、中原相连，受周边文化影响较大。随着社会的发展和人口的流动迁徙，清江流域成为巴文化与楚文化、蜀文化乃至中原文化的交汇地带。通过长期的交流与融合，这些地域出现了新的文化形态，即新的巴文化、巴蜀文化、巴渝文化和巴楚文化。在原巴国疆域内的土家族地区则形成了巴土文化。

二、巴文化与古代巴域文学

在古代巴人的居住区，民间歌舞十分发达。晋人常璩在《华阳国志·巴志》中写道："周武王伐纣，实得巴、蜀之师，著乎《尚书》。巴师勇锐，歌舞以凌殷人，前徒倒戈，故世称之曰'武王伐纣，前歌后舞'也。"③ 由此可知，巴人歌舞之风起源很早。当时不但作战前要以歌舞祭祀鬼神、祈求护佑，战后也要表演歌舞以示庆祝或纪念阵亡者。至今土家族流传的跳丧舞（又称撒尔嗬、撒叶尔嗬、撒忧儿嗬）仍可见其影踪。故而巴地巫风盛行，歌风盛行。

对此，土家族作家邓斌的长篇散文《巴人河》第四章"歌哭遗风"有较为详细的表述。现存的大量史料早已证明古代巴人的民间文化十分发达。巴人的民间神话、传说、故事在很多历史文献中皆有记载。巴人传说中的廪君故事以及廪君与盐水神女的故事流传比较广泛。"廪君之先，故出巫诞。巴郡南郡蛮，本有五姓：巴氏、樊氏、瞫氏、相氏、郑氏，皆出于武落钟离山。……廪君名曰务相，姓巴氏。"（《世本·氏姓篇》）巴务相凭借高超的本领在五姓争夺中确立了自己的地位。"乃乘

---

① 彭万廷、冯万林：《巴楚文化源流》，武汉：湖北教育出版社，2003 年版，第 52 页。
② 彭万廷、冯万林：《巴楚文化源流》，武汉：湖北教育出版社，2003 年版，第 22 页。
③ 常璩撰，刘琳校注：《华阳易考校注》卷一《巴志》，成都：巴蜀书社，1984 年版，第 21 页。

土船从夷水至盐阳。盐水有神女,谓廪君曰:'此地广大,鱼盐所出,愿留共居。'廪君不许。"神女化虫扰乱廪君生活,被射杀。"廪君于是君乎夷城,四姓皆臣之。"廪君死,魂魄世为白虎。巴氏以虎饮人血,遂以人祠焉。"(《后汉书·南蛮西南夷列传》)这两段史料记载了廪君掌权的经过、与盐水神女的关系,以及土家族图腾信仰的缘由。

　　盐水神女经过人们的想象,被塑造成一个美艳多情又极具个性的形象。战国时楚人宋玉《高唐赋》中描绘了一位巫山神女。楚襄王与宋玉游于云梦,看到高唐有一团独特的云气,问宋玉。玉曰:"昔者先王尝游高唐,怠而昼寝,梦见一妇人曰:'妾,巫山之女也,为高唐之客。闻君游高唐,愿荐枕席。'王因幸之。去而辞曰:'妾在巫山之阳,高丘之阻。旦为朝云,暮为行雨。朝朝暮暮,阳台之下。'旦朝视之,如言。故为立庙,号曰'朝云'。"有学者认为,宋玉文中的巫山神女就是盐水神女。

　　长篇小说《盐水情殇》(邓斌)就是根据传说,以盐水神女原型而写的神女与廪君的爱情故事。这些资料说明了先祖廪君在巴人心中的重要地位,以及盐水神女的美丽多情。

　　巴人诗歌最早应该追溯到《下里》《巴人》。下面的典故被后人广泛引用,宋玉有一文《对楚王问》:"客有歌于郢中者,其始曰《下里》《巴人》,国中属而和者数千人……其为《阳春》《白雪》,国中属而和者不过数十人。"可见通俗易懂的民间歌曲更能引起共鸣。这同时说明巴人民歌十分丰富,传播十分广泛。巴人歌曲还吸引了大批文人雅士,由民歌演变而成的诗体"竹枝词"到唐朝时经刘禹锡等文人的改编创作,成为唐诗的新诗体。刘禹锡的系列"竹枝词",如《竹枝词九首》《竹枝词二首》《堤上行三首》都记录了蜀地、巴地的唱歌风气。施蛰存《唐诗百话》专门分析了刘禹锡的竹枝词以及他对竹枝词的改编。他认为刘禹锡的这些诗歌都是民歌风格的七言绝句。《竹枝词九首》是最初的作品,从其序中可以看到竹枝词的发展变化:"四方之歌,异音而同乐。岁正月,余来建平,里中儿联歌《竹枝》,吹短笛,击鼓以赴节。歌者扬袂睢舞,以曲多为贤。……昔屈原居沅湘间,其民迎神,词多鄙陋,乃为作《九歌》,到于今,荆楚歌舞之。故余亦作《竹枝词》九篇,俾善歌者扬之,附于末。后之聆巴歈,知变风之自焉。"可见刘禹锡受屈原影响,不但重视民歌,而且在篇幅数量上都有表现。序中的"建平"就是今天的秭归,这里曾是巴国属地,民歌之风一直盛行。即使在今天,地处鄂西的秭归和恩施都被称为"歌的海洋"。"刘禹锡创作的竹枝歌,很快便流传到长安、洛阳,成为流行的新歌词。……在同时的诗人中,也有许多跟着做竹枝词。"[①] 之后,很多文人游历巴地,

---

　　① 施蛰存:《唐诗百话》,上海:华东师范大学出版社,2001年版,第271~272页。

书写了很多有关巴地文化、山水景象的诗词，如白居易写有《竹枝词四首》。[①] 北宋文人黄庭坚也写过《竹枝词二首》，不过他的竹枝词每首只有两句。[②] 黄庭坚不拘泥于传统，他将传统的四句一首的竹枝词文体改变成两句一首。

元以后，中央政府为了管理边远地区的少数民族，推行了土司自治制度，前后延续了四百多年。巴地文人文学一度兴盛，邀请外地文人游览巴地风景，写诗唱和的事情常有发生。"明朝诗人肖荣、邹维琏、李谦然、沈庆、商盘、文安之，清朝诗人袁枚、严守升、彭人檀、王庭桢、叶廷珍、王家筠、詹应甲、王协梦等，均曾留踪恩施，写下了大量歌咏恩施山水、风情、特产的诗作。"[③] 清朝雍正皇帝实行改土归流政策后，土司制度被废除。"蛮不出境，汉不入峒"的规则被打破，很多土人被遣调他乡，汉族和其他各族人们大量涌入巴地，土司文化没落，唯容美田氏土司诗人群创作的诗歌集《田氏一家言》得到流传。这部诗集是古代巴地土司文学以及少数民族文学的重要成果，代表了当时土司文人诗歌的较高成就。

明朝嘉靖年间，容美土司后裔田氏家族的田九龄开始写作诗歌，流传的有《容美竹枝词》："郎去湘江经几秋，西风北雁又南洲。含颦日月江头望，不见郎舟见客舟。"可见边地少数民族诗人也感受到了竹枝词的魅力。之后田氏五代九位诗人相继写了大量诗歌，清末在田舜年的努力下，这些田氏诗歌被编撰成诗歌集《田氏一家言》。从田氏诗歌可以看到当时鄂西南土司文化的发展影踪，以及汉族文化与其他文化对早期土司文化的影响以及地域文化的融合发展。田氏诗人又与汉族文人交往，产生了新的文学成就。如顾彩的《容美纪游》[④] 以及其他诗人为田氏诗歌写的序跋文章，扩大了土司文人诗歌的影响，促进了土司文化与汉文化之间的交流。今天人们再次关注土司文化时，又看到了巴地文化曾经的兴旺以及其对文人文学的巨大影响。不但《田氏一家言》的许多诗歌可以看到很多关于"巴"的踪迹，《容美纪游》中许多诗歌也有关于"巴"的记录。文中描述容美土司地域环境："屏藩全楚，控制苗蛮，西连巴蜀，南通黔粤，皆在群山万壑之中。然道路险侧，不可以舟车，虽贵人至此，亦舍马而徒行，或令土人背负。其险处，一夫当关，万夫莫人。"[⑤] 此外，还有多首诗歌都提到了巴、蜀、楚等地名、文化。如《早起平山会客》中间几句：

> 如今李白倘犹在，应复浩歌蜀道难。呜呼！蜀道难其难，未必如平山。

---

① 白居易《竹枝词四首》其二："竹枝苦怨怨何人？夜静山空歇又闻。蛮儿巴女齐声唱，愁杀江楼病使君。"

② 黄庭坚《竹枝词二首》："塞上柳枝且莫歌，夔州竹枝奈愁何。""虚心相待莫相误，岁寒望君一来过。"

③ 邓斌：《巴人河》，武汉：长江文艺出版社，2007年版，第133页。

④ 向端生、夏德术：《容美土司简介》，沈阳：白山出版社，2016年版，第75页。

⑤ 从这里可知，外人将容美土司辖区内的平民称之为"土人"。

《夜间杜宇》写小昆仑山之景象，开头两句：

> 此路接三巴，当年蜀帝家。
> 魂为白禽主，血作四山花。

《答来诗二首》：

> 爱我固留安敢却，为君百计展行期。
> 巴陵五月南风发，合是长安客去时。

《移居西阁》：

> 太白有诗悲蜀，相如无檄谕荆蛮。

《阁眺二首》之一：

> 夜零神女雨，朝散楚王风。

作为一个外来人，顾彩以他者的眼光观察容美土司文化，短短几个月内就完成了从新鲜陌生到认知接受的全过程。通过他的诗文可以看到中华大文化的渊源与相通处，也可以看到中原文人文学对土司文学的影响，以及楚、蜀文化对巴文化的影响。

晚清至民国时期，由于战乱，自称毕兹卡的土人①族别身份被遮蔽。直到1956年，国家民委才正式确认毕兹卡就是汉语土家族义。自此，少数民族作家中才有了合法的、名正言顺的"土家族"作家，也才有了名副其实的"土家族文学"。土家族文学前身，只能称之为巴人文学或是巴地/域文学，或是毕兹卡文学。巴地文化的丰富灿烂，为今天土家族作家的创作储备了丰厚的素材。

三、巴文化与当代巴域文学

古代巴国的地域，随着社会的发展变迁已分属于多个省份，如恩施土家族苗族自治州的部分地区曾隶属四川或宜昌。行政区划上有边界，但巴渝文化、巴楚文化的影响却超越了边界。

2015年7月，湖南永顺老司城遗址、湖北恩施唐崖土司城遗址和贵州遵义（播州）海龙囤遗址联合一起，在第39届世界遗产大会上获准列入《世界遗产名录》。这些集中于湘鄂黔的土司城遗址见证了土司文化的兴衰，也见证了土司文化曾产生的历史价值和文化价值。实际上，除了上述有影响的三个土司外，西南地区的土司还有重庆石柱、酉阳、秀山等。其中鹤峰的容美土司最为强盛，不仅地盘广，势力强，而且留下的诗集《田氏一家言》成为人们研究土司文学的重要资料。世界遗产项目申报获得成功，土司文化以世界标志性的非遗名录被予以保护和传承

---

① 统治者侮称其为"蛮"，故有巴蛮、夷蛮等称谓。

时，意味着历史上的土司文化以及与巴文化融合而生成的民族文化存在着巨大的研究价值。

恩施是多种地域文化的交汇处。历史上不但有源远流长的土司文化，还有红色革命文化。中国革命战争时期，贺龙等先辈曾在此建立湘鄂西革命根据地，抗日战争时期又成为湖北省政府的临时驻地。在多种文化交汇碰撞中，巴文化不但没有消失，其潜在的影响反而越来明显。反映在当代恩施文学创作中，出现了多部以"巴"为题的作品：杨秀武[①]诗集《巴国俪歌》、邓斌长篇文化散文《巴人河》都以清江流域为中心，追溯了巴文化的古代历程，展示了巴域文化，尤其是文学创作的辉煌成果。胡礼忠的诗集《巴地荡千舸》，写出了巴人后裔的生活豪情。土家人的图腾是白虎，李传峰长篇小说《白虎寨》《最后一只白虎》是巴文化精神信仰与生活追求的反映。蔡元亨的专著《大魂之音——巴人精神秘史》从心理学视角揭开了巴文化形成及其产生影响的深层原因。2005 年，恩施职业技术学院、恩施州作家协会、恩施州文艺理论家协会、恩施州巴文化研究会曾经联合主编过大型文化丛书"白虎文丛"12 卷，对恩施本土的小说、散文、诗歌、评论等文学体裁做了一次全面展现。此外，恩施州文联下设有巴文化研究中心，恩施职业技术学院创办了刊物《巴文化》，恩施州文艺理论家协会编撰了一部大型文艺评论集《巴风雅韵》。从这些成果可以看到，巴文化对恩施文化产生了绵延久远的影响。

其次，巴域文学语言有着深广的同源关系。现代作家李劼人（1891－1962）是四川成都人，其小说中有很多成都方言，这些方言在重庆、湖北、湖南交界地也同样流行。如四川话称一个人态度大方、打扮漂亮为"苏气"，与之相反的叫作"土气""苕气"，或"土头土脑"。《死水微澜》中，罗歪嘴为了维护蔡傻子夫妇不受欺负，对自己的众兄弟吩咐："蔡傻子，哪个人不晓得是老子的表弟？他的老婆，自是老子的表弟妇。虽是长得伸抖一点，也是各人的福气。……其实，不算什么，为啥子大家就眼红起来？……你们去向大家招呼一声罢！"[②] 罗歪嘴豪爽、爱管事、喜打抱不平的性格跃然纸上。这也为他后来与蔡大嫂（邓幺姑）关系的确立做了铺垫。他说话的这种口气和腔调，所使用的方言词汇在湘鄂渝交界的武陵山地区普遍存在。

成都和巴域地区的宗教信仰也体现出巴文化的影响。成都武侯祠有好几处白虎雕塑。土家人信仰白虎，在住房门前也雕刻白虎。湖北恩施籍土家族作家李传峰《白虎寨》有民谣："白虎当堂坐，当堂坐的是家神。"[③] 湘西籍土家族作家孙健忠小说《舍巴日》写到，一个名叫十必掎壳的村子里，巴人廪君的后裔说着古老的巴语，奉行传统习俗。老人过世了，村里人要聚集来跳撒忧尔嗬，边唱边跳："白虎

---

① 杨秀武虽然是苗族，但在恩施土苗不分家。他是地道的恩施人，受巴文化熏陶，其诗集《巴国俪歌》获得全国少数民族文学"骏马奖"。

② 李劼人：《李劼人选集》第一卷，成都：四川人民出版社，1980 年版，第 27 页。

③ 李传峰：《白虎寨》，北京：作家出版社，2014 年版，第 20 页。

当堂坐，撒忧尔嗬；白虎是家神，撒忧尔嗬。白虎当堂坐，撒忧尔嗬；无灾又无祸，撒忧尔嗬。"从四川成都到湖北恩施，再到湖南湘西，可以看出不同的地方都有共同的文化表达，从这些信息又可以看出巴文化地区人们共同信仰白虎。

《死水微澜》中，作家描述一个巫医事件："给了几颗邪风丸，不想灌下之后，他就打胡乱说起来。众人更相信遇了邪，找了个端公来打保符，又送了个花盘，他打胡乱说得更厉害。……别一个邻居姆姆又举荐来一个观花婆，花了三百钱，一顿饭，观了一场花。说他花树下站了个女鬼，要他三两银子去给她禳解。"① 端公在湖南叫作师公，在土家族叫梯玛，也叫端公，都是巫师的别称。叶梅小说《撒忧的龙船河》，也有关于梯玛/端公的故事。"梯玛是土家人的巫师，半人半鬼。寨里人对梯玛又敬又怕，红白喜事非请不可。"② 可见，梯玛、端公、巫师所从事的工作性质一样，只是称谓不同而已。由此可见，恩施土家族的信仰和成都地方的信仰相同，是源于同一个文化流派。这从语言学层面见证了巴文化的遗风余韵。

四、巴域文学对巴文化的影响

巴域文学作品以及巴域文化研究涉及大量巴文化，记录了巴文化的发展轨迹，表现了巴文化的独特风格，对巴文化的保护、传承、弘扬产生了积极作用，增强了文化自信。新时期以来，巴地土司文化引起了人们的广泛关注，除了前述的三处土司城遗址进入世界"非遗"名录外，容美土司诗人群创作的《田氏一家言》也引起了全面而深入的研究。关于巴文化和土家族的研究成果越来越多，如鹤峰县等单位主编的《容美土司史料汇编》，陈湘峰、赵平略所著《〈田氏一家言〉诗评注》，李诗选所著《田九龄其人其诗及〈田氏一家言〉》，邓斌、向国平所著《远去的诗魂——中国土家族"田氏诗派"初探》，田虞德所著《〈田氏一家言〉解读》，周西之、熊先群所著《寻找湮灭的辉煌——〈田氏一家言〉丛论·校注·赏析》，周西之、熊先群校勘注释的《〈田氏一家言〉注》，等等。与之相关的其他研究著作有蔡元亨《大魂之音——巴人精神秘史》、曹毅《土家族民间文学》、田发刚和谭笑《鄂西土家族传统情歌》、田万振《土家族生死观绝唱——撒尔嗬》、谢娅萍和曹毅《言情于歌——清江流域土家族歌谣研究》等。与之相关的历史小说有周长国的《容美土司王田舜年》，以及贝锦三夫的"武陵王"系列：《恨海情天》《文星曜天》《酉水流香》以及《秦良玉》（原名《蜀锦征袍》）。

这些研究资料或文学文本从不同层面对巴域地区的巴文化、土司文化、土家族文化等文化内容进行了阐发、抒写和发扬光大，首先进一步促进了巴文化与周边文化的交流、融合，形成了新的巴楚文化、巴土文化、巴渝文化、巴蜀文化等文化形态。其次是在新语境中改写、创新了巴文化，将巴文化与时代文化、时尚文化有机

---

① 李劼人：《李劼人选集》第一卷，成都：四川人民出版社，1980 年版，第 167 页。

② 叶梅：《最后的土司》，武汉：长江文艺出版社，2006 年版，第 22 页。

结合，促进其新的生长点。巴文化有根基，有成果，人们在此基础上进行了大胆的创新和改写，作家文学就是一个很好的案例。土家族作家孙健忠、黄永玉、蔡测海、叶梅、李传峰、邓斌、陈川等，苗族作家杨秀武、王月圣、龙宁英等在创作中结合历史文化、时代精神以及自己的生活经验，对传统的巴文化、民族文化进行了大胆创新，甚至通过虚构想象，创作了十分优秀的作品。例如，雨燕的小说《盐大路》描述了连接湘、鄂、渝三省运送食盐等物资的崎岖大路以及在这条大路上各色人物的爱恨情愁。故事中贯穿着各种民俗文化和民俗语言，生活情趣浓郁，地方风物鲜明。孙健忠的《舍巴日》则是将一个原始巴人部落十必掐壳的古旧生活与现代村庄里"也"①的现代生活对比叙述，反映了传统文化与现代文化的冲突与融合。有的还运用多种媒介手段将文本转化为其他艺术形式进行传播，如采用电影、电视、网络、微信等方式进行传播，从而扩大了巴文化和民族文化的传播范围，丰富了传播手段。四川方言影视剧《傻儿师长》《哈儿传奇》等作品里所运用的语言就有很鲜明的巴地特色。在巴文化地区，"傻儿"即"哈儿"，在不同语境中有不同含义，可贬可褒，有否定也有肯定。既可以表示一个人智商不高很愚钝，也可以表示一个人有憨态、有傻气，亦有大智若愚之意，这些意蕴丰富的方言词汇体现了地域文化的丰富性。此外，巴文化地区留存的跳丧、哭嫁等习俗，以及在庆祝活动中跳摆手舞等民俗在今天也相当流行。摆手舞，重庆称之为巴渝舞、巴山舞，湖北地区仍以摆手舞称之，经过改造，现已成为大众喜爱的广场舞之一。

综上所述，巴域地区的文学艺术成果以及文化现象可以证明，巴文化正以新的姿态释放新的能量。

（作者简介：李莉，湖北民族学院文学与传媒学院教授，文学博士，主要从事中国现当代文学、民族民间文艺研究）

---

① "也"是巴人后裔。

苏轼"梦"词的佛教文化基因

王雅克

摘　要："梦"词，在苏轼的词作中占有非常重要的地位。从内容上可以将其分为三类：一是记人忆事之词，二是闲情逸致之词，三是万事皆空之词。这三类"梦"词在内容上各有侧重，同时也有共同之处，即苏轼通过"梦"词的创作，表现了"梦中旧事时一笑，坐觉俯仰成今古"的豁达与智慧。苏轼"人生如梦"的思想受佛教影响极大，其"梦"词背后也有佛理的渊源。影响苏轼"梦"词创作的因素主要有三个方面：一是社会土壤，二是成长环境，三是人生经历。本文即旨在讨论苏轼"梦"词与佛教的关系。

关键词："梦"词；人生如梦；佛教

苏轼的《晁错论》中有一段文字："古之立大事者，不唯有超世之才，亦必有坚忍不拔之志。昔禹之治水，凿龙门，决大河而放之海。方其功之未成也，盖亦有溃冒冲突可畏之患，唯能前知其当然，事至不惧，而徐为之所，是以得至于成功。"[①]

苏轼认为，古往今来居功至伟者，不但需要有超越寻常人的天赋和才能，也需要同时具备百折不挠的意志力。其实，就苏轼本人而言，他之所以在经历了种种磨难之后，还能够成长为中国文化史上的巨人，和他的心态也有极大的关系。所谓"莫听穿林打叶声，何妨吟啸且徐行。竹杖芒鞋轻胜马，谁怕？一蓑烟雨任平生"（《定风波·莫听穿林打叶声》）。这种豁达的心态体现在苏轼的诗词创作中，与苏轼的佛学修养有很大的关系。

苏轼的诗词，尤其是词的创作，既对之前唐末五代的婉约风格有所传承和发扬，又创立了豪放风格，使"词"这种文学形式可以借咏古叹今抒发豪迈之情，他从而与辛弃疾并称"苏辛"。单就苏轼词的创作而言，其风格又呈现出多样化的特征。现存的东坡"梦"词中，根据内容的不同，可以划分为三类："记梦之作""梦中之作""梦喻之作"。[②] 目前，学界对于苏轼的"梦"词予以了一定程度的关注，

---

① 曾枣庄、舒大刚主编：《三苏全书》第十四册，北京：语文出版社，2001年版，第197页。
② 傅正谷：《中国梦文学史》，北京：光明日报出版社，1993年版，第6～9页。

并且取得了一定的研究成果①，但这些研究对苏轼"梦"词之所以产生的社会原因，尤其来自佛教的影响未能够予以足够的关注。在苏轼的思想体系中，佛教是极为重要的一个方面，这既植根于北宋年间的社会背景，又与苏轼家庭环境的熏陶有关系，更重要的是离不开苏轼的人生经历。本文在学界以往的研究基础上，把苏轼的"梦"词与苏轼的生活经历相联系，以探讨苏轼"梦"词内在的佛教基因。

一、苏轼的"梦"词

根据《苏轼词编年校注》的统计，苏轼所作的词中直接与"梦"这一主题相关的作品有61首，占其总词数的18%，按照内容的差异，大致可以分为如下三类。

（一）追忆人事，感怀过往

江城子	十年生死两茫茫。不思量，自难忘。千里孤坟，无处话凄凉。纵使相逢应不识，尘满面，鬓如霜。　夜来幽梦忽还乡，小轩窗，正梳妆。相顾无言，惟有泪千行。料得年年肠断处，明月夜，短松冈。
西江月	玉骨那愁瘴雾，冰肌自有仙风。海仙时遣探芳丛，倒挂绿毛么凤。　素面翻嫌粉涴，洗妆不褪唇红。高情已逐晓云空，不与梨花同梦。
水龙吟	似花还似非花，也无人惜从教坠。抛街傍路，思量却是，无情有思。萦损柔肠，困酣娇眼，欲开还闭。梦随风万里，寻郎去处，又还被、莺呼起。不恨此花飞尽，恨西园、落红难缀。晓来雨过，遗踪何在？一池萍碎。春色三分，二分尘土，一分流水。细看来，不是杨花，点点是离人泪。
西江月	别梦已随流水，泪巾犹裹香泉。相如依旧是臞仙，人在瑶台阆苑。　花雾萦风缥缈，歌珠滴水清圆。娥眉新作十分妍。走马归来便面。
归朝欢	我梦扁舟浮震泽，雪浪摇空千顷白。觉来满眼是庐山，倚天无数开青壁。此生长接浙，与君同是江南客。梦中游，觉来清赏，同作飞梭掷。　明日西风还挂席，唱我新词泪沾臆，灵均去后楚山空，澧阳兰芷无颜色。君才如梦得，武陵更在西南极。竹枝词，莫摇新唱，谁谓古今隔。
南乡子	回首乱山横。不见居人只见城。谁似临平山上塔，亭亭，迎客西来送客行。　临路晚风清，一枕初寒梦不成。今夜残灯斜照处，荧荧，秋雨晴时泪不晴。
蝶恋花	别酒劝君君一醉。清润潘郎，又是何郎婿。记取钗头新利市，莫将分付东邻子。　回首长安佳丽地。三十年前，我是风流帅。为向青楼寻旧事，花枝缺处余名字。

在这七首代表词作中，《江城子》是著名的悼亡词，悼念苏轼的结发之妻王弗。其中"十年生死两茫茫。不思量，自难忘。千里孤坟，无处话凄凉"一句，用最直白的话语道出了作者对亡妻素朴深厚的感情。而在《亡妻王氏墓志铭》中，苏轼也

---

① 代表性的研究，如戴如意：《从苏轼词中"梦"的意象看苏词的审美意蕴》，《黔西南民族师范高等专科学校学报》，2009年第1期；宁薇：《浮生若梦　为欢几何——论苏轼词中的梦》，《湖北师范学院学报》（社会科学版），2000年第1期；李霞：《浅论苏轼之"梦"词》，《黄冈师范学院学报》，2008年第28卷S1期；邹煜：《试论苏轼的写"梦"词》，《自贡师专学报》，1998年第4期；张庆军：《苏轼词作与梦》，《鲁行经院学报》，1999年第1期；张志敏：《苏轼的〈江城子·记梦〉与弥尔顿的〈致亡妻〉》，《广西社会科学》，2003年第8期；赵佳丽、林高跃：《苏轼涉"梦"词探析》，《惠州学院学报》，2012年第8期，等等。

表达了同样的感情："治平二年五月丁亥,赵郡苏轼之妻王氏,卒于京师。六月甲午,殡于京城之西。其明年六月壬午,葬于眉之东北彭山县安镇乡可龙里先君、先夫人墓之西北八步。……君得从先夫人于九原,余不能。呜呼哀哉! 余永无所依怙。君虽没,其有与为妇,何伤乎! 呜呼哀哉!"[①] 但《江城子》中现实与梦幻相结合的表现方式,使得情感传递更为真挚,极具艺术感染力与心灵的震撼。

苏轼一生宦海沉浮,动荡不定,所经历的环境变化多样,接触到的人与事自然是纷繁复杂,朋友也遍布五湖四海。在上述"梦"词中,有两首怀念挚友的作品,分别是《西江月》(别梦以随流水)和《归朝欢》。《西江月》为悼念昔日挚友徐君猷,苏轼在宴席上见到故友曾经的侍妾胜之,不禁悲从中来,所谓"物是人非事事休,欲语泪先流";而《归朝欢》则作于苏轼被贬英州途中与好友苏伯固相遇之时。苏轼把自己与挚友同在宦海中沉浮,以至奔波于四方之坎坷化为"仗剑走天涯"的豪情,并以屈原、刘禹锡为例,相互勉励,"君才如梦得,武陵更在西南极。竹枝词,莫摇新唱,谁谓古今隔"。同样是通过梦的形式追忆老友,但两词的情感全然不同。

(二) 闲情逸致,豁达洒脱

行香子	清夜无尘。月色如银。酒斟时、须满十分。浮名浮利,虚苦劳神。叹隙中驹,石中火,梦中身。 虽抱文章,开口谁亲。且陶陶、乐尽天真。几时归去,作个闲人。对一张琴,一壶酒,一溪云。
行香子	一叶舟轻。双桨鸿惊。水天清、影湛波平。鱼翻藻鉴,鹭点烟汀。过沙溪急,霜溪冷,月溪明。 重重似画,曲曲如屏。算当年、空老严陵。君臣一梦,今古虚名。但远山长,云山乱,晓山青。
十拍子	白酒新开九酝,黄花已过重阳。身外倘来都似梦,醉里无何即是乡。东坡日月长。 玉粉旋烹茶乳,金齑新捣橙香。强染霜髭扶翠袖,莫道狂夫不解狂。狂夫老更狂。
江城子	梦中了了醉中醒,只渊明。是前生。走遍人间,依旧却躬耕。昨夜东坡春雨足,乌鹊喜,报新晴。 雪堂西畔暗泉鸣,北山倾。小溪横。南望亭丘,孤秀耸曾城。都是斜川当日景,吾老矣,寄余龄。

苏轼的这一类词中,尽管描述的场景大多是赏玩山水、吟风弄月,传递了恬淡、闲适等情绪,但这个场景背后却又隐含着困扰、苦闷以及他对人生的思考,最终感叹"人生如梦",觉世间功名如粪土。

以《行香子》(清夜无尘,月色如银)为例,苏轼描述了夜色清新、月光皎洁的静谧,与日间名利喧嚣迥然不同。对酒当歌,仰望苍穹,遐想无限。这样的幽静与闲适,并没有"起舞弄清影",而是感叹时间如白驹过隙,世间名利的追逐劳神费力,徒增烦恼。苏轼虽然文章盖世,有经邦济世之才,却也困扰于政治纷争而不得施展,以至于无所作为。在这种境遇下,退隐田园,远离政治顺理成章地成为解脱之道。经历了宦海沉浮的苏轼,视世间名利纷争皆如过眼云烟,"一张琴,一壶

---

① 闫晓东注析:《苏轼诗文选》,海口:南海出版公司,2011 年版,第 143~144 页。

酒，一溪云"足矣。全词以恬淡幽静为始，以豁达洒脱为终，其对古今人生的深刻思考，使得该词作立意悠远，超越了单纯意义上的田园抒情。苏轼的词作，往往能够实现"入世的情怀"与"出世的洒脱"兼而有之，这也是苏轼将儒释道三家思想汇通在词作上的体现。

（三）人生如梦，万事皆空

佛教的东传对于中国古代文化而言，意义深远。在经历了两种文化最初的冲突碰撞之后，佛教逐渐实现了由"印度的"到"中国的"的转变，到北宋时期逐渐融入中国文化体系中，对中国文化发展产生了极大的影响。这其中的表现之一在于原本属于佛家的语词逐渐渗入中国语言词汇中，成为中国文人表达情感、阐释思想的基本符号，"人生如梦"就是其中的典型代表。在苏轼的"梦"词中，抒发"人生如梦"情感的词作可以说是有很多的，试举其中的几例。

渔家傲	临水纵横回晚鞚。归来转觉情怀动。梅笛烟中闻几弄。秋阴重。西山雪淡云凝冻。美酒一杯谁与共？尊前舞雪狂歌送。腰跨金鱼旌旆拥。将何用。只堪妆点浮生梦。
南歌子	带酒冲山雨，和衣睡晚晴。不知钟鼓报天明。梦里栩然蝴蝶、一身轻。　老去才都尽，归来计未成。求田问舍笑豪英。自爱湖边沙路、免泥行。
永遇乐	明月如霜，好风如水，清景无限。曲港跳鱼，圆荷泻露，寂寞无人见。紞如三鼓，飘然一叶，黯黯梦云惊断。夜茫茫、重寻无处，觉来小园行遍。　天涯倦客，山中归路，望断故园心眼。燕子楼空，佳人何在，空锁楼中燕。古今如梦，何曾梦觉，但有旧欢新怨。异时对、南楼夜景，为余浩叹。
念奴娇	大江东去，浪淘尽、千古风流人物。故垒西边，人道是、三国周郎赤壁。乱石穿空，惊涛拍岸，卷起千堆雪。江山如画，一时多少豪杰。　遥想公瑾当年，小乔初嫁了，雄姿英发。羽扇纶巾，谈笑间、强虏灰飞烟灭。故国神游，多情应笑我，早生华发。人生如梦，一尊还酹江月。
西江月	三过平山堂下，半生弹指声中。十年不见老仙翁，壁上龙蛇飞动。　欲吊文章太守，仍歌杨柳春风。休言万事转头空，未转头时皆梦。
醉蓬莱	笑劳生一梦，羁旅三年，又还重九。华发萧萧，对荒园搔首。赖有多情，好饮无事，似古人贤守。岁岁登高，年年落帽，物华依旧。　此会应须烂醉，仍把紫菊茱萸，细看重嗅。摇落霜风，有手栽双柳。来岁今朝，为我西顾，酹羽觞江口。会与州人，饮公遗爱，一江醇酎。
南乡子	霜降水痕收，浅碧鳞鳞露远洲。酒力渐消风力软，飕飕。破帽多情却恋头。　佳节若为酬，但把清尊断送秋。万事到头都是梦，休休。明日黄花蝶也愁。
西江月	世事一场大梦，人生几度秋凉。夜来风叶已鸣廊，看取眉头鬓上。　酒贱常愁客少，月明多被云妨。中秋谁与共孤光，把盏凄然北望。

佛典中常用"如梦""如幻""如水月""如空花"来解说宇宙世间一切万物的无自性，进而指出不能执着于看似实体、实则虚幻的存在，应该借助佛教的般若智慧实现解脱超越。"于诸法门胜解观察。如幻如阳焰。如梦如水月。如响如空花。如像如光影。如变化事。如寻香城。虽皆无实而现似有。离下劣心说法无畏。能随

证入无量法门。善知有情心行所趣。以微妙慧而度脱之。"①《大智度论》中也提到了"十喻",用于了解诸法,即宇宙万物之一切:

> 【经】解了诸法,如幻、如焰、如水中月、如虚空、如响、如捷闼婆城、如梦、如影、如镜中像、如化。
>
> 【论】是十喻,为解空法故。②

苏轼深谙佛法,自号东坡居士。对于佛家的"如梦"思想颇有感悟。但同时,对于苏轼而言,"仅仅体验和肯认这一观念是不够的———即便体验到'人生如梦'又如何! 难道真的要沉沦、消极下去? 当然不是! 那么接下来,有无可能打破或超越这一层观念而进入更高的境界? 这才是苏轼——一个自小深受儒家思想影响,以积极进取为人生主色调的文人的深层思索"③。整体而言,苏轼依然是一位儒家士大夫,在他的"梦"词中体现出的"人生如梦"并不是消极遁世,反倒是积极入世之后又超然出世的智慧与洒脱。

二、苏轼"梦"词的佛理根源

佛典中对"梦"的解读有很多,都是通过"梦喻"阐述宇宙万物的幻有真空的实相:

> 梦中所现无实事,以譬世间之诸法无实性。《维摩经方便品》曰:"是身如梦。为虚妄见。"《演密钞》四日:"言梦者寐中神游也,凡人寝寐神识不定。"④
>
> 问。经中所云。一切法如梦。以证唯心者。云何梦中事虚。寤中事实。果报不等。法喻不齐。云何引证。答。所申譬况。皆为不信之人。假此发明。所以智不难喻。但求见道。证会自心。何用检方便之诠。执圆常之理。此梦喻一法。证验最亲。⑤
>
> 菩萨了世法。一切皆如梦。非处非无处。体性恒寂灭。诸法无分别。如梦不异心。三世诸世间。一切悉如是。梦体无生灭。亦无有方所。三界悉如是。见者心解脱。梦不在世间。不在非世间。此二不分别。得入于忍地。譬如梦中见。种种诸异相。世间亦如是。与梦无差别。⑥

---

① 《中华大藏经》编辑局:《中华大藏经 汉文部分》第1册《大般若波罗蜜多经》,北京:中华书局,1984年版,第13页。

② (印度)龙树菩萨造,(后秦)鸠摩罗什译:《大智度论》,北京:宗教文化出版社,2014年版,第118页。

③ 郑群辉:《论苏轼的"人生如梦"》,《社会科学》,2010年第9期,第173页。

④ 丁福保:《佛学大辞典》,北京:文物出版社,1984年版,第1232页。

⑤ 李利安主编:《宗镜录》,西安:西北大学出版社,2006年版,第1334页。

⑥ 李利安主编:《宗镜录》,西安:西北大学出版社,2006年版,第1335页。

对中国文人影响深远的《维摩诘经》，更是深入阐释了佛家的"梦幻"说：

> 诸仁者！是身无常、无强、无力、无坚、速朽之法，不可信也！为苦、为恼，众病所集。诸仁者！如此身，明智者所不怙；是身如聚沫，不可撮摩；是身如泡，不可久立；是身如焰，从渴爱生；是身如芭蕉，中无有坚；是身如幻，从颠倒起；是身如梦，为虚妄见；是身如影，从业缘现；是身如响，属诸因缘；是身如浮云，须臾变灭；是身如电，念念不住；是身无主，为如地；是身无我，为如火；是身无寿，为如风；是身无人，为如水；是身不实，四大为家；是身为空，离我我所；是身无知，如草木瓦砾；是身无作，风力所转；是身不净，秽恶充满；是身为虚伪，虽假以澡浴衣食，必归磨灭；是身为灾，百一病恼；是身如丘井，为老所逼；是身无定，为要当死；是身如毒蛇、如怨贼、如空聚、阴界诸入所共合成。①

苏轼熟悉大小乘佛典，对《金刚经》《莲华经》《多心经》《摩利支经》《楞伽经》《般若波罗蜜多心经》《八师经》《楞严经》《圆觉经》等更是烂熟于心，因此，他对大乘佛教的"空"观，有自己的独到见解：

> 我游多宝山，见山不见宝。岩谷及草木，虎豹诸龙蛇。虽知宝所在，欲取不可得。复有求宝者，自言已得宝，见宝不见山，亦未得宝故。譬如梦中人，未尝知是梦，既知是梦已，所梦即变灭。见我不见梦，因以我为觉，不知真觉者，觉梦两无有。我观大宝藏，如以蜜说甜。众生未谕故，复以甜说蜜。甜蜜更相说，千劫无穷尽。自蜜及甘蔗，查梨与橘柚，说甜而得酸，以及咸辛苦。忽然反自味，舌根有甜相，我尔默自知，不烦更相说。我今说此偈，于道亦云远，如眼根自见，是眼非我有。当有无耳人，听此非舌言，于一弹指顷，洗我千劫罪。②

对多宝山的山与宝的可见不可见，实际上体现的是佛家觉梦关系的般若智慧。这也体现在苏轼所撰写的《小篆般若心经赞》中：

> 草隶用世今千载，少而习之手所安。
> 如舌于言无拣择，终日应对帷所问。
> 忽然使作大小篆，如正行走值墙壁。
> 纵复学之能粗通，操笔欲下仰寻索。
> 譬如鹦鹉学人语，所习则能否则默。
> 心存形声与点画，何暇复求字外意。
> 世人初不离世间，而欲学出世间法。

---

① 赖永海、高永旺译注：《维摩诘经》，北京：中华书局，2010 年版，第 29 页。
② 孔凡礼点校：《苏轼文集》，北京：中华书局，1986 年版，第 389 页。

举足动念皆尘垢，而以俄顷作禅律。

禅律若可以作得，所不作处安得禅。

善哉李子小篆字，其间无篆亦无隶。

心忘其手手忘笔，笔自落纸非我使。

正使忽忽不少暇，倏忽千百初无难。

稽首《般若多心经》，请观何处非《般若》。①

除了大乘经典之外，被誉为佛经汉译史上第一部汉地佛经的《四十二章经》，实际上源自小乘阿含部经典。苏轼对以《四十二章经》为代表的小乘经典也有所研究，他在《忏经疏》中这样评价《四十二章经》：

如来大藏，起于《四十二章》；过去妙心，流出万五千卷。前言俱在，后句分明。纵有古佛六通，难转老婆一半。念我夙昔，见此本原。悟万善之同归，岂一法之敢舍。遍参重译，尽发秘函。全见摩尼珠，悉证贝多叶。作此大事，示诸有情。稽首双林之轮，不负三圣之偈。②

佛教"人生如梦"的譬喻，又可上溯至原始佛教的"法印说"，这是佛教教理的核心所在，是"整个佛学的理论枢纽，佛法中不可动摇的根本原则"③。凡是符合"法印"的，即为佛法，否则为伪，即非法。法印通常有"三法印"或"四法印"之说：

今有四法本末，如来之所说。云何为四？一切诸行无常，是谓初法本末，如来之所说。一切诸行苦，是谓第二法本末，如来之所说。一切诸行无我，是谓第三法本末，如来之所说。涅槃为永寂，是谓第四法本末，如来之所说。是谓，诸贤！四法本末，如来之所说。④

由此可见，苏轼"梦"词背后的佛教教理，间接地源于古印度原始佛教"诸行无常，诸法无我"的思想。

三、苏轼"梦"词的社会土壤

（一）社会文化

北宋皇室是比较支持佛教弘法的，宋太祖不止一次赏赐沙门僧人，支持僧人的西域游学，宋太宗则认为研读佛教典籍有助于政治统治，因此他说，"虽方外之说，亦有可观者，卿等试读之"。

---

① 孔凡礼点校：《苏轼文集》，北京：中华书局，1986年版，第618页。

② 孔凡礼点校：《苏轼文集》，北京：中华书局，1986年版，第1908页。

③ 方立天：《佛教哲学》，北京：中国人民大学出版社，1986年版，第99页。

④ 中国佛教文化研究所点校：《增壹阿含经》，北京：宗教文化出版社，1999年版，第285页。

（乾德三年十二月）戊午，甘州回鹘可汗与于阗国王及瓜、沙州皆遣使来贡方物。先是，沙门道圆出游西域二十余年，于是与于阗朝贡使者俱还，献贝叶经及舍利。癸亥，上召见之，问其山川道路及风俗，一一能记，上喜，赐以紫衣及金币。①

（乾德四年三月癸未）僧行勤等一百五十人请游西域，诏许之，仍赐钱三万遣行。②

上以新译经五卷示宰相，因谓之曰："浮屠氏之教有裨政治，达者自悟渊微，愚者妄生诬谤，朕于此道，微究宗旨。凡为君治人，即是修行之地，行一好事，天下获利，即释氏所谓利他者也。庶人无位，纵或修行自苦，不过独善一身。如梁武舍身为寺家奴，百官率钱收赎，又布发于地，令桑门践之，此真大惑，乃小乘偏见之甚，为后代笑。为君者抚育万类，皆如赤子，无偏无党，各得其所，岂非修行之道乎？虽方外之说，亦有可观者，卿等试读之，盖存其教，非溺于释氏也。"③

另外，中国历史上第一部佛经的刊刻，就是在宋廷支持下得以完成的。"（开宝四年）敕高品张从信往益州雕大藏经板。"④"（太平兴国八年六月）成都先奉太祖敕造大藏经板成，进上。"⑤

当时北宋的士大夫群体也大多学习佛法，以至于引起了二程的担忧：

问："世之学者多入于禅，何也？"曰："今人不学则已，如学焉，未有不归于禅也。却为佗求道未有所得，思索既穷，乍见宽广处，其心便安于此。"曰："是可反否？"曰："深固者难反。"⑥

北宋社会从皇室到文人群体都比较热衷于佛教的传播与佛法的研究，这是苏轼"梦"词，尤其是其"人生如梦"观产生的社会条件。

（二）成长环境

苏轼外祖父就信仰佛教：

轼外祖父程公，少时游京师，还，遇蜀乱，绝粮不能归，困卧旅舍。有僧十六人往见之，曰："我，公之邑人也，"各以钱二百贷之，公以是得归，竟不知僧所在。公曰："此阿罗汉也。"岁设大供四。公年九十，凡设二百余供。⑦

---

① （宋）李焘：《续资治通鉴长编》，北京：中华书局，2004年版，第161页。
② （宋）李焘：《续资治通鉴长编》，北京：中华书局，2004年版，第168页。
③ （宋）李焘：《续资治通鉴长编》，北京：中华书局，2004年版，第554页。
④ （宋）释志磐著，释道法校注：《佛祖统纪校注》，上海：上海古籍出版社，2012年版，第1022页。
⑤ （宋）释志磐著，释道法校注：《佛祖统纪校注》，上海：上海古籍出版社，2012年版，第1033页。
⑥ （宋）程颢、程颐：《二程集》，北京：中华书局，1981年版，第196页。
⑦ 孔凡礼点校：《苏轼文集》，北京：中华书局，1986年版，第587页。

其父苏洵，也是信仰佛教的：

> 近将南去，由荆、楚走大梁，然后访吴、越，适燕、赵，徜徉于四方以忘其老。将去，慨然顾坟墓，追念死者，恐其魂神精爽，滞于幽阴冥漠之间，而不复旷然游乎逍遥之乡，于是造六菩萨并完龛座二所。盖释氏所谓观音、势至、天藏、地藏、解冤结、引路王者，置于极乐院阿弥如来之堂。庶几死者有知，或生于天，或生于四方上下，所适如意，亦若余之游于四方而无系云尔。①

因此，当苏轼第一次到成都时，就开始结交气宇不凡的僧人：

> 然吾昔者始游成都，见文雅大师惟度，器宇落落可爱，浑厚人也。能言唐末、五代事传记所不载者，因是与之游，甚熟。惟简则其同门友也。其为人，精敏过人，事佛斋众，谨严如官府。二僧皆吾之所爱。②

苏轼在其一生中，曾经数次手抄佛经，尽管目的各有不同，但对于研读佛经而言，其影响却是不言而喻的。

苏轼手抄佛经一览表③

序号	时间	年龄	佛经名称
1	皇祐二年（1050）前	15	《金刚般若波罗蜜经》
2	熙宁元年（1068）	33	《多心经》
3	熙宁二年（1069）	34	《莲华经》
4	元丰四年（1081）	46	《摩利支经》
5	元丰八年（1085）	50	《楞伽经》
6	元祐二年（1087）	52	《般若波罗蜜多心经》
7	元祐六年（1091）	56	《八师经》
8	元祐七年（1092）	57	《圆觉经》
9	绍圣四年（1097）	62	《心经》
10	绍圣四年（1097）	62	《金刚般若波罗蜜经》
11	元符三年（1100）	65	《金刚般若波罗蜜经》
12	建中靖国元年（1101）	66	《楞严经》中《圜通偈》

（三）人生经历

苏轼一生宦海沉浮，历经磨难，最终客死他乡，"乌台诗案"可以说是对苏轼

---

① （宋）苏洵著，曾枣庄、金成礼笺注：《嘉祐集笺注》，上海：上海古籍出版社，1993 年版，第 401～402 页。

② 孔凡礼点校：《苏轼文集》，北京：中华书局，1986 年版，第 384 页。

③ 参见刘金柱：《苏轼抄写佛经动因初探》，《佛学研究》，2003 年第 12 期，第 205 页。

影响颇大的事件。围绕"乌台诗案"，学界进行了相关的研究，但目前仍存在争议。《宋史·苏轼传》云：

> 徙知湖州，上表以谢。又以事不便民者不敢言，以诗托讽，庶有补于国。御史李定、舒亶、何正臣摭其表语，并媒薛所为诗以为讪谤，逮赴台狱，欲置之死，锻炼久之不决。神宗独怜之，以黄州团练副使安置。轼与田父野老，相从溪山间，筑室于东坡，自号"东坡居士"。①

苏轼自述：

> 元丰二年十二月，余自吴兴守得罪，上不忍诛，以为黄州团练副使，使思过而自新焉。其明年二月，至黄。舍馆粗定，衣食稍给，闭门却扫，收召魂魄，退伏思念，求所以自新之方，反观从来举意动作，皆不中道，非独今之所以得罪者也。欲新其一，恐失其二。触类而求之，有不可胜悔者。于是，喟然叹曰："道不足以御气，性不足以胜习。不锄其本，而耘其末，今虽改之，后必复作。盍归诚佛僧，求一洗之？"得城南精舍曰安国寺，有茂林修竹，陂池亭榭。间一二日辄往，焚香默坐，深自省察，则物我相忘，身心皆空，求罪垢所从生而不可得。一念清净，染污自落，表里俛然，无所附丽。私窃乐之。旦往而暮还者，五年于此矣。②

> 昔先帝召臣上殿，访问古今，敕臣今后遇事即言。其后臣屡论事，未蒙施行，乃复作为诗文，寓物托讽，庶几流传上达，感悟圣意。而李定、舒亶、何正臣三人，因此言臣诽谤，臣遂得罪。然犹有近似者，以讽谏为诽谤也。③

后世学者研究表明，"乌台诗案"实乃冤案，但无论是否是冤案，苏轼最终还是到了黄州：

> 黄州僻陋多雨，气象昏昏也。鱼稻薪炭颇贱，甚与穷者相宜。然轼平生未尝作活计，子厚所知之。俸入所得，随手辄尽。而子由有七女，债负山积，贱累皆在渠处，未知何日到此。见寓僧舍，布衣蔬食，随僧一餐，差为简便，以此畏其到也。穷达得丧，粗了其理，但禀廪相绝，恐年载间，遂有饥寒之忧，不能不少念。然俗所谓水到渠成，至时亦必自有处置，安能预为之愁煎乎？

> 初到，一见太守，自余杜门不出。闲居未免看书，惟佛经以遣日，不

---

① （元）脱脱等：《宋史》，北京：中华书局，1977 年版，第 10809 页。
② 孔凡礼点校：《苏轼文集》，北京：中华书局，1986 年版，第 391～392 页。
③ 孔凡礼点校：《苏轼文集》，北京：中华书局，1986 年版，第 829 页。

复近笔砚矣。①

谪居黄州之时，苏轼迎来了他一生文学创作的巅峰。潘桂明先生在《中国居士佛教史》中曾写道：

> 佛典中不仅包含佛教人生哲学，即对宇宙人生认识，而且具有儒典缺乏的独特思维方式。经历了人生的折磨，学佛很容易成为自觉的心理需求，也更容易把握其内在精神。②

苏轼身处的社会背景、成长环境和人生经历都在不同程度上有助于其吸纳佛教思考宇宙人生的方式，通过"梦"词的创作，苏轼游走于现实与梦幻之间，在中国词学史上流下了一份独有的洒脱与豪迈。

（作者简介：王雅克，贵州师范大学历史与政治学院副教授）

---

① 孔凡礼点校：《苏轼文集》，北京：中华书局，1986 年版，第 1412 页。
② 潘桂明：《中国居士佛教史》，北京：中国社会科学出版社，2000 年版，第 519 页。

"庄蹻王滇" 新辨

王 虎

摘 要：关于《史记·西南夷列传》中"庄蹻王滇"一段的记载所存在的问题，学界一直争讼不断，至今未能得到很好的解决。结合《史记》《汉书》《后汉书》《华阳国志》等文献和前人的研究成果以及近几十年考古成果的资料，可知庄蹻在滇中拓边之时，因秦夺楚巫、黔中，未能返回故土。在秦灭楚且一统天下的情形之下，他只能继续在滇中发展，并将楚国的文化与习俗带入了滇黔地区。

关键词：《史记》；庄蹻；楚威王

《史记·西南夷列传》是我国现存最早关于南方丝绸之路开发过程的历史文献资料，其中保存了丰富的早期南方丝绸之路有关资料，如山川地理、人文风情、社会结构、区域部族、政治制度等，是研究我国早期南方丝绸之路及西南诸省历史文化的宝贵矿藏。但对于《史记·西南夷列传》中"庄蹻王滇"一段的记载所存在的问题，学界一直争讼不断，至今也未能得到很好的解决。在对《史记》《汉书》《后汉书》《华阳国志》等文献及前人研究成果进行梳理的基础之上，结合近几十年考古成果的资料，笔者对《西南夷列传》中"庄蹻王滇"一段存在的问题进行认真的考辨，试图还原历史的真相。

司马迁在《史记·西南夷列传》中首次提出了"庄蹻王滇"这一历史命题，但这一提法却疑点重重。《史记·西南夷列传》载：

> 始楚威王时，使将军庄蹻将兵循江上，略巴（蜀）、黔中以西。庄蹻者，故楚庄王苗裔也。蹻至滇池，方三百里，旁平地，肥饶数千里，以兵威定属楚。欲归报，会秦击夺楚巴、黔中郡，道塞不通，因还，以其众王滇，变服，从其俗，以长之。①

司马迁提出楚威王时派遣将军庄蹻攻滇，在完成对滇的征服、即将回楚的过程之中，恰逢秦攻楚巴、黔中，道路不通无法归楚，庄蹻便掉头易俗变服以其众王滇。司马迁的这种提法，班固在《汉书》中也予以认可：

> 始楚威王时，使将军庄蹻将兵循江上，略巴、黔中以西。庄蹻者，楚

---

① （汉）司马迁：《史记》，北京：中华书局，2016 年版，第 3625 页。

庄王苗裔也。蹻至滇池，方三百里，旁平地肥饶数千里，以兵威定属楚。欲归报，会秦击夺楚巴、黔中郡，道塞不通，因乃以其众王滇，变服，从其俗，以长之。①

从班固和司马迁的记载来看，他们认为"庄蹻王滇"这一史实是清晰的，但是此记载本身便存在着较大的漏洞。《史记·楚世家》记载：

> （楚顷襄王）二十二年，秦复拔我巫、黔中郡。②

秦国攻占楚国巫、黔中之地在楚顷襄王二十二年（前277），距楚威王离世（前329年）已有52年，按《史记》和《汉书》的记载，庄蹻攻滇的时间跨度长达半个世纪，经历了楚威王、楚怀王和楚顷襄王三代楚王，在如此长的时间内，楚国经历了多次重大的事件，庄蹻都没有回到楚国，而在秦国攻占巫、黔中之后，才归国。单从时间跨度上来说，这是十分可疑的，很难让人相信这段材料的真实性。其次，中华书局修订本《史记·西南夷列传》校勘记云：

> 略巴、黔中，巴下原有蜀字。王念孙《杂史记》第六："蜀字因上文巴蜀而衍，庄蹻将兵循江上，略巴（蜀）、黔中以西，不得至蜀。"《汉书》作："略巴、黔中以西。"按：下文曰"会秦击夺楚巴、黔中郡，道塞不通，因还，以其众王滇"，正与此相应，今据删。③

可见此处《史记》原本作"略巴、蜀、黔中以西"，而蜀于楚怀王十六年（前313）灭于秦，楚威王时期楚国是没有办法越过蜀国而向西进攻的，司马迁在《史记》中记载的关于庄蹻进滇的时间，应该是错误的，班固发现了这一讹误，故在编撰《汉书·西南夷两粤朝鲜传》的时候，有意去掉了"蜀"字，从而对司马迁《史记》记载中的讹误加以修正，使之看上去更符合史实。正因如此，东汉的荀悦在《汉纪》中，将庄蹻攻滇的时间提前到了楚庄王时期，并将庄蹻攻滇的路线调整为了"黔中南以西"。

> 楚庄王使将军庄蹻，循江略地黔中南以西。蹻至靡漠，地方三百里，其旁平地肥饶数千里，既克定之，会秦夺楚巴黔中郡，道塞不通，蹻因以其众王靡漠，变服从其俗。④

荀悦注意到了《史记》和《汉书》中关于庄蹻记载的问题，并对这一问题进行了修正，试图解决原记载中存在的矛盾。但楚庄王时期（前613-前519）还处于春秋之时，查《春秋左传》《史记》《国语》等，此时并无相关的记载。荀悦同时注

① （汉）班固：《汉书》，北京：中华书局，1962年版，第3838页。
② （汉）司马迁：《史记》，北京：中华书局，2016年版，第2089页。
③ （汉）司马迁：《史记》，北京：中华书局，2016年版，第3633页。
④ （汉）荀悦：《汉纪》，景印文渊阁《四库全书》，上海：上海古籍出版社，1987年版，第307页。

意到了楚国不可能越过当时还存在的巴国、蜀国而向西进攻，故将进攻地点改为"黔中南以西"。但《史记·秦本纪》记载：

> 孝公元年，河山以东强国六，与齐威、楚宣、魏惠、燕悼、韩哀、赵成侯并。淮泗之间小国十余。楚、魏与秦接界。魏筑长城，自郑滨洛以北，有上郡。楚自汉中，南有巴、黔中。①

秦孝公元年（前361）已经进入战国时期，楚国方拥有黔中，而楚庄王时期楚国在没有占领黔中的情况下，是不可能向西进攻的。东晋的常璩在《华阳国志·南中志》中便将庄蹻攻滇的时间推后至了顷襄王时期，并对攻滇的路线进行了修正：

> 遣将军庄蹻溯沅水，出且兰，以伐夜郎，植牂柯，系船于是。夜郎又降，而秦夺楚黔中地，无路得反，遂留王滇池。蹻，楚庄王苗裔也。以牂柯系船，因名且兰为牂柯国。②

《华阳国志》的这一记载，既规避了《史记》《汉书》及《汉纪》中庄蹻攻滇时间错乱的问题，又化解了攻滇的路线矛盾，故这一说法往往被后来历代史家所认可。范晔的《后汉书·南蛮西南夷列传》中也记载：

> 初，楚顷襄王时，遣将庄豪从沅水伐夜郎，军至且兰，椓船于岸而步战。既灭夜郎，因留王滇池。以且兰椓舟牂柯处，乃改其名为牂柯。③

此段文字记载基本上与《华阳国志·南中志》相同，唯一不同的是带兵的将领为"庄豪"，而在《后汉书·南蛮西南夷列传》另一段中则明确记载：

> 滇王者，庄蹻之后也。元封二年，武帝平之，以其地为益州郡，割牂柯、越嶲各数县配之。后数年，复并昆明地，皆以属之此郡。有池，周回二百余里，水源深广，而末更浅狭，有似倒流，故谓之滇池。

从此段文献记载可知滇王乃庄蹻的后人，而非前一段中的领军将领"庄豪"的后人。后人著述中涉及此段历史所引的文献均据后一则记载，将领军将领做"庄蹻"处理。如《北堂书钞》载：

> 楚顷襄王遣将军庄蹻溯沅水伐夜郎，军至且兰而步战；既灭夜郎，而秦夺楚地，无路得归，遂留之，号为庄王。以且兰有椓舟牂柯处，乃改郡为牂柯矣。④

再如《太平御览》载：

① （汉）司马迁：《史记》，北京：中华书局，2016年版，第255页。
② 任乃强校注：《华阳国志校补图注》，上海：上海古籍出版社，2015年版，第229页。
③ （南朝宋）范晔：《后汉书》，北京：中华书局，1965年版，第2845页。
④ （唐）虞世南：《北堂书钞》，景印文渊阁《四库全书》，上海：上海古籍出版社，1987年版，第705页。

> 楚顷襄王遣将军庄蹻溯沅水，出且兰，以伐夜郎。……而秦夺楚黔中地，无路得归，遂留王之，号为庄王。①

从以上的文献记载我们可以看到，后来诸多史家均把遣军将领记为"庄蹻"而非"庄豪"，并提出是庄蹻"号为庄王"，并非《史记》《汉书》及《华阳国志》等文献中所记载的"庄蹻者，故楚庄王苗裔也"。针对以上诸处记载之间存在的出入，蒙文通先生在《庄蹻王滇辨》中进行了详细的考证：

> 西南民族中，则喜以"庄"字为称号，庄或作壮，又或作严，有武勇之意。《华阳国志》载有"夜郎庄王"（《南中志》），《竹书纪年》载有"岷山庄王"，《蜀记》载有秦徙严王之族于严道，说明西南民族有以"庄"字为称号的习俗。我们认为，《华阳国志》所说的"号为庄王"，就当属此类。

> 《后汉书·西南夷传》中"庄蹻"作"庄豪"，是一个值得同等注意的问题。《尚书序》"西旅献獒"。《经典释文》载马融云："獒作豪，酋豪也。"《孔疏》引郑康成说："獒读若豪，西戎无君，名强大有政者为酋豪。"《汉书·赵充国传》中西羌有先零豪、枹罕豪、大豪、中豪、下豪等名称，都是少数民族首领的名称。所谓"庄豪"，当是属于此类，它和"庄王"之名应当是同一性质，而不是某个人物的姓和名。"豪"和"蹻"音读接近，当以作豪为正。②

蒙文通先生在文中考证"豪"和"蹻"音读相近，应当为同音转借。蒙先生的这个观点对于解释这几处文献的不同应该是有裨益的，但蒙先生认为"庄"作"壮"或"严"，有勇武之意，西南少数民族常用此字为称号，则失之公允。西南诸夷与当时中国风俗相异，文化不同，语言文字更不相通，若以汉字的表意义项去推断西南诸夷的文字含义，则可能出现缘木求鱼、南辕北辙的失误。西南夷勇武，但并不会用有勇武之意的汉字"庄"来作为自己的称号。倘使西南夷真的以汉字"庄"为号，则应当可以证明西南夷的汉化程度已经到了相当高的地步。但从现存的史料记载来看，并不存在这种现象。《水经注》卷三十七"叶榆河"条云："益州叶榆河，出其县北界。屈从县东北流，过不韦县。"其下郦道元注曰：

> 县故九隆哀牢之国也。有牢山，其先有妇人，名沙壹，居于牢山。捕鱼水中，触沉木，若有感，因怀孕，产十子。后沉木化为龙出水，九子惊走。小子不能去，背龙而坐，龙因舐之。其母鸟语，谓背为九，谓坐为隆，因名为九隆。及长，诸兄遂相共推九隆为王。后牢山下有一夫一妇，

① （宋）李昉等：《太平御览》，景印文渊阁《四库全书》，上海：上海古籍出版社，1987年版，第786页。

② 蒙文通：《庄蹻王滇辨》，《四川大学学报》（社会科学版），1963年第1期，第10~11页。

生十女，九隆皆以为妻，遂因孳育，皆画身像龙文，衣皆著尾。九隆死，世世不与中国通。①

叶榆，《史记·西南夷列传》作"楪榆"，西汉元封二年（前109）置叶榆县，康熙《大理府志》载："大理，汉叶榆地。……叶榆远在荒徼，自汉始通中国。"②同时，《史记·西南夷列传》还记载了滇王、夜郎侯对汉使自大狂妄的言语："汉与我孰大？"如果当时滇王和夜郎侯熟知中原的典章文物，则即便是夸耀自身实力，亦不可能当着汉朝使节如此狂言，可见滇王和夜郎侯对中原情形并不了解。西南夷中最为重要的人物如滇王、夜郎侯都是如此，普通西南夷之民众更应是对中原文化一无所知。从以上记载可以看出，在汉代唐蒙通西南夷以前，西南各族并没有与当时的中原地区建立联系，更不可能存在用汉字的表意义项作为自己名族称号的现象。因此，蒙文通先生关于"庄"字乃是西南各民族称号习俗的这一见解是值得商榷的。

此外，蒙文通先生在《庄蹻王滇辨》中论证《华阳国志》记载庄蹻入滇伐夜郎而国牂牁条时，引用了清人著作来论证牂牁确乃古国名，而郑珍的《牂牁考》却用了《管子·小匡》篇来进行引证：

> 桓公曰：余乘车之会三，兵车之会六，九合诸侯，一匡天下。北至于孤竹、山戎、秽貉，拘秦夏，西至流沙、西虞，南至吴、越、巴、牂柯……不庚、雕题、黑齿。荆夷之国，莫违寡人之命，而中国卑我。昔三代之受命者，其异于此乎？③

查《春秋左传》，齐桓公时齐国并没有跟吴、越发生战争，齐桓公也没有到过吴、越，至于巴、牂牁，则更为无稽之谈，齐国若要伐此两地，必然要跨过横亘中间的晋、楚两大国及淮泗之间十余小国，若历史上真有如此规模的军事行动，则《左传》不可能无任何记载。四库馆臣在《四库全书总目提要》中言道：

> 《管子》非一人之笔，亦非一时之书，以其言毛嫱、西施、吴王好剑推之，当是春秋末年。今考其文，大抵后人附会多于仲之本书。其他姑无论，即仲卒于桓公之前，而篇中处处称桓公，其不出仲手，已无疑义矣。书中称经言者九篇，称外言者八篇，称内言者九篇，称短语者十九篇，称区言者五篇，称杂篇者十一篇。称管子解者五篇，称管子轻重者十九篇。意其中孰为手撰，孰为记其绪言如语录之类，孰为述其逸事如家传之类，孰为推其义旨如笺疏之类，当时必有分别。观其五篇明题管子解者，可以类推，必由后人混而一之，致滋疑窦耳。

---

①　（北魏）郦道元：《水经注》，《丛书集成初编》本，北京：中华书局，1991年版，第1870页。

②　（清）张培爵修，周宗麒纂：《大理府志》，清康熙刻本。

③　黎翔凤：《管子校注》，北京：中华书局，2004年版，第425~426页。

可见《管子》的成书并非一人一时之功，大量的后人伪托附会之作都汇集在了今本《管子》之中，因此《管子》中关于齐桓公时便存在牂柯古国的记载是十分值得怀疑的。蒙文通先生间接用《管子》的记录来对《华阳国志》中庄蹻入滇伐夜郎而国牂柯之时，没有考虑这一问题，不能不说是一个遗憾。徐中舒先生在《夜郎史初探》一文中指出，古代居于西南横断山脉间的人民，在溪流湍急而河道又不甚宽广的崖岸上，树立木桩牵引船筏，自此以达彼岸，津渡处称为"牂柯"。牂柯一名，在古代，除通行于横断山脉以外，长江流域亦多有之。如《太平广记》所引《魏略》《寻阳记》《豫章记》中有多处记载，绝非一地之名。《通典·边防六》"吐蕃"条则云：

> 其赞普弄赞，雄霸西域。隋开皇中，其主论赞率弄赞都牂柯（牂柯）西圧播城已五十年矣。国界西南与婆罗门接。[1]

吐蕃首领赞普弄赞在隋代开皇年间便已经定都于牂柯西部的播城有五十余年，此牂柯绝非《华阳国志·南中志》和《后汉书·南蛮西南夷列传》所言庄蹻攻滇王所路过之牂柯，亦可见牂柯也不是蒙文通先生所言的西南一古国之名。蒙先生在此结论之上，再根据《史记》《汉书》《华阳国志》及《后汉书》相关庄蹻记载相抵牾之处，推断出"庄蹻入滇"在历史中是不存在的这一结论也是失之公允的。1955年，云南晋宁石寨山古墓群出土了大量的文物，其中一枚"滇王之印"与《史记·西南夷列传》中"赐滇王王印，复长其民"的记载相吻合，证明了《史记·西南夷列传》的真实性。同时在石寨山古墓群中还出土了大量的青铜人物图像[2]，其中大量人物服饰不分男女，他们穿着长及膝盖的对襟无领外衣，均将头发叠成一髻，这与《史记·西南夷列传》中"西南夷君长以什数，夜郎最大；……此皆椎结"的记载相符。

而这些青铜图像中的女子发型与长沙陈家山楚墓出土的《人物龙凤图》（如下图）中的女子发型为同一种类型，可见"椎结"这种发型同样也在楚地存在，滇与楚之间应该存在着文化上的联系。常璩《华阳国志·南中志》云：

---

① （唐）杜佑：《通典》，杭州：浙江古籍出版社，2007年版，第1023页。
② 孙太初：《云南晋宁石寨山古遗址及墓葬》，《考古学报》，1956年第1期。

南中在昔，盖夷越之地，滇、濮、句町、夜郎、叶榆、桐师、巂唐，侯王国以十数。……编发（左衽），随畜迁徙，莫能相雄长。[①]

此处将"滇"称为"滇濮"，"濮"又与"獠"互通，如《华阳国志·南中志》中"夷濮阻城"。濮人在《后汉书·西南夷传》中作"夷獠"，在史籍中常常被称为"獠人"。《魏书·列传第八十九》中记载獠人：

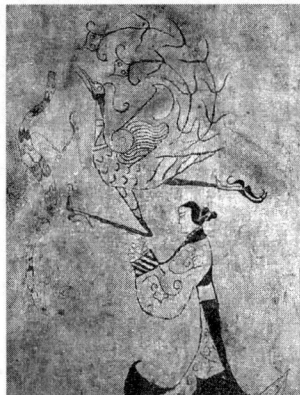

其俗畏鬼神，尤尚淫祀。所杀之人，美鬚髯者必剥其面皮，笼之于竹，及燥，号之曰"鬼"，鼓舞祀之，以求福利。[②]

《魏书》中关于獠人的记载也在云南晋宁石寨山古墓出土的青铜人物图像（右图）上得到了印证。该图出自 1956 年石寨山古墓群第十三号墓，樊海涛先生在《再论云南晋宁石寨山刻纹铜片上的图画文字》一文中考证认为，这组画面反映的是古墓主人生平的"丰功伟绩"：

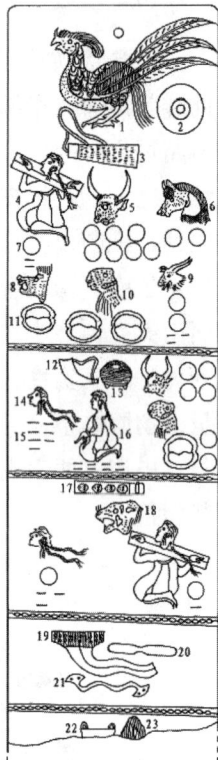

第一栏记载了墓主生平最辉煌的一次战功。在这次与昆明人的战争中，墓主俘获了 12 个昆明男子、70 头牛、20 匹马、100 头猪、200 头绵羊、23 头山羊以及雉鸡、玉镯（环）、背篓等物资，如此辉煌的胜利让他引以为傲，所以记录在最显著的位置。第二栏记载了在另一次战争中，墓主斩杀了 7 个昆明人，俘获了 8 个昆明女子、40 头牛、120 头绵羊以及牛角号、提篮等物资。牛角号、提篮应该有特定的"引申义"，颇难解释，可能是代表权力、土地之类无法具体描绘的东西。这次战功稍逊一筹，故记录在第二位。第三栏记载的战争就残酷得多，在这次战争中，墓主斩杀了 13 个昆明人，俘获了 11 个昆明男子。针筒的出现，表示巫医在战争中起到了很大的作用。至于其中出现的虎头，可能表示这次战争征服的对象是以虎为标识的一支昆明人……综合"五段话"，这块刻纹铜片上的图画文字的主旨大概是表达"得神之佑，屡战屡胜，图画记功，贡献牺牲，酬谢神恩"之意。[③]

① 任乃强：《华阳国志校补图注》，上海：上海古籍出版社，2015 年版，第 229 页。
② （北齐）魏收：《魏书》，北京：中华书局，1974 年版，第 2249 页。
③ 樊海涛：《再论云南晋宁石寨山刻纹铜片上的图画文字》，《考古》，2009 年第 1 期，第 71 页。

由此可见《魏书》所载不误。又《汉书·地理志下》云：

> 楚有江汉川泽山林之饶；江南地广，或火耕水耨。民食鱼稻，以渔猎山伐为业，果蓏蠃蛤，食物常足。故呰窳偷生，而亡积聚，饮食还给，不忧冻饿，亦亡千金之家。信巫鬼，重淫祀。①

滇民"畏鬼神，尤尚淫祀"之风恰又与楚地"信巫鬼，重淫祀"同俗，此则更加说明滇与楚之间的文化联系十分紧密，两者之间必然存在着文化的共通，楚"庄蹻入滇"应是建立这一联系的桥梁和纽带。至于"庄蹻入滇"的具体时间，由于史料记载的缺失，只能断定其上限和下限。其上限据《荀子·议兵》篇中记：

> 楚人鲛革犀兕以为甲，鞈如金石，宛钜铁釶，惨如蜂虿，轻利僄遬，卒如飘风，然而兵殆于垂沙，唐蔑死，庄蹻起，楚分而为三四。②

《商君书·弱民》篇中也言"秦师至，鄢、郢举，若振槁，唐蔑死于垂涉，庄蹻发于内，楚分为五"，与《荀子·议兵》篇相类似。其中，《商君书》中所言"庄蹻"之事，应是后人伪托之作，秦攻楚鄢、郢在秦昭王二十九年（前278），距离商鞅之死（前338年）已有六十年，根据《史记·六国年表》及《楚世家》的记载，唐蔑战死当在公元前301年，距商君之死已有二十三年，故《商君书》中所言"庄蹻"史实乃后人托名之作。任乃强先生在"庄蹻考"中认为《商君书》中的此段材料乃是"后人袭《荀子》书误入"，实乃卓见。蒙文通先生据《荀子·议兵》篇考证唐蔑战死垂沙之年为楚怀王二十八年（前301），庄蹻之起不得早于此年，确有根据。其入滇之下限应在楚顷襄王二十二年（前277），即秦夺取楚巫、黔中郡之年。

关于庄蹻的具体身份，前人一直争讼不已。《史记·西南夷列传》中言"庄蹻者，故楚庄王苗裔也"，司马贞《史记索隐》记"庄蹻"为"楚庄王弟，为盗者"，《韩非子·喻老》载：

> 楚庄王欲伐越，庄子谏曰："王之伐越，何也？"曰："政乱兵弱。"庄子曰："臣患智之如目也，能见百步之外，而不能自见其睫。王之兵自败于秦、晋，丧地数百里，此兵之弱也；庄蹻为盗于境内，而吏不能禁，此政之乱也。王之弱乱，非越之下也，而欲伐越，此智之如目也。"王乃止。③

楚庄王乃春秋时人，早于《史记》所载"庄蹻王滇"320年以上，二者绝非一人。况《韩非子·喻老》的记载本就存疑，楚庄王乃春秋之一霸主，问鼎周室，并不存在《韩非子》中所言"丧地秦晋"之事，此乃战国策士为达到自己进谏目的而

---

① （汉）班固：《汉书》，北京：中华书局，1982年版，第2249页。
② （清）王先谦：《荀子集解》，北京：中华书局，2016年版，第332页。
③ （清）王先慎：《韩非子集解》，北京：中华书局，2016年版，第180页。

编撰的材料，并不可信。后来人论及"庄蹻"时多引《韩非子》，谓蹻乃楚国之大盗，实乃大误。如《汉书·贾谊传》中有"谓随、夷混兮，谓跖、蹻廉"，李奇注曰："跖，秦大盗也；楚之大盗为庄蹻。"但在《史记·屈原贾生列传》中本段作"世谓伯夷贪兮，谓盗跖廉"，并无庄蹻之"蹻"字。"盗跖"见《庄子·外篇》及《庄子·杂篇》，其指大盗无疑，而"蹻"与"跖"形近，加之《韩非子》中有"庄蹻为盗于境内"的说法，故班固《汉书》中误将"盗跖"写作"跖、蹻"，后人竟不察以至乖悖史实，实在遗憾。《吕氏春秋·季冬纪》记载：

> 郑人之下轵也，庄蹻之暴郢也，秦人之围长平也，韩、荆、赵，此三国者之将帅，贵人皆多骄矣。①

20 世纪五六十年代，有一批学者据"庄蹻之暴郢也"和"庄蹻为盗"的记载，考证庄蹻是农民起义军，则是断章取义，与史实完全是南辕北辙了。《荀子·议兵》篇中言：

> 故齐之田单，楚之庄蹻，秦之卫鞅，燕之缪虮，是皆世俗之所谓善用兵者也。②

田单因破燕救齐而被封为安平君，曾任齐相；卫鞅不必多言，缪虮则其他文献无载，实乃因音近乐毅而误，此三人均为战国时各国之显贵将领，庄蹻与之并提，若是农民起义首领则实为不通。况《吕氏春秋·季冬纪》"庄蹻之暴郢也"后还有"韩、荆、赵，此三国者之将帅，贵人皆多骄矣"一句，则"庄蹻"当属楚国之贵族亦无疑。但前人对此视而不见，杨琼注《荀子》言"先为盗，后为将"则又大谬矣。《史记·西南夷列传》言"庄蹻者，故楚庄王苗裔也"，记载"庄蹻"是楚庄王的后裔，前人对此多有质疑，但从历史记载来看，司马迁此条记载应该是可信的。《吕氏春秋·开春论》"贵卒"篇载：

> 吴起谓荆王曰："荆所有余者地也；所不足者民也。今君王以所不足益所有余，臣不得而为也。"于是令贵人往实广虚之地。③

《淮南子·道应训》载：

> 吴起为楚令尹，适魏。问屈宜若曰："王不知起之不肖，而以为令尹。先生试观起之为人也。"屈子曰："将奈何？"吴起曰："将衰楚国之爵，而平其制禄；损其有余，而绥其不足；砥砺甲兵，时争利于天下。"④

《史记·孙子吴起列传》记载吴起相楚之后"明法审令，捐不急之官，废公族

---

① 陈奇猷：《吕氏春秋校释》，上海：学林出版社，1984 年版，第 628 页。
② （清）王先谦：《荀子集解》，北京：中华书局，2016 年版，第 326 页。
③ 陈奇猷：《吕氏春秋校释》，上海：学林出版社，1984 年版，第 1473 页。
④ 刘文典：《淮南鸿烈集解》，北京：中华书局，2013 年版，第 477 页。

疏远者，以抚养战斗之士"。从以上记载可看出，吴起相楚之时，便已经开始减损贵族爵禄而令其往广虚之地移民拓边，正因为如此，楚国才能"南平百越；北并陈蔡，却三晋；西伐秦"。楚国公族之疏远者，则必然要通过拓边建功来实现获取封地、维持爵禄的目的。参《荀子》可知，庄蹻确乃楚国之贵族，其应为楚庄王一支后裔。他要入滇拓边以获取封地、维持爵禄便是顺理成章。《太平御览》卷一一六"雅州"条引《蜀记》云："秦灭楚，徙楚严王之族于此，故谓之严道。"① 可知秦灭楚之后，曾将楚庄王的一部分后裔从楚国迁徙至今四川雅安荥经一带，为秦封君樗里子之封地。② 而庄蹻作为楚庄王之一支后裔，正在滇中拓边之时，便发生了秦夺楚巫、黔中，不得返回，而后秦又灭楚一统天下，因此只能继续向滇中发展，不得已"因其众而王滇"。正因如此，庄蹻才能幸免被秦迁徙至严道。其在王滇过程之中，将楚国的文化与习俗带入了滇黔地区，从而使得今天我们能从滇黔出土文物中感受到楚文化气息，能在西南各族习俗中体味到浓浓的楚地风情。

（作者简介：王虎，四川师范大学文学院中国古代文学博士研究生）

---

① 此楚严王便是楚庄王，"严"同"庄"字，盖汉时因避汉明帝之讳改而后人袭之。如同书引《汉书·地理志》云："《汉志》曰：严道，属蜀郡。邛来山，邛水所出，东入青衣。王莽曰严治。"此之严道，应为庄道，秦时曾设庄道县，属益州郡。今在四川荥经县。

② 秦惠文王封樗里子为"严（庄）君"，司马贞《史记索隐》曰："按：严（庄）君是爵邑之号，当是封之严（庄）道"。

论巴人世俗生活中的巫术思维

桑大鹏

摘　要：生活在湘、鄂、川、黔一带尤其是鄂西一地的巴人（今土家族）保存了许多与众不同的生产生活习俗。经过漫长的历史进程，这种生活习俗在思维心理与生活方式内外两个层面整体上构成了这一民族的文化形态，成为他们共同遵循的传统。巴人在生活中崇尚巫术，其巫术风尚大体分为原始自然崇拜、鬼神崇拜与祖先崇拜三个层面。这三种层面的崇拜伴随着种族发展的时间进程而不断发展，但如今巴人民俗正在经历着现代文明意识的冲击。

关键词：巴人民俗；巫术思维；原始自然崇拜；鬼神崇拜；祖先崇拜

生活在湘、鄂、川、黔一带尤其是鄂西一地的巴人（今土家族）保存了许多与众不同的生产生活习俗。经过漫长的历史进程，这种生活习俗在思维心理与生活方式内外两个层面整体上构成了一个民族的文化形态，成为他们共同遵循的传统。由于巴地固有的荒蛮和封闭，外来的理性文明意识很难对其造成影响和冲击，故而在很大程度上维持了其民俗的完整性，为我们考查其实质提供了方便。尽管三峡工程及随之而来的大规模移民为此地输入了一些现代文明意识，但文化固有的自我肯定倾向使巴人总在有意无意地做出维护自我完整性的努力，试图挽住行将失去的旧梦。这种隐秘的精神冲突在更深的层面激活了文化的本质力量，使我们更清楚地窥见了巴人民俗的真谛。笔者认为，巴人民俗中充满了浓厚的巫术意识，民俗的背后是久远而深厚的巫术观念。今从生产生活两个方面给予描述。

一

据《鄂西民俗》载，旧时鄂西农村于插秧日有一祭秧母神的习俗："平整秧田那天收工时，先用纸钱绘制两个秧母神，用头发缠在篾杆上，插在田埂上，再备酒肉饭（五谷）供在田头，让秧母神吃后，平秧田的人再吃。开秧门（即插秧），也要敬秧母神。下田插秧的那天清早，主人将刀头（大块肉）、香、纸、烛、鞭炮、酒置田埂上。主人先焚香化纸，后放鞭炮，这时插秧者才无声无息地下田拔秧，必须拔三个后才能开口说话。"①

从这一民俗中我们可以看出，在鄂西土人心中，土地具有一种神秘的力量。所谓秧母神乃是衍生于土地（秧田）而与插秧这种生产活动密切相关的神灵。从土人（土家人）对这一神灵的崇拜与祭祀中可知其力量远远大于人类，人力无法控制，其喜怒好恶对谷物的丰歉有着直接而重要的影响，人们除了崇拜与祭祀外别无选择。这种将谷物的丰歉与不可知的土地之神秘力量联系起来的观念是一种典型的原始自然崇拜。由这一观念而衍生了直接而具体的巫术，其中的每一步都有讲究：（一）先用纸钱绘制两个秧母神——神灵本是不可见的，但为了祭祀的需要绘其形象。一面使人们的崇拜心理有一具体而清晰的趋归，一面也使被祭祀的神灵有一具体而实在的依凭。用纸钱绘制表明土人理解的神灵如人一样有金钱的需求。"两个"乃是一男一女，这就将人世间的婚姻关系投射到神灵世界，表明人们理解的神灵也具有世俗的情感。（二）用头发缠在篾杆上，插在田埂上——头发意味着尊贵，田埂则是秧母神的力量得以充分施展的处所，离开了秧田或田埂，此神灵的力量也无从发挥。从中可以看出土人心中的神灵是与具体的空间和物象相关联的。不同的空间或物象具有不同的神灵，由此也导生出某些不同的作用。（三）备酒肉饭供在田头，让秧母神吃后，平秧田的人再吃——秧母神的饮食习惯一如人间，虽然看不见，但在土人心中显然是一种具体的生命存在。（四）主人先焚香化纸……插秧者才无声无息地下田拔秧，必须拔三个后才能开口说话——这种对于言语的禁忌以及前文让神灵先享用食物而后人才能享用的规矩则是人们将对尊长的礼敬向神灵的转移。

当地还有给果树喂年饭和下定钱一俗："除夕，各家各户都派两个小孩，端着饭菜，拿着砍刀，来到房前屋后的果树下，先用刀在树干上砍一条口，再往口内塞上一些饭菜。两人一个在树前，一个在树后，恭恭敬敬地站好。站在果树前面的问：'你（指果树）结不结？'站在树后的答：'肯结。''落不落？''不落。''甜不甜？''清甜。'直到给每棵果树喂了饭才回家。给果树下定钱，是指各家各户的大人（两个）用黄纸剪成钱贴在所有的果树上，贴的人用斧头敲树干，问：'今年你结不结？'躲在果树背后的人答道：'结！''结的果子大不大？''大得很。''落不落果？''不落果。'得到满意的回答后，主人把黄纸贴在树干上后离去。"②

这一民俗是由人们对于植物特殊的生物功能无法解释因而倍感神秘和惶惑而产生的，就其赋予果树以神灵的巫术观念而言，与前文叙及的秧母神一节并无二致。但在处理人神的关系问题上以及由此而衍生的具体巫术的实施方式上似有不同。人们在面对秧母神时，感觉秧母神的力量是神秘难知的，远超乎人的控制能力之外，人力无法企及因而只好采取祭祀的方式，备上酒肉，礼敬有加，其求神灵保佑。其

---

① 廖康清主编：《鄂西民俗》（内刊），第 53 页。

② 廖康清主编：《鄂西民俗》（内刊），第 8 页。

实用功利目的虽然一目了然，但比起给果树"下定钱"这种赤裸裸的商业交换关系来，毕竟稍逊一筹。喂年饭、下定钱的做法十分显明地透露出人在树神面前不是处于被动的低下的受控制的地位，而是与树神平起平坐的平等地位。这种平等关系保证了一问一答的交感巫术顺利而"有效"的实施。在实施这一巫术时，其中一人代树神回答而取得了神格的形式，完全按照人的心愿回答实现了人的愿望，人的意志转化为神的意志，交感得以完成，巫术的实用功利目的得以达成。这种"代树立言"的巫术与对秧母神的纯粹的崇拜与祭祀所体现的人神关系显然并非处于同一层面，反映了三峡民俗中对神灵的另一种态度。

另有"射虫"和"驱五毒"之俗："'虫'是指惊蛰节的前一天晚上（'惊蛰'是农历二十四节气之三，意思是从这天开始，天气转暖，春雷震响，蛰伏在泥土中的冬眠动物将苏醒出土四处活动）用石灰在地上画一把弓箭，射在画出的虫形上，是指要把虫害消灭在萌动之中，切不可让其生殖繁衍，以免损害庄稼，贻误农时。'驱五毒'之俗与此类同，是端午节的一种习俗。五毒是指蝎子、蜈蚣、蛇虺、黄蜂、鬼蜮这几种毒虫。到了端午期间，有专门人便用纸印出这五种毒虫的形状，并各画一针刺指向这五种毒虫的头上。印好后有的买去贴在大门上，以驱虫毒。有的买来系在小孩的手臂上，以避病邪。"[1]

可以看出，土人认为有一种与毒虫的外观特征及毒性相关的神灵。这在巫术的观念原理上与前文叙及的原理一脉相承，基于这种原理，他们认为只要画出这种毒虫的图形，也就将此毒虫的神魂摄入图形中。然后施以"箭"射或"针"刺，就达到了杀死毒虫的实际效果。以一种画出来的符号企图去影响活着的实际对象，这是模仿巫术中一种被经常使用的法术，在世界各地的古老民族中都曾出现过此种巫术，现今澳洲、南美丛林中的土著人仍在使用。可见巫术心理是一个民族精神发展史上必经的心理阶段。上述巫术中，我们可以看出，人神关系又进了一步，人力大于神力，人的地位高于神的地位。人可以控制并杀死毒神，这可以看作巴人民俗中人们对待神的第三种态度。

二

在生活习俗上湘鄂川黔地区偏远乡村的巴、土、苗、侗各族都有祀灶神的习俗。据《鄂西民俗》载："腊月二十三日前，各家各户都要打扫楼上楼下的灰尘，清理厨房内务，把天蓬、窗户、橱柜、灶台等打扫得干干净净，并把扬尘送到野外堆着。一般在二十三晚备制刀头（煮熟的大块肉）、糕点、麦芽糖等敬奉灶神。灶前一般设有神位，有的写成'灶王府君神位'，有的写成'东厨司命神位'，有的还贴上'上天言好事，下界降吉祥'的对联。敬奉时，要放鞭炮，给锅中点上青油

---

① 廖康清主编：《鄂西民俗》（内刊），第 18 页。

灯，给'灶王府君神位'处粘点麦芽糖，意在封住灶神的嘴，让他上天后向天神不说主家的坏话，以保主家平安。等到腊月三十夜（月小二十九夜）再点烛，供香，烧纸接灶神回家过年，希望灶神给来年赐福。"① 这一习俗是赋予与人们的饮食息息相关的"灶"以神性，生成了"灶神"。从人们一整套井然有序的祭祀过程——洒扫、备供、设位、敬祀、恭迎中，我们可旁推这一习俗一定由来已久，经过积久的传承而形成了一套完整的祭祀体系。因此灶神的信仰深入人心并且在并非一个而是多个民族中普及开来。笔者记得儿时也曾见过母亲每到大年三十洒扫扬尘，在灶上点灯设供之举。可见汉人心中也隐然存在着灶神信仰。有意味的是，这一"灶神"与同是被崇奉的秧母神大为不同。秧母神是自身具备人们难以控制的神力，而"灶神"的神力似乎较为有限，它的能耐就在于在特定的时日跑到天上，在天神面前言说主家的善恶，本身并无赏善罚恶之能。所以人们虽然对其礼数周备，称其为"王"，为"君"，一面也半是祈求、半是命令地要其"上天言好事，下界降吉祥"，甚至用糖封住其嘴。这种尴尬的人神关系暗示了信仰在传承与流变过程中人类主体意识的增长。伴随着主体意识的增长，巫术虽并没有否定灶神的主导地位，但同时也掺进了对付人的世俗手段，使其实用目的更趋鲜明而狭隘。

生与死历来被人们所关注，由于问题本身的深刻性与神秘性，无法参透其理的巴人更是赋予生与死的整个过程以巫术色彩，并由此形成了某些地方特有的习俗。据《巴乡村》1992年第1期载：川东丰都一带已婚妇女在怀孕前，有的人为了讨好她，即于农历八月十五日晚，到别人菜地里偷瓜送她（俗称"摸秋送头"），祝其早生贵子。这是利用民间积久形成的"八月十五圆吉祥"的心理认同力量，以瓜之圆熟多籽的隐喻效果试图达到怀孕生子目的的巫术手段。妇女怀孕后其饮食有很多禁忌，如禁食公鸡肉，以免孩子长大后行为不正。这种巫术禁忌其实是原始思维以其特有的类比联想方式认知事物的结果。人们平时观察到公鸡邪僻多淫，它的肉也必含有这种信息，故而孕妇禁食，以免传与腹中婴儿。临产前，点上桐油灯，用孕妇床上的铺草扎成七个小"毛人"，洒上桐油或加上桐籽，用火点燃，孕妇于火上往返跨七次。笔者认为，其意义大约是表示腹中的童子（桐籽）、童幼（桐油）跨越了七番生死，还清了与前世诸多冤魂结下的冤债。用孕妇床上的铺草扎成的"毛人"带有与腹中胎儿完全相同的信息（染触巫术与模仿巫术的并用），烧掉它们，便发泄了前世冤魂们的忿怒。"七"则是古文化里极具神秘性的数字，其意义取自佛教，意味着"多生多劫"。婴儿满月时，由奶奶或妈妈背上，盖上女人裤子朝东走（俗称"出行"），将孩子拜祭给"大石头"或"参天大树"，作揖许愿，祈盼孩子坚如磐石，百年长寿。这是原始自然崇拜的遗留，它试图以拜祭的方式将石之坚固与树之长寿移植进孩子的生命之中。

又据《鄂西民俗》载，鄂西土家族有"打胎"一术："若有人久病不愈，往往

---

① 廖康清主编：《鄂西民俗》（内刊），第4页。

疑为'走人家了'（灵魂到了另一孕妇腹中），须请端公用'打胎术'始能招回魂魄。是时，端公往往化'符水'调泥，取鸡蛋一个，写上病人姓名、生庚、出生地点等贴在蛋壳上，又取草尖、花线针、病人毛发、指甲少许，拌入泥中裹蛋，塑为泥人头；复取木炭生火焙烧，到鸡蛋爆裂为止，示其魂魄所托之胎，已从该母腹中堕落；继而取病人衣服挂在秤钩上，悬于大门前，由病人父母各出户外呼病人乳名，边喊'回来'，边答'回来嗒'，反复呼应，直回正堂；然后扶病人起来，示'魂魄附体'，最后画一道灵符，由病人用头巾缠额头，于室内静坐七天七夜乃止。"①

这里展示了一个颇为完整的交感巫术的实施过程，同时用上了交感巫术中的染触与模仿巫术。符水、鸡蛋、烧爆鸡蛋、灵符缠头使用了模仿通神原理，而病人姓名、毛发、指甲、衣服的使用则用上了染触通神原理。这两种具体巫术的使用都在遵循着符号的隐喻象征功能，通过这种象征达到人神交感，实现了招魂的目的。

对临终的人，也有诸多讲究："人死时，孝子跪于床前，烧落气纸钱，又叫给死者烧'盘缠钱，（到阴间去的路费）。"② 之后，又"备饼食、薯干，用篾串挂在棺上，或分置于死者手中，相传为死人魂游地府，遇狗，将饼掷出，免被狗咬，故称'打狗粑粑'"③。到了埋葬时，"先请土司爷在墓穴中画八卦，洒雄黄酒。棺材入墓穴前孝子先挖一锄泥土于井中，左手将锄举过肩向后，问：'后面有人没有？'众答：'有。'意思是有后人传宗接代。于是旁人接过锄头，孝子起，俗称'定脉'④。穴成，道士于井内向外撒米，孝子在井外跪接，叫作'接禄米'，有继承祖先衣禄之意。棺入井，孝子用手撮土撒于棺面，叫'掩棺'。埋葬最终完成"⑤。

如此一路下来，完成了对死者灵魂和后人前程的安排。一系列具体而井然有序的巫术的实施清楚地表明了两种巫术观念。其一，彼岸世界一定存在，他们对彼岸世界做出了以人间为摹本的具体构想。灵魂所要抵达的阴间路途十分遥远，而孤独的灵魂单独上路，无人扶助，也没有财力支撑，故须得为亡灵烧化"盘缠钱"。"盘缠钱"意味着物质之钱也有魂，经过烧化，能在亡灵手中起到如同人间真正货币的作用。备"狗食"之举则是人间生活的具体投影，从巫术效果上看，人间的狗食即使在阴间也带有指向于狗、为狗所好的信息。阴阳世界是如此不同，但同一物质的信息在阴阳世界间如此息息相通。在原始思维中，矛盾与悖论是如此生硬而奇妙地扭合在一起。其二，埋葬死者的具体操作过程对于死者的后代有着决定性的影响。整个埋葬过程只关注两件事：第一，有后代没有？（"定脉"）第二，后代有衣禄之俸没有？（"接禄米"）前一个问题表明土人对于生命繁衍、血亲传承（"脉"：血脉）

---

① 廖康清主编：《鄂西民俗》（内刊），第128页。
② 廖康清主编：《鄂西民俗》（内刊），第93页。
③ 廖康清主编：《鄂西民俗》（内刊），第93页。
④ 廖康清主编：《鄂西民俗》（内刊），第94页。
⑤ 廖康清主编：《鄂西民俗》（内刊），第96页。

的关注，其核心乃是最原始最古老的生殖崇拜。后一个问题表明了人们对现实幸福的关注，有衣有食、吃穿不尽就是幸福。这两个问题的成与否都依赖于对死者的埋葬过程能否顺利进行。因此，死者的埋葬过程居然成了一个动态的象征性巫术符号，其中包含着生死攸关的指射意蕴。这一过程是如此事关重大，活着的人必须小心应付。

三

以上，笔者列述了巴人七类民间习俗，它们分属于生产与生活层面，剥开其物化的表象，分析了它们分别包藏着的巫术本质。由于这些习俗分别处于巴人不同地区及其不同的生活层面，因此笔者的分析显得较为杂乱，条理化的结果必然导致让事实削足适履地适应某种理念。这是追求科学实证的专家学者们心所未许的。透过这七类民俗各自不同的意指目的和物化表象，我们发现有一个共同的巫术操作原理融贯于所有的巫术之中，即为了达到实用的意指目的，土人（职业巫师和一般土人）几乎不约而同地用人工制作或绘制（有时也用天然生成的）图符去影响实际的对象。这些图符——绘在纸钱上的秧母神；画在地面的虫形与弓箭；供奉在厨房的灶君神位；铺草扎成的小毛人；写上病人姓名生辰的鸡蛋；烧化的黄裱纸；从墓穴抛出的"禄米"等——被认为与那个神秘的实际对象有着千丝万缕的联系，因而成了对象的有效替代物，通过对这一替代物施以自认为有效的法术手段，灌注主体的意志目的，就能达到影响对象的实际效果。这种基于万物有灵、灵物相通的认知原理而来的巫术千百年来渗透在生产生活的各个领域，形成一个群体共同认可与遵循的民俗。稳定的民俗反过来又强化了这种心理认知定势。外在的生活方式与内在的观念原理互相发挥，互为表里，在时间的长河中缓慢地推移着，构成了巴人族群的文化历史。综观笔者列述的七类民俗，若从时间的角度看，它们实处于不同的历史阶段，并折射出不同历史阶段巴人的心理发展水平。在此文结束之前，笔者拟做如下简要的勾勒：

其一，自然崇拜阶段：祭秧母神、给果树喂年饭、射虫三事均属此类。这是三峡初民以迷惑的眼光打量万物并试图解释世界的阶段，此时初民的自我意识尚未形成，并无严格的物我之分，宇宙混沌一片并无处不显现出一种精神意向性特征。天空、土地、河流、树林等无不在初民面前展现出神秘难测的灵性力量——万物有灵——这便是原始自然崇拜阶段的心理基础。尽管给果树喂年饭、下定钱和射虫等似乎表现出很强的人的主体性倾向，但其心理基础仍然是自然崇拜的遗留。

其二，鬼神崇拜阶段：祭灶神以及对亡灵世界的安排与设想当属此类。这一阶段比自然崇拜推进了一步，人们虽然仍然承认万物有灵，但却更关注与自己的生存息息相关的人灵与物灵，并有了关于鬼神世界的系统设想（灶君所上"天"及亡灵所去的"阴间"等），鲜明的人鬼对立表明了人的理性与主体意识的增长。

其三，祖先崇拜阶段：定脉和接禄米当属此类。这一阶段，人们认为鬼神固然能够祸福人间，但祖先的亡灵却更与自身和后代的生存与幸福密切相关，崇拜的范围被进一步缩小到生殖性的血脉线上，祖先的"神"是最重要的神，是自身和后代的幸福与衣禄所系。因此，只需崇拜祖先之神，就可达成此生的幸福，巴民族的理性与主体意识到此已基本成熟了。

民俗一旦形成，就具备了相当稳定的性质，轻易难以改变，导致我们看到本应处于不同历史阶段的民俗在同一时间层面——当代并存的局面。当然，"一切在历史发展中产生的东西也必将在历史发展中消亡"（马克思语），巴人民俗如今正在经历现代文明意识的冲击。

（作者简介：桑大鹏，男，湖北公安人，三峡大学文学与传媒学院教授，文学博士，主要从事人类学与文艺学研究）

从巴人到土家族的服饰文化初探

刘艺茵

摘 要：土家族是聚居在川鄂湘黔毗邻地区的古代巴人后裔融合其他族群在宋元以后形成的民族共同体。从巴人到土家族，其服饰文化源远流长，在原料、色彩、纹饰、制作等方面独具特色。在现代社会条件下，五彩斑斓的土家族传统服饰仍然有着广泛应用的前景。

关键词：巴人；土家族；服饰文化

一、服饰与民族服饰

服饰产生的最初动因是为了人的生存需要，为御寒、遮挡风雨、遮羞。衣服的御寒防暑功能是第一位的，审美是第二位的。衣服在御寒暑时，也有遮羞的作用。所以在中国传统文化中有"衣食足而知礼节"的说法。

在现代社会里，生活中最重要的几件事是"衣食住行"，仍然把"衣"放在第一位。作为生活用品的服饰在历史发展进程中，在满足人类生存的同时，其社会功能逐渐增多。服饰的装饰审美功能、认同识别功能、象征功能等不断突显，这种功能和用途的增多也是与各地区各民族的生活紧紧相连的，是各族人民生活的重要组成部分。

民族服饰是指在多民族国家具有民族自我认同、民族标志和识别象征功能的穿戴用品，在我国常常被特指为少数民族的服饰。我国 55 个少数民族都有自己独特的民族服饰，并成为各个民族外部特征的重要标识。

民族服饰作为民族的象征和民族文化的重要组成部分，也随社会生活的变迁不断发生变化。在当下的中国，许多民族的传统服饰早已成为一种文化记忆，或是作为特殊场合的一种象征符号出现。

20 世纪 80 年代以后，中国民族服饰发生了急剧的变化，在许多民族中，传统

服饰已经退出当地人民的生活，常常只是作为民族的标志物或艺术品出现。作为标志的民族服饰往往在公众场合才穿戴，如在各种庄严的场合，在电视媒体上，在舞台表演时，等等。在这些场合穿戴民族服饰主要是作为民族的标志物，或是为了吸引观众的目光，特别是具有商业价值的场合更是如此。作为艺术品的民族服饰是将历史上的民族服饰搜集起来，陈列在博物馆或展示馆，供人们欣赏、参观；再就是通过商业运作，对民族传统服饰进行开发利用，使之成为旅游景区的工艺品招揽游客，如在全国各个风景区都能看到的蜡染服饰和各种手袋、挎包等。无论是作为民族标志的民族服饰，还是作为工艺品的民族服饰，都远离了当地人的生活。其原有的生活用品功能已经失去，变成了象征符号或艺术品，其实用价值大大减弱，而其历史文化价值和艺术价值大为增强。

民族服饰的变化是常态，是无法避免的。民族服饰的变化，不仅是民族服饰脱离或部分脱离了当地人的生活，而且民族服饰本身制作过程、其所承载的历史文化符号等也发生了变化，这个变化也是民族文化流变的过程。本文就古代巴人到现代土家族的服饰文化做一粗浅的探究。

二、古老而又年轻的中国土家族

土家族是一个历史悠久的民族。与中国其他少数民族都在边疆地区不一样，土家族分布在祖国腹地长江三峡地带的巴山峡川。这个区域地处长江上游与长江中游的交接地带，北起大巴山，中经巫山，南过武陵，直至鄂西北与湘西。这里是连绵的崇山峻岭，险峡急流，地僻民贫，易守难攻，历史发展的节拍与周边地区相对缓慢。因此，形成了一条中国绝无仅有的文化沉积带，人们把这个文化沉积带的地区称为"巴文化区"[①]。

《勇武巴人》剧照

在这块古老的土地上，先民们曾创造出了光辉灿烂的古代文明。特别是巴这个

---

① 张正明：《土家研究丛书·总序》，北京：中央民族大学出版社，2002 年版。

古代部族，在这里建立过以巴为国名的古代国家。在夏、商、周的甲骨文、钟鼎文以及秦汉以来的史料中，对巴及巴国多有记载。战国末期，秦并巴、蜀不久，即以秦、巴、蜀三地的人力、物力、财力横扫中原，统一了中国。秦汉之际，汉高祖刘邦利用巴人之师定三秦，后逐鹿中原，横扫群雄，建立了大汉王朝，并把巴人的"巴渝舞"纳入宫廷之乐。西晋时期，巴人李特、李雄在龚、罗、庹等部族支持下建立"成汉国"，其历史达47年之久。唐宋以来风靡全国而流传至今的《竹枝词》，也是从这个地域传唱开来，而《下里》和《巴人》更是人们熟知的古代流行歌曲。在历史的长河中，这个地区这个民族的文治武功都灿然生辉。然而，唐宋以后，这个民族似乎销声匿迹，不为外界所知了。渐渐地，这个民族对自己与祖先的联系，也几乎化为渺茫。特别是清雍正以来，实行"改土归流"，取消土司制度，强行对土家族推行满汉化是中国人民革命的胜利，是中国共产党的民族政策，是中华人民共和国的民族区域自治制度，使土家人作为一个单一少数民族成为中华民族大家庭中的一员。

1950年9月底，湘西永顺县的女教师田心桃以苗族代表的身份参加中南地区少数民族国庆观礼团。在北京观礼期间，田心桃向中央领导介绍了土家族的特点和风俗，正式提出"承认土家族是一个单一民族"的请求。[1]

田心桃反映的问题得到了中央的重视，从1952年到1956年6月的四年间，中央多次派调查组到湘西及周边土家地区实地考察并写出了调查报告。其中潘光旦教授撰写了《湘西北的土家与古代巴人》长篇调研报告，科学地论证了"土家"不应与"苗""瑶"相混，"土家"不是"苗"，也不是"獠"，而是历史悠久的单一民族。王静如教授撰写的《关于湘西土家语的初步意见》论证了"湘西土家语是土家人自己特有的语言……湘西土家语是汉藏语系中属于藏缅语系比较接近彝族语的语言，甚至可以说是彝语支内的一个独立语言"。[2]

潘光旦、王静如教授的调研报告，从科学上、学术上客观地论证了土家是一个单一的民族。1957年1月3日，中共中央统战部代表中共中央发出文件，正式确定土家为单一少数民族，并用"加急"电报通知了中共湖南省委和湖北、四川、贵州省委统战部。1957年3月15日，《光明日报》公布土家族为单一民族。

据1982年第三次全国人口普查统计，全国土家族人口数为283.68万。1990年第四次全国人口普查统计，全国土家族人口数达572.50万。2000年第五次全国人口普查统计，全国土家族人口数为802.81万，仅次于壮族、满族、回族、苗族、维吾尔族人数，排在全国55个少数民族人口数的第六位。[3] 中国是一个统一的多民族国家，各民族无论人口多少，一律平等。为了充分尊重和保障各少数民族自主

① 谭徽在：《土家女儿田心桃》，北京：民族出版社，2009年版。
② 见潘光旦：《土家社会历史调查》，北京：民族出版社，2009年版，第19~31页。
③ 杨宏峰：《中国土家族》，银川：宁夏人民出版社，2012年版，第13页。

管理本民族内部事务的权利，实现民族平等和民族团结，国家规定在少数民族聚居地区实行民族区域自治制度，设立自治机关，行使自治权。

土家族区域自治从 1957 年 9 月 20 日湘西土家族苗族自治州成立，到 1987 年 11 月 23 日贵州省沿河土家族自治县成立，历经 30 年，全国土家族地区普遍实现了民族区域自治。土家族自治地方现共有 25 个县，包括湘西、恩施两个民族自治州。原属四川的石柱土家族自治县（1984 年 11 月 18 日成立）、酉阳土家族苗族自治县（1983 年 11 月 11 日成立）、秀山土家族苗族自治县（1983 年 11 月 7 日成立）、黔江土家族苗族自治县（1984 年 11 月 13 日成立）、彭水苗族土家族自治县（1984 年 11 月 10 日成立），在重庆成为直辖市后，全部被划入重庆市。民族乡是民族区域自治的补充，是在不具备实行民族区域自治条件的较少的民族聚居地方建立的由少数民族自主管理内部事务的乡级基层政权。民族乡不同于一般的乡政权，它拥有比一般乡更多更大的自主权。全国有土家族乡 50 多个，主要分布在湖北、贵州、四川东南。奉节县云雾土家族乡、长安土家族乡、龙桥土家族乡和万县恒合土家族乡、云阳县清水土家族乡被划入重庆市。四川辖区内，现只有宣汉县龙泉、三墩、漆树、渡口四个土家族民族乡和按民族乡对待的樊哙镇。2014 年元月，四川省人民政府批准宣汉县为少数民族待遇县。[①]

从古代巴人到土家族的历程已有数千年历史。宋元以后在土司制度下形成的新的民族共同体土家族，是中华民族大家庭中的一员，是既古老而又年轻的少数民族。

三、文献记载和考古报告反映的巴人服饰及文化符号

土家人是巴人的后裔，古代巴人的衣着服饰现在是看不见实物了，但我们可以从史料的叙述和考古报告中了解古代巴人的服饰，以及它到现代土家人服饰演变的过程。

巴人的服饰，从出土文物和有关资料中可以得知有左衽长袍、右衽短衣、对襟短衣、牧鼻裤、燕尾形后摆长袍等。其质地主要为苎麻布，间有丝织品。冠式有高冠、平顶冠、双角冠及英雄结等。这些服饰和冠式，基本上是巴王室和贵族奴隶主的衣着。大多数巴国人特别是土著人主要是以兽皮、树叶为衣。（20 世纪 60 年代前的土家人还有以榨叶、苞谷壳为被的情况）到后期，巴国种植业发展，麻布也有了粗细之分，供巴王室及贵族为衣的细麻布称为"黄润"，而土著人的衣着到唐代仍是"妇人横布二幅，穿中贯其首，号曰通裙……男子左衽，露发徒跣"[②]。

① 刘兴国：《宣汉土家族》，北京：中国文史出版社，2011 年版，第 5~7 页。
② 刘兴国：《巴人文化初探》，北京：中国文联出版社，2011 年版，第 29~30 页。

土家族服饰

巴人的发式属于《史记·西南夷列传》所述"魋、髻"的范围，即"椎髻"，头发梳成尖状的发髻，其样式有椎髻、插笄、束发、编发、盘辫等。唐代曾在通州（今达州）任司马的元稹在给白居易的诗中有"椎髻抛内帼"之句，是说此地的巴人椎髻上系有头巾之类，而其他地方的椎髻是将尖椎形头发裹成一支长角状。白虎复夷（巴人）曾被称为"弜头虎子"，"弜"字《说文》为"强"。《释名》卷四首饰篇说："疆，其性凝疆，以制服乱发也。"巴县冬笋坝出土的巴族铜剑、铜矛等器物上，绘有一个头上具有双结的人像，此即是"弜头"，是巴人男子头上的饰物，而女子头上的头巾称为"冒絮"。晋人称冒絮为巴人头巾（张华语）。"弜"头是结发向上，从头部左右斜出如角，森然挺立。这和汉族古代的"总角"头饰不一样。"总角"之饰，是古代人称之为"鬌鬏"的挽发，束之扎于头上。

巴人还有穿耳之俗，直到唐宋时代仍有遗风。《新唐书》《宋史》等记渝州蛮："竹筒三寸，斜穿其耳，贵者饰以珠珰。"穿耳之俗，现在还保留在一些土家人的生活中。巴人中还有断发、文身的，这大约是越人融入巴人而保留其南方民族的生活习俗，不是巴人的普遍现象。①

南北朝时期，长江三峡一带的巴人乘江南混乱之机向江汉地区扩张。《宋书》卷九〇载："豫州蛮，廪君之后也……西阳有巴水、蕲水、西归水，谓之五水蛮。"此处的"巴水"，系湖北罗田、黄冈一带。《南齐书》卷五八记载了这些巴人的服饰："蛮俗衣布徒跣，或椎髻，或剪发，兵器以金银为饰，虎皮衣楯，便弩射。"②

在历史的演进中，土家巴人的服饰仍具特色。明代《土司志·宣慰司志》记载土家人无论男女皆垂髻、穿短衣、跣足，以布勒额，喜欢斑斓的服色，重视农桑，劳作时男女合作。《明一统志》记载土家人喜着短裙椎髻。《蜀中广记》记载土家人

---

① 刘兴国：《巴人文化初探》，北京：中国文联出版社，2011年版，第29~30页。
② （梁）萧子显：《南齐书》，北京：中华书局，1972年版，第1009页。

所穿之衣为斑布。

从以上史料可以看出土家人承袭了古代巴人的服饰，是"男女垂髻、短衣、跣足，以布勒额，喜斑斓色服"。而且，巴人不分男女，饰服同类，上装短褂，下着长裤或筒裙，头缠长布帕，盘成大圆圈，脚穿布制袜、麻耳草鞋上工，打绑腿出征，装束都一样。[①]

巴人的服饰没有留下可资考证的实物，但从巴文化遗址的考古发掘出土器物中，可以看到古代巴人装饰的文化符号，有的至今仍在土家人的服饰纹样中有所表现，如蛇（龙）、鱼、虎、鹿、太阳、凤鸟、花、草、树木等。

出土的巴人蛇纹饰很多，过去一般都认为是"手心纹"，四川宣汉罗家坝巴文化遗址 M28 出土的铜剑上铸有一个大号的心纹符号，其心纹尾部有须状物，与成都三洞桥青羊小区战国墓出土铜矛上的蛇纹相似，其蛇纹与抽象符号组合出现，由此可见，心纹实为蛇的抽象表征。《山海经》有"巴蛇食象"的记载，可见巴族以蛇为图腾。《华阳国志·巴志》载："五帝以来，黄帝、高阳之支庶世为侯伯。"[②]巴人为颛顼之后，而颛顼族的图腾为蛇。蛇纹符号大量出现于巴地，与远古时期巴人以蛇为图腾的信仰相符。许慎《说文解字》曰："巴，虫也，或曰食象蛇，象形。"可见"巴"字为"虫"或"蛇"的象形，"手心纹"中的这种蛇纹符号应是"巴"字的象形。[③]

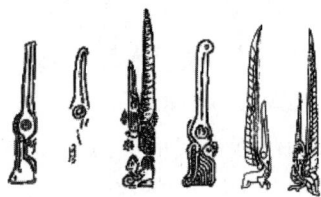

罗家坝遗址出土凤鸟纹　　　　罗家坝遗址出土蛇纹

虎纹主要见于巴文化遗址墓葬出土的剑、戈、矛等青铜兵器上，主要包括虎形纹、虎头纹，另有虎斑纹。自战国早期一直流行至战国晚期，战国末期锐减，至秦汉时期消失。虎纹大量出现于峡江地区和符合古代巴国的地理范围，四川地区发现的虎纹戈也主要为巴式。虎纹戈成为巴文化的典型器物，这与巴人崇虎的习俗有着内在的联系。

---

① 刘兴国：《宣汉土家族》，北京：中国文史出版社，2011 年版，第 167~168 页。
② 任乃强：《华阳国志校注》，成都：巴蜀书社，1984 年版，第 15 页。
③ 王隆毅、王平等：《巴文化典型文化元素研究》，《巴文化研究院论文集》，2015 年，第 525~530 页。

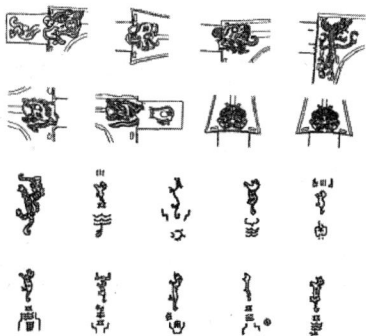

罗家坝遗址出土器物上的虎纹

罗家坝出土器物明显与巴人纹饰有关的符号见于战国中期的 M40 所出铜剑 M40：2 上，其两面铸有两组符号：一面为一人做摆手舞状，人两边有磬形符号一对，上部人物的发式为分立的双结。据文献记载和研究成果表明，巴人与蜀人的发式有别，巴人作分立的双结，蜀人则为单椎髻式，因此此处作摆手舞状的人应为巴人。另一面符号内容为两长发人相对而坐，两人中间为象征巴族的蛇形符号，头上为帷幔状物，似在举行某种仪式。从发式上看，两人均为三撮毛的长发，这种长发人形象与巴人明显不同。巴人与长发人出现于同一兵器之上，反映了巴国是具有多个不同部落和民族的国家，长发人的手势似为祈禳状，可能表示该部族对巴人文化的认同和归化。①

出土的巴人器物上所见凤鸟纹单翼的特征，应是传说中的"比翼鸟"的形象，是巴人的典型纹饰。据《逸周书·王会篇》记载："巴人以比翼鸟，方扬以皇鸟，蜀人以文翰。"② 在西周初年的成周之会上，巴人曾进贡比翼鸟，因此比翼鸟应为巴地特有的物种。《山海经》中也有比翼鸟的相关记载："崇吾之山……有鸟焉，其状如凫，而一翼一目，相得乃飞，名曰蛮蛮，见则天下大水。"③ 四川宣汉罗家坝 M46、M62 铜矛和重庆云阳李家坝战国墓的铜剑两面均铸有比翼鸟的形象，这与文献记载的比翼鸟"相得乃飞""不比不飞"的特征相符，是巴族特有的纹饰。古代巴人的文化符号蛇（龙）、虎、比翼鸟等至今仍是土家族人服饰文化的特征。

---

① 王隆毅、王平等：《巴文化典型文化元素研究》，《巴文化研究院论文集》，2015 年，第 525～530 页。
② 黄怀信等：《逸周书汇校集注》，上海：上海古籍出版社，1995 年版，第 918～920 页。
③ 袁珂：《山海经校注》，成都：巴蜀书社，1992 年版，第 45～46 页。

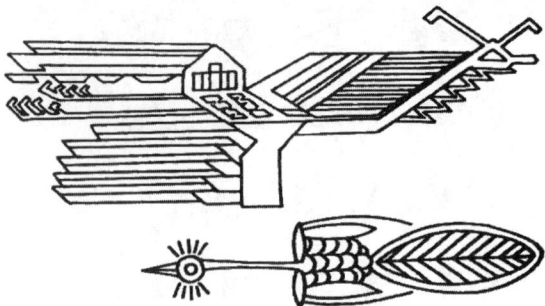

土家族织花凤纹

四、土家民族服饰的原料和色彩

世界上的任何一个民族，都有本民族独具特色的服饰，服饰是民族的标志。少数民族服饰是一种符号的文化表征，是一种民族性规则和符号的系统化状态，是出于纯粹状态中的无声语言和标志。符号是可以指代和指称另一种事物的事物。符号是代替、表示、表达某种事物或意义的感性形式，是抽象与理性的直观与感性的转换，进而达到对抽象与理性的认识和把握。土家族服饰的文化符号主要由原料和色彩两个基本方面构成。

（一）土家族服饰的原料

布料是服饰的基本构成要素，是形成服饰的最基本的媒介元素。传统的少数民族服饰多向大自然取材，选材广泛，通常有植物纤维衣料，包括棕、麻布、棉、丝绸，等等；也有动物材料，包括各种皮毛、羽毛等。服饰的取材，材料的选用，反映了少数民族的生存环境和生活状态。

土家先民巴人在渔猎采集时代，从树丛中发现葛藤，又将葛腾抽取纤维，编织成葛布，于是结束了裹兽皮披树叶的日子。葛藤纤维又叫葛麻，将葛麻加工的细丝织成的布称"葛布"，古时很贵重，后来成为上奉的贡品。而普通的巴人，大约当时只能剥其皮绡，做成可以遮风抵寒的披风之类。

收割苎麻

土家先民早期的服饰材料，除了葛麻之外，还有各种野生的树皮纤维，如桑科属的桑树、构树以及芭蕉茎等。这些植物经剥皮、锤打、沤泡、折条、漂煮等工序，可绩树皮纤维成布。芭蕉茎纤维绩织成布，制作的夏服质轻凉爽。直到18世纪后半期，南方还有人采集芭蕉茎绩织成蕉纱，制成夏服售卖。土家先民巴人服饰的主要材料是麻布制品。麻布是绩麻所织之布。麻分苎麻、大麻（火麻）、黄麻三种。大麻、黄麻多用于制绳索或织粗布，细麻布主要由苎麻制成。苎麻以其色泽不同又分青麻和白麻两种，白麻纤维柔韧、色泽洁白、富于弹力，是织造夏布的好原料。巴地的粗麻布多由大麻所织，而纻布、高杼布、高杼衫缎等均由苎麻所织。古代贵族穿丝织品，也穿上佳的麻布，而平民只能穿麻布，所以，"布衣"成为平民的代名词。

织麻布

加工苎麻

苎麻到处都可以生长，种植的方法有撒播种子和分根两种。每年收割两次，也有收割三次的。所谓"绩麻"，是将麻皮剥出后，在太阳下晒干，再浸水撕成纤维，经稻草灰、石灰水煮过，再经长流水漂洗，即成白色麻丝。巴人将苎麻丝染成五色，织成色彩斑斓的细布。与一般的布是织好后再染色有所不同，巴人是利用织布的经纬将预先染好的色线织成花布。花布上的花样全都是直线造型，与后来的织锦相似，也与时下流行的十字绣有同工之妙。正因为土家先民巴人的麻布织得如此美观实用，秦汉王朝才以巴人的麻布作为税赋，称为"賨布"，把巴人称为"賨人"。[①]

所谓斑布，又称"獠布"，是"賨人之国"成汉引獠人蜀后由獠人带入的。《魏书·獠传》记獠人"能为细布，色甚鲜净"。《异物志》"木棉之为布曰斑布"。这里所说之"木棉"即今日的棉花。獠人入蜀，在巴渠一带与板楯蛮巴人相融合，估计当地棉花的种植从那时就开始了。

獠布和斑布现在还有生产。在云南壮族中，有好几个部族的獠人，如黑衣獠、平头獠等都生产斑布。从泸州及云贵等地出产的獠布来看，厚如现在的卡帆布，经久耐用，实际和土家人手工纺织的土白布差不多。过去，大多数土家人家庭都有纺棉线单轮手摇纺车，织布用脚踏丢梭织布机。纺纱织布，是土家人的主要家庭副业，也有专为土家人织土布的机匠。土家的手工土布宽一尺二寸，厚如铜线，磨破了都不会滑线。自纺自织的土布是土家人衣饰的主要材料。

抗日战争时期，为打破日寇对棉纺、棉布的封锁，四川大力发展民间纺织业。土家人的家庭手摇纺纱车改进为脚踏纺纱机，脚踏丢梭窄布织布机改进为扯梭宽布织布机。各地还兴办了很多小型纺织厂以生产土白布，支援抗战。

（二）土家族服饰的色彩

少数民族服饰多充满丰富色彩的元素，其符号的指述性往往与少数民族生活中的神话、传说、历史、宗教、习俗有密不可分的联系。少数民族认为那是最神圣、最重要、最美丽的事物，他们要用各种明快绚丽的色彩，去大力彰显事物的特征，去赞颂神圣之美。另外，少数民族有很强的色彩感知力和想象力，从色彩的对立、冲突中感受美的张力，所以对服饰色彩的选用十分大胆，耀眼夺目，它们的搭配往往具有夸张性、跳跃性和生动性。土家族先民巴人布料的染色主要以土靛、皂矾等为原料，浸染青、蓝、红、灰等色土布和印染蓝衣白花被面、蚊帐麻布。早年土家族染红色用的植物为红花。另外，染青色用的兰草，染绿色用的艾，染皂褐色的皂斗等，大都有种植；丹砂、石青、石黄、石碌、粉锡、铅丹等矿物染料也有开采，并普遍使用。因此，巴人的服饰才能"色彩斑斓""五色并俱"。宋元以来有场镇后，场镇都开有染房，专为土家人漂染白布，也就不用家家户户自己染布了。[②]

---

① 王隆毅：《巴文化史话》，成都：四川人民出版社，2016年版，第144～148页。
② 刘兴国：《宣汉土家族》，北京：中国文史出版社，2011年版，第172～175页。

土家传统染色

巴人后裔土家人的染料及染色方法原始而自然，染出的色彩古朴、厚重，十分耐看。染色时，一般是先将麻布棉纱经碱水（或石灰水）煮沸脱脂，清水洗净后晾干待染。不同颜色是根据所取染料的特性，采取不同的方法加工而成的。常用的色彩及其染料如下：

白色（漂白）：先用石灰、牛粪这类呈碱性的物质浸泡或煮沸，后经多次拍打，再在水中反复冲漂和晒漂，直至漂白。也有的将南瓜叶捣烂，制成汁液浸泡麻纱，冲洗后反复多次暴晒以漂白。

红色：红色使用最普遍。其染料首选朱砂，巴人最先采取和使用朱砂，出土的春秋巴人墓葬中就有使用朱砂的遗迹。朱砂又称丹砂，为硫化物类矿物辰砂，其化学成分为硫化汞，色彩艳丽厚重，磨成细粉后经多次漂取，可得到极珍贵的朱砂等正红色的颜料。用朱砂染出的棉纱色彩沉着，纯正亮丽，而且防虫蛀咬。红色染料还有茜草和猫爪刺。茜草，又名血见愁、五叶茜，茜草科。取其根煮染纱线，所染者为绯红。猫抓刺为蔷薇科，常绿灌木，取其根为红色或不结果者，煮熬取汁，在汁水中加少许生石灰煮沸，亦可得漂亮的红色。暗红色一般多用土红煮制，土红就是本地的一种红泥巴，价廉易得，但不易固色，一般不用于染色纬线。

朱砂

橙色：橙色染料有椿树和苏木。椿树是一种常见的乔木，楝科，其皮煮水可染得淡橙色。苏木，又称为苏方木或苏枋，豆科，常绿乔木，内含隐色素，能在空气中迅速氧化成苏木红素。将苏木劈成小块后，放置锅中，掺水煮沸，待汁浓后，以纱线放进浓汁浸泡，经过一定时间，取出阴干。添加不同的媒染剂可得到不同的颜色：加明矾可得到火红色，色红鲜美，经久不褪，俗称深红；若再加铁媒染剂，又可得到深紫酱红或褐色；若要染淡红色，汁不必煮浓，放纱线染之，自成淡红。

苏木

黄色：土家语称"王嘎拉"。其原料有栀子、姜黄、虎杖等。栀子，亦称黄栀子、山栀。茜草科，是一种常绿小灌木，果实可入药，能清热泻火。果实中的色素主要为栀子苷。直接将黄栀子的果实捣烂，放在缸里浸渍，可取得艳美的黄色。姜黄也可煮染黄色，姜科，与郁金同属。内含黄色素，民间用得较多，染色是取姜黄的茎浸泡煮沸取液。纯姜黄素为橙色棱柱状的结晶体，遇碱变红。虎杖，蓼科，俗称酸杆，取其根熬水，也可得到近似的土黄色。但大多数黄色染成后，还需要上锅用木甑蒸，使其颜色渗入纤维之中固色。

栀子

翠绿：洞又刺及黑苞刺（当地俗名）是山间的落叶小灌木，取其第二层内皮熬水取汁，煮纱线或煮布时略加桐壳碱灰和明矾，染时先呈黄色，选冬天晚上有霜、白天晴朗的时候，将煮成的黄纱线或布置于露天草皮，将需染成绿色的一面朝上，不能有任何遮挡物（否则遮挡部位不成绿），晚上经霜露，第二天早晨收取，连续3~6天，将染件霜透，即得翠绿色，所以民间有绿布—露布—六（日）布之说。

灰色：将锅灰研细，放锅中用水煮，再放染件。也有用油麻秆及稻草，先烧成灰，再放入锅中水煮，加少量碱、酒助染，色尤光亮。

黑色：五倍子树（又称盐肤木），是常见的一种漆树科野生小乔木，五倍子为倍蚜科昆虫，是寄生于盐肤木等植物所成的虫瘿，内含鞣质（丹宁）。取其果实研成粉末，在酸和酶的作用下极易水解，熬水煮沸后放入染件，加少许青矾作媒染制剂，即得黑色。还有一种野生植物叫山柳，于阴历九、十月间将山柳叶采回，用水熬煮出褐色的浓液后，去渣，煮纱线先成蓝色，得蓝色后再煮到一定时间后冷却，把被染物取出浸到烂泥里沤泡，约一顿饭的时间后拿到河里洗掉泥巴，如此反复四五次，就可染出乌黑发亮的黑颜色。马桑科的马桑树叶或壳斗科的板栗球壳的染法与山柳叶相近，工艺程序较繁，一般用得不多。

五倍子

蓝色：土家语称"陆迪给"。蓝色用靛青，俗称"土靛"，工艺较复杂。先用蓼科的蓼蓝叶与石灰浸泡于池中，每百斤靛叶撒 40 斤石灰，每天翻动一次，待靛叶发酵变为深绿色时，捞出靛渣，池水澄清后，靛精凝结于池底，成靛泥（"土靛"）待用。需用时用碱水加"土靛"靛蓝制成染液，添少许糯米甜酒进行发缸，当染液出现绿色时最佳。"土靛"制成的染液最适合冷染。冷染时以浸泡的次数多少来决定蓝色的深浅，然后将染件悬挂于通风处，让空气氧化显色，再加醋固色。浸泡的次数多，蓝色就较深亮；浸泡的次数较少，可得月蓝（浅蓝）。

青蓝印花染布

青蓝色：民间称"蒸青"，将已染好靛蓝的纱或布放于捣碎成水状的新鲜猪血中浸泡，晾干后在蒸笼中蒸透，再将布浸入靛蓝染液中浸泡即得青蓝色——黑中带蓝。

以上染色均为冷浸染或热煮染，染色时一般都必须添加碱性的石灰水、桐籽壳灰或草木灰水助染。染液的酸碱度以手测定，一般以手感腻滑为准。添加媒染制剂是使植物染料的色素在棉纱上固着并显色，因许多植物染料本身就含有媒染因子，不同的媒染剂可显出不同的颜色，通常使用的媒染剂有铝、铁、铜、锌等，均属金属盐类。实际上民间所谓的媒染剂比较简单，如明矾是铝媒染剂，而铁锈加醋煮沸就成铁媒染剂，等等。

玫瑰红：苋菜是一种常见的苋科蔬菜，比较普遍，先取汁水，然后染色。

紫色：以紫草为染料的历史已久，紫草俗称"大紫草""硬紫草"，紫草科，是一种多年生草本，其全身有粗糙的毛，根粗壮，呈紫色，含有紫色结晶物质"乙酰紫色素"。李时珍《本草纲目》记载："此草花紫根紫，可以染紫，故名。"紫草根可入药，熬汁取水更是上好的紫色染料。乌苞亦称狗屎苞、紫苞、蔷薇科，是山间坎边的一种藤类植物，果实可食，色艳而重，取其汁水亦可染得紫色。

紫草

土家传统服饰的原材料均采用天然物质，特别是其染织方法，对大自然无污染，有的反而有净化环境的功能。不少植物染料本身就是中草药，可以食用、药用。如黄栀子就有泻火除烦、清热利湿、凉血解毒、消肿止痛之功效，所以染色的织物不仅色泽鲜艳，而且对人体还有一定的保健作用。靛蓝染色用的是能消炎祛湿的类似"大青叶"的植物，这类植物也是制造板蓝根药物的原料。在民间，腮腺炎之类的病痛，往往用"土靛"的沉淀物涂抹医治，十分有效。

晾晒土布

早在千百年前，土家先民巴人就知道把天然药石用于染织。在当前化学染料给人们的生存环境带来污染的情况下，提倡发展天然染料加工，可有效保护生态环境、保障人类身体健康。

五、土家民族服饰的基本样式

1994 年由高等教育出版社出版的《中国少数民族服饰赏析》一书对土家族服饰有简要的介绍，书中还附有男女服饰样式图。从图中样式看，应属于清代改土归流后的土家人装束。①

改土归流就是将土司制度改为州县管理。在取消土司制度的同时，清政府采取了严厉的手段强制改变土家人的风俗习惯，也包括衣服装饰。清雍正八年：

土家族基本服饰

> 今蒙皇恩改土归流，凡一切有关

民俗事，宜相应兴举，从前陋习，合行严禁。为此，示仰居民人等知悉：尔民一村一寨之内，或二三人家，仰遵劝谕，即将衣履改换……示后，限一年，尔民岁时伏腊，婚丧宴会之际，照汉人服色：男子戴红帽，穿袍褂，着鞋袜；妇人穿长衣、长裙，不许赤足，岂不有礼有仪，体统观瞻！倘有不遵者，即系犬羊苗猓，不得与吾民同登一道之盛矣！②

对土家人头上包的白帕子，也严加取缔：

① 杨阳：《中国少数民族服饰赏析》，北京：高等教育出版社，1994 年版，第 246～249 页。
② 湖南省少数民族古籍办公室主编：《湖南地方志少数民族史料》，长沙：岳麓书社，1991 年版，第 265～266 页。

保靖男妇人等，头上皆包白布，宴会往来，毫不知非。夫白布乃孝服之用，岂可居恒披戴？合行严禁。为此示仰居民人等知悉：嗣后除孝服之家应用白布外，凡尔男妇人等，概不许用。若冬日御寒，以及田桑之际，或用黑蓝诸色。如违查究。[①]

改土归流以前，土家人男女均穿斑斓花衣（琵琶襟）和八幅罗裙。改土归流以后，土家男女服饰均为满襟款式，加以土家纹饰花边，以保持自己的民族特色。[②]

改土归流后的土家服饰

改土归流中，土家人的民族服饰的改变效果显而易见：土家人男子不再穿裙子，妇女穿裙子也逐渐减少。男人穿上了有满族服饰影子的"琵琶襟"上衣。这种衣服衣领不高，较为适中，衣袖宽大，前面满襟，盘丝扣，有的钉铜扣，衣边镶布条。妇女的衣服叫"银勾"，有衣领，多是矮领。衣襟、袖口缀有一条宽青边，青边之间五色梅花条纹，颜色也多采用青、蓝色。

从历史角度考察，土家族的服饰大约经历了四个历史阶段：第一个阶段是清朝雍正年间改土归流以前土家先民的服饰，当时的服饰非常原始，完全是巴人的原始服饰。第二阶段是清朝改土归流以后至民国年间，清政府在改土归流时使用强制手段在土家族地区进行民俗改革。这一时期的土家族服饰归于清朝服饰，男女服饰变化较大。第三阶段是新中国成立以后到 20 世纪 80 年代的服饰。这一阶段土家人服饰以适用为原则，有中山装和便装，老人的服饰仍保留清代长衫的传统。第四阶段是 20 世纪 90 年代至今。这一阶段土家服饰完全汉化，与其他地区和城市几无区别，只有山区老人仍保留有便襟衣布纽扣的习惯。

（一）土家男子服饰

土家男子上衣为对襟褂，布扣，宽边，圆领。上衣长度在脐下二三寸。春秋两

---

① 湖南省少数民族古籍办公室主编：《湖南地方志少数民族史料》，长沙：岳麓书社，1991 年版，第 266~267 页。

② 刘兴国：《宣汉土家族》，北京：中国文史出版社，2011 年版，第 167~172 页。

季以棉夹紧身，式样与单褂相同，称"夹袄"。裤脚大而短，裤腰由约八寸宽的白布做成，腰带系在腰间，穿上裤子，裤腰就扎在腰带上，称"找（扎）腰裤儿"。这种裤子宽大，裤筒粗，不用脱鞋也能脱下裤子。天冷时，外面套长袄，式样为大襟，一般不扣扣子，在腰中系一根长搭袍拦腰捆束。也有系一根绳子的，干活时将长袄前幅扎入腰中的搭袍或绳子内。年老者才穿棉裤，年轻人一般只穿夹裤。年纪大的土家男子喜欢穿无领满襟短衣，钉有七对、九对、十一对不等的布扣，有的还在短衫开襟的周围压素色布条，叫作"琵琶襟"。在短衣外面套青布单褂，称为"鸦鹊褂"。

土家男子服饰

土家男子不分老少衣服多为青、蓝色，也有对襟上衣不染色用纯土白布做成。青壮年一般包白头帕，中老年包青布帕或丝帕，在头上缠成"人"字形。不分寒冬炎夏，四季都包"头袱子"。过去还在左耳上戴耳环，现已不多见。腿部缠"裹脚"，以对小腿部分起保护作用。袜子用布做成，俗称"筒筒袜"。一般穿法为袜子套上袜船再穿鞋，一般穿青布鞋和草鞋，还有穿自制的皮靴与铁钉靴的。平时做活穿麻耳草鞋，春秋时节穿四季鞋，夏天穿布草鞋，亦有青年男子穿花布草鞋的。年纪大的冬季均喜欢穿棉鞋，亦称"翁鞋"。青壮年穿宽口布鞋，冬季缠裹脚，穿麻窝子或棕袜子。还有一种用牛皮或厚布做成的"钉鞋"，这种鞋比平常的鞋大，做工粗糙，用桐油反复刷后晒干，直到雨水无法渗透，再将鞋底钉上一个个小圆形铁钉，以便在雨天爬山干活，因此有俗语"穿钉鞋杵拐棍——把稳捉实"①。

---

① 王隆毅：《巴文化史话》，成都：四川人民出版社，2016 年版，第 146 页。

土家人包"头袱子"

（二）土家妇女服饰

土家妇女服饰的特点是色彩斑斓，饰物丰富。整体而言，老年妇女一般头包青布帕（也有的地方仍喜包白头帕），衣青蓝布矮领，裤子多为青布制成，裤身白布腰，脚上多用白布包裹脚。中年妇女多穿边襟衣，绲花边，满襟衣，袖口缀一道青布边，胸前还系着一件绣着花的围裙。夏天则穿白汗衫，套一件背心式的青布夹克，不包头，春冬天头包青丝帕。未婚姑娘穿着较为讲究，衣服喜穿绲花边的红、青、蓝、绿外托肩上衣，胸前套件绣花裙，逢年过节走亲戚时，衣襟口上还要系上一条镶花手巾。裤子下端膝部和裤脚绣有五色花或贴五色梅花条花边，脚穿绣花鞋，也有用白布包脚御寒的。

土家妇女服饰　　　　　　　　　土家妇女服饰

土家女上衣为矮领左衽，老年妇女多穿青蓝色布衣，有的也穿无领衣。中青年人喜欢穿天蓝色和粉红色底花衣。妇女上衣的长度一般过膝盖，左开襟、矮领（或无领），通常为大袖的麻质和棉质短衫，由自纺、自织、自染的土布缝制而成。平时穿素色上衣，只有两衣角绣些花卉图案。女装的衣领高 5 厘米左右，上面挑、绲、嵌三道花边，绣有花卉，叫"三股筋"。托肩在外，托肩外缘和外缘下的衣襟边缀上一条宽青边，边下面再贴三小条等宽的五色梅花条，胸前钩花。已婚育婴妇女的袖口较大，一尺二，如将衣袖卷上可以从袖口给孩子喂奶，袖口和衣襟上饰小条花边。平时，妇女穿的上衣有无领和矮领、长襟（长及膝下）和短襟两种，在一片素色的衫底上，托肩及衣襟边都压有另一颜色的布条。衣襟上左右角或一角，有的绣着小花朵，袖口也压上两条另色的布条。外套上衣有领，内套袖子细，一般长度盖过臀部，俗称"斗仓台"。

土家女下装有两种：一为裙，即"八幅罗裙"，一般穿于裤外。"八幅罗裙"裙褶多且直，有的在衣裙上绣以古朴的如意花边，庄重大方，颇有古风。一为裤，土家族女裤的裤腰、裤带、裤筒与男裤相同，有的妇女穿大脚筒裤，离裤脚数寸处，往往绲有花边两三条，俗称"花边裤"。一般裤筒较短，裤脚肥大，丘陵地带女裤稍长，裤脚一般为六寸，上有"喜鹊闹梅""双龙戏凤"等图案。

土家族妇女的头上喜欢围头帕，一般缠着 7 尺或 14 尺长的圆形黑青线帕或布帕，也有的姑娘或妇女包花色面巾的。土家姑娘头上留一长辫，扎辫用红、蓝、青色头绳。头绳吊起，表示未许配人家，头绳盘在头上，表示已订婚，头上梳有巴髻，表示已婚。已婚妇女以头上包"迭迭帕"为美。

土家姑娘在八九岁时就开始学做鞋，十岁左右学绣花，谁鞋上绣的花好看，就会受到邻里亲戚的夸奖。所以，土家妇女脚上的布袜、袜底子、布鞋鞋头上，都喜欢用五色丝线绣上花卉图案等。特别是土家妇女扎的鞋垫，图案多样，针脚细密，简直是件艺术品。

土家妇女银饰

土家族妇女的饰物较多，且颇具特点。土家族妇女一般耳吊银质耳环，手戴银、玉质手圈，手指戴金银戒指。在着盛装时，还戴各式各样的金银发花和"灯笼""瓜子""单环"等耳环，胸前右衽扣上"银环"，在环上挂着八串银链，在链上系着银牌、银铃、银牙签、银挖耳。贫寒人家则用丝线挂桃木刻的小饰物，有"桃核锁""桃木小猫"等。无论贫富，青年女子结婚后，均是"以发椎髻，插以簪针"。

土家妇女喜穿花边衣裤，腰束绣花长围裤裙，足穿翘尖大花鞋，耳吊大银环，项戴大银圈，手指戴一至两个银箍子，手臂各套银手镯，镯愈重即显示愈富有。有一首山歌可以形象说明土家女子身上饰品的漂亮程度：

> 幺妹今年一十八，收拾打扮看婆家。
> 头帕围成凤凰冠，重重迭迭入云端。
> 耳朵挂上银耳环，吊上坠子好飘然。
> 手圈套在手腕中，戒子戴在手指弯。
> 项圈系上红丝线，佩上银锁挂胸前。
> 上嵌滚滚三股筋，下穿花裤套罗裙。
> 绣花腰带围脐上，翘尖花鞋枝牵蓝。[①]

（三）土家儿童服饰

土家儿童的服饰，是迄今保持民族风俗最多的服饰。土家人喜爱打扮小孩，从襁褓中的婴儿开始，土家人就为其做小衣褂，外婆（亦称嘎嘎）除送"祝米"和给"坐月子"的女儿备鸡蛋、糯米酒等之外，更多的是为新生婴儿缝制凉帽、涎兜子、衣物等。

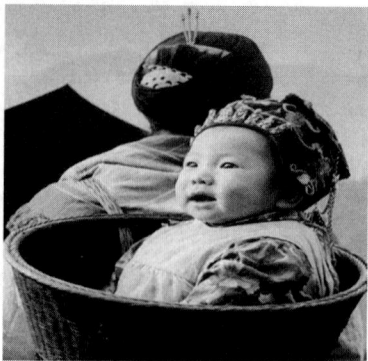

土家儿童服饰　　　　　　　　土家儿童服饰

土家儿童的帽子素有"紫金冠""鱼尾帽""风帽""冬瓜圈"之名称。帽檐上

---

① 王隆毅：《巴文化史话》，成都：四川人民出版社，2016年版，第147~148页。

镶有花、草、鱼、鸟等各种各样的图案。春季多戴紫金冠，夏季多戴圈圈帽、蛤蟆帽，秋季多戴冬瓜帽、八角帽、凤毛帽等。帽子上除有多种彩绒绣花外，还钉有银制的"文八仙""武八仙"（有的地方又称"大八仙""小八仙"）、"十八罗汉"等有故事情节的图案。

为了防止小孩磨损衣服和弄脏衣服，土家人常给小孩胸前带"涎兜"。制作时根据布色配花，以美观为标准，花分挑、绣、拼三种，挑花的底布多为绸面，用金丝走边，五彩、七彩线挑出各种花形，一般小孩在节日或到别家做客时，均戴挑花"涎兜"。绣花"涎兜"的底布多为普通布，边沿用布包缝，俗称"绲边"，内绣各种花朵，按底色配花，平时一般戴绣花"涎兜"。拼花不用底布，直接用各种布条，拼缝成花面。一般在农忙季节给小孩戴拼花"涎兜"，因其耐磨、易洗、省时省工。

土家儿童服饰

土家儿童帽子有风帽和凉帽两种。风帽用红绸面料，帽子的前面一般做两只兔耳和一双兔眼，帽檐用兔毛镶嵌，内套（里子）用柔和的衬布，两层布之间铺上薄薄的一层棉花，帽子的后面较长，可以挡脑后的风寒。凉帽用一个色布做底，金线走边，五彩线绣花，凸檐如花片，片中又嵌花。风帽的样式颇多，有"宝莲灯""百合花""灯龙褂"，等等。另外，帽子上还会绣各种花草图案和"喜鹊闹梅""长命富贵"字样，有的还缝上玉石片、银牌、银菩萨。

在小孩学走路时，土家人在夏季要为小孩缝制肚兜。天气炎热时，给小孩穿上肚兜就可以不穿裤褂，以免生痱子。天冷时，为小孩缝制披风。披风与风帽相连，用带子系在小孩腰部，用于保暖。在肚兜和披风上也会绣上图案和花样。给小孩穿的鞋子有虎头鞋和粑粑鞋，上面都有土家妇女的飞针走线。[1]

（四）土家新娘服饰

土家妇女服饰中，新娘服饰又与众不同。过去，有姑娘出嫁时均穿露水装。露

---

① 刘兴国：《宣汉土家族》，北京：中国文史出版社，2011年版，第170～171页。

水装包括一套露水衣、一双露水鞋、一方露水帕、一把露水伞。按照过去的规矩，这些都是要男方迎亲人送到女方去的。露水衣是红色的，左衽，宽袖大摆，下身为八幅罗裙；露水鞋和露水帕也是红色；露水伞是花色油纸伞。在土家族人的眼里，新娘穿露水衣、露水鞋，用露水帕、露水伞，有象征夫妻白头偕老、长命百岁之意。

土家新娘服饰

土家姑娘在婚日凌晨就要穿上露水衣，佩露水帕；上轿时，打开露水伞，穿上露水鞋；上轿后，新娘还要其兄弟在胸前挂上铜镜，腰间佩"宝剑"。到婆家后即卸露水装。土家族新娘服饰——露水装多少带有一种巫术的色彩。从穿上露水装到脱下露水装，土家族女子便由姑娘转变成了媳妇。

> 穿了露水衣，要到远乡去；
> 穿了露水鞋，要踩远乡岩；
> 搭了露水帕，变成媳妇家。①

（五）土家巫师服饰

土家巫师称"梯玛"，为土家地区的土老师，儒家将其视为异端，故又称其为"端公"。其职责就是在各种场合进行祭祀活动。土老师在主持法事时身披兽皮做成的"法衣"，两耳吊大环，环上挂着青蛇脱落的皮。主持丧葬时，土老师则身穿长衫、八幅罗裙，头戴五冠帽。若死者为男性，土老师就身上挂着柴刀、烟袋；若死者为女性，土老师就身上披着被单，挂上鞋子。长衫、八幅罗裙是土老师的法事服饰。土家端公的服饰与汉族的端公服饰不同，土家端公服饰带有浓郁的民族风格，头上戴的是五冠帽，身上穿的是土家男式的长衫，手中的小锣、钺都是土家地区祭

---

① 杨宏峰：《中国土家族》，银川：宁夏人民出版社，2012年版，第143～145页。

祀中的行头道具。[①]

土家巫师服饰

从改土归流直到中华人民共和国成立初期，除土家女人由穿裙装改为穿裤装外，其服饰在两百年间变化甚少。中华人民共和国成立前，贫富人家在穿着上的差异较大，中华人民共和国成立后无大的差别。据各地地方志记载，土家男人穿着与汉族无异，妇女们的服饰也没有了花边，只是老年男女还穿宽长的满襟衣和白布腰青蓝布裤身的裤子。土家地区的妇女也基本上没有穿传统的八幅罗裙了，只有土老师（即梯玛）在做法事时才穿八幅罗裙。逢年过节时，一些大山里的土家人才穿着传统的镶着花边的衣装走亲访友。而今，土家人在服饰上还具有民族特色的就是随处可见的白头帕了。

（六）土家织锦和挑绣

土家姑娘一般从十岁左右就要学习绣花。到出嫁时，妆奁必须有自己亲手绣织的大花铺盖，以及花枕头、帐沿、花彩带、花荷包、花围裙等。这些织绣数量的多寡和技艺的高低，往往成为人们品评姑娘的标准。精美的织绣手艺是土家姑娘们的衣食本领和骄傲，也是土家族民族服饰的一个重要组成部分。

土家织锦

---

① 王隆毅：《巴文化史话》，成都：四川人民出版社，2016 年版，第 54～55 页。

　　土家织锦历史悠久，源远流长。早在四千多年前的古代土家先民巴人时期，就有"禹会诸侯于会稽，执玉帛者万国，巴蜀往焉"的记载（《华阳国志·巴志》）。唐宋时，土家族地区的纺织业有了进一步的发展，编织出的溪布、峒布和峒锦颇受当时汉人青睐。到了清朝，土家地区的织锦——土锦、花布等，已大量用于服饰。

　　土家织锦最负盛名的是西兰卡普。西兰卡普，汉语意为"大花铺盖"，指床上的被盖。土家姑娘出嫁，娘家除了打木制的家具做嫁妆外，还要准备几套铺盖。这铺盖中，最珍贵的就是姑娘自己亲手织的西兰卡普。被盖有娘家亲戚送的，也有姑娘自己织的。姑娘会不会织大花铺盖，织得好不好，是评价姑娘是否能干的标准。

　　西兰卡普以织花为主，它的花色图案达一百二十多种，题材广泛，内容涉及土家人生活的各个方面。如表现土家风俗题材的有《迎新图》《摆手舞》；表现花卉题材的有桌椅花、蝴蝶扑牡丹、四凤抬牡丹、喜鹊闹梅、鹭鸶采莲、九梅、莲花、藤花等；表现动物题材的有虎皮花、小马花、阳花、猎脚花、燕子花等；表现生活题材的有桌子花、椅子花等；以几何图案为题材的有十二勾、二十四勾、四十八勾、单八勾、双八勾等；表现文字题材的有卐字花、米字花、田字花，如卐、米、十、田字等。西兰卡普的主色调多用深蓝与黑色。以深蓝、黑色作底色，再配以无数艳丽、对比强烈的色彩，使锦面艳而不俗，清新明丽，绚丽夺目。

现代土家织锦及挑绣商品

　　在色彩运作上，将五彩缤纷的强烈对比与素雅大方的色调相结合，崇尚红、黑色，以红色为主，黑色为辅，黄、蓝、白点缀其间，既显厚重，又多彩中见素雅。它是土家姑娘聪明才智、心灵手巧的集中体现，也是土家族民族特色的主要内涵。

　　挑花是土家族妇女的日常手工活。它做工轻巧、简便，无须复杂的工艺和笨重的机器。多用白色土布或有色布作底布。因挑花是以丝线在布的经纬交叉圆点上，用针以"十"字连缀的方式绣出各图案，故亦称"十字绣"。其图案有几何图案、鸟兽鱼虫、草木花卉、自然风光、人物故事等。土家挑花还用于枕套、枕巾、桌套、围兜、围裙、帐帘等。挑花巾曾是土家族姑娘嫁妆中的一件重要物品。过去在布置新房时，门不能关闭，但也不能大敞开，挑花巾就成了最好的遮羞布。挑花巾上的挑花既渲染了婚庆的气氛，又展示了未来媳妇的心灵手巧，是结婚时男方非常看重的嫁妆。绣花是在小件物品上进行描绣或刺绣。土家妇女喜欢在鞋面上刺绣，不少土家族姑娘从十来岁就开始学绣鞋面花，也喜欢在衣物上绣花。土家妇女常先用彩线刺绣出各种图案的花边，然后绲在衣襟边上。有的直接在衣角上绣花，甚至在床单、帐帘、枕头、帕子、带子、荷包、围裙等物件上都有土家妇女的精工刺绣。[①]

六、土家服饰的变化

近现代特别是改革开放以来，土家族民族服饰发生了巨大的变化。

（一）原材料的变化

原材料的变化是民族服饰变迁的重要原因和表现。西南少数民族在历史上多用当地的树叶、树皮、树枝等做服饰的原材料，麻、棉也是西南少数民族服饰的主要原材料，关于西南少数民族种植和使用麻、棉做服饰的情况史志多有记载。在相当长的时期内，南方少数民族自己种植麻和棉花，纺纱织布，自己养蚕缫丝，然后用手工制作成衣服。北方少数民族多以皮毛做服饰的原材料，把兽皮和牛、羊、鱼皮等用传统的手工技艺加工，制成服饰。自机器纺织的布匹和成衣大量投入市场后，特别是 20 世纪 80 年代以后，化纤布大量生产，传统手工制作的土布因成本高慢慢被工业化生产的布匹代替，即便是民族传统服饰，也很少再用传统的材料。

传统土家服饰特别是织锦是用土丝、土棉线精心编织而成的。植桑、养蚕、缫丝、拧线和种棉、纺线，再把丝线染成各种颜色，然后编织，这一系列都出自当地妇女之手。20 世纪 50 年代开始使用毛线和机械纺的丝线、棉线，20 世纪 80 年代开始广泛使用纤维合成的澎体纱。在服装的装饰材料上，大量的毛线、腈纶线取代了原有的棉质或丝质色线，成为挑花、刺绣、锦棉的色线原料，从而形成了民族服饰面料的现代化与非本土化。其他少数民族服饰的用料也大致如此。民族服饰原材料的改变对其走向起了非常重要的作用。传统服饰的原材料多取自于大自然，是对当地自然的最好利用，是当地人劳动和智慧的结晶，每一过程都凝聚了当地人的心血和汗水，都留下了制作者的情感，是真正的手工艺品，是民族传统文化的重要组成部分。但原材料的变化改变了这一切。

---

① 田明：《土家织锦》，北京：学苑出版社，2008 年版，第 15～20 页。

现代土家织锦及挑绣商品

现代土家服饰

现代土家服饰

（二）用途和品种的变化

民族传统服饰是农耕社会或渔猎游牧社会的产物，主要为满足当地人自身生活的需要，其最基本的功能是御寒、保暖。体现人地关系的民族服饰，大多都表现出明显的季节性和诸多实用性。除少量用于送礼或进贡等外，大多为自己使用，所以产品比较单一，主要是衣、裙、帽、鞋、腰带，等等。而现代民族服饰是族际交往扩大、商品经济冲击下的产物，主要功能是满足美化人们生活和展现民族文化、民族标记的需要，其原有的自然实际功能减弱，社会功能和商品经济功能大大增强。

现代土家服饰

（三）服饰制作者的变化

传统民族服饰是制作艺人口传心授一代代传下来的，其生产者也是设计者。少数民族妇女凭着自己的聪明才智把对自然、社会、民族历史文化、人生的感悟表现在五彩斑斓的服饰上，这是一代又一代少数民族妇女心血和智慧的凝结。她们的创造和设计是自由主动的，出自心灵的感应，充分发挥了想象力和创造力。现代民族服饰却不一样，其制作者和设计者往往分离。为了适应市场的需要，导致了民族传统服饰的标准化和刻板化，失去了传统服饰工艺的自主、灵动、和谐，其创作是呆板的，受限的，无法发挥制作者自己的想象空间和创作冲动，产品被打上了工业社会的烙印。

（四）图案和象征符号的变化

任何民族的服饰都是当地自然、历史和文化的产物，都深深地留下了民族发展的印记。服饰作为民族审美心理的一种特定的符号，作为一个民族最易判明的外部形象的显著标志，它与许多社会文化现象息息相关，具有多维的属性和诸多社会功能。所有的民族传统服饰都有自身特有的图案和标记。如土家族传统装饰有120多种图案，在已知的图案中有取材于大自然的植物花卉，如金钩莲、大白梅等；有表现动物题材的，如石心（小野兽）、阳雀花、猫脚爪、狗脚爪等；有取材于现实生活用具的，如桌子花、椅子花等；有反映民族历史和民族风俗的，如土王五颗印、野鹿衔花、老鼠嫁女、迎亲图等；有表现人们美好追求的，如福禄寿喜、凤穿牡丹、鹭鸶踩莲、满天星等。另外还有不少抽象图案，如卐字格、洒斗格、四十八勾等。土家传统装饰图案不仅有深刻的象征意义，而且色彩搭配和图案的整体布局十分讲究，多用深色，从而达到十分和谐的审美效果。当代土家花纹图案在继承传统的基础上有了很大的变化。

现代土家服饰

20世纪80年代后，编织传统图案的艺人已经少见了，除非定制，商家一般是不会主动生产传统图案的，几乎所有的民族服饰都在走同样现代化的道路。因为传统图案复杂，费时费工，制作成本高，没有市场竞争力，因此年轻一代民族服饰制作艺人多不会制作传统图案，传统图案只保留在少数老艺人的记忆里，保留在博物馆收藏的传统图案上。现代图案取代传统图案后，民族服饰本身所承载的历史和文化象征也丢失了，这种丢失不只是一种传统工艺的丧失，更是一种民族精神和民族历史文化的丧失。[①]

结　语

土家服饰是中国民族服饰中有特色的品种，用传统方法制作的土家服饰厚实平稳，质地好，经久耐用，美观大方，既有实用性，也具有艺术性。土家服饰的纹饰内涵十分丰富，纹饰题材的内容源于古文化和历史的记忆，源于自然环境的写实和历史文化的记忆，以及自然环境的写意，是从巴人到土家族延绵数千年的民族标记。

任何民族的服饰最初都是作为生活用品出现的。在历史发展进程中，民族服饰的用途和功能逐渐发生变化，其审美功能、民族识别功能等社会功能逐渐增强，实用功能逐渐削弱。民族服饰或作为一种记忆符号保留下来，或在特殊的场合出现，或作为艺术品被收藏和欣赏，慢慢地退出了当地人的生活。民族服饰功能作用的变迁导致其原材料、图案、设计者与制作者、生产组织形式、生产规模、生产地、服

---

① 黄柏权：《从生活到艺术——民族传统服饰的当代变迁》，《服装历史文化技艺与发展——中国博物馆协会第六届会员代表大会暨服装博物馆专业委员会学术会议论文集》，2014年，第14~16页。

饰工艺等多方面的变化。引发变迁的原因是多方面的，我们要清楚地认识土家民族服饰的特点和变化，了解当下土家民族和社会的需求，充分保留和运用土家服饰的文化符号。这样才能在民族服饰的设计和制作中展现土家人对本民族文化的自信和自觉，使土家民族服饰文化在中华民族这个统一而又多元的文化体系中绽放光彩。

（本论文中所用图片来源于《中国少数民族地区画集丛刊》四川、贵州、湖北、湖南、云南等卷和《巴文化史话》，此外均为作者自行拍摄及搜集）

致谢：本论文在选题及研究过程中得到了四川省社会科学院李明泉老师和四川文理学院何易展老师的亲切关怀和指导。刘兴国老师从课题的选择到论文的最终完成，始终给予了我具体指导。他严肃的科学态度、严谨的治学精神和精益求精的工作作风，深深地感染和激励着我。在此谨向刘兴国、李明泉、何易展等老师致以诚挚的谢意和崇高的敬意。

（作者简介：刘艺茵，女，四川文理学院秦巴产业文化研究院特聘助理研究员）

巴域考古与历史地理专题研究

从考古人类学看早期巴文化的源头

朱世学

摘　要：早期巴文化的源头历来是学术界争论的焦点，从人类学和考古学的材料看，早期巴文化的源头当为鄂西三峡地区。早期巴文化的形成离不开三峡地区得天独厚的地理环境和社会环境，三峡地区的新石器时代文化孕育了早期巴文化。

关键词：考古人类学；巴文化；源头

关于早期巴文化的源头，学术界众说纷纭，争论已久，最主要的有鄂西清江说、汉水上游说、西羌说、三星堆文化说、鄂西三峡说，等等。随着三峡地区考古发掘材料的不断丰富，鄂西三峡说逐步得到诸多学者的认同或支持。笔者从考古人类学的视角就此问题进行讨论，以就教于方家。

一、从人类学视角看早期巴文化的源头

所谓考古人类学，就是研究和考证与人类活动相关的历史文化遗存。何谓巴文化？依照狭义的考古学范畴，当是指夏商周时期，在三峡及邻近地区，由巴民族所创造的具有区域文化特征的文化遗存。[①] 从其广义而言，当是指人类社会出现以来，巴族地区人群生活方式的总和，它包含旧石器时代、新石器时代等史前时代，也包含整个文明时代。巴人生活在三峡地区，早期巴文化的形成离不开三峡地区得天独厚的地理环境和社会环境。

（一）三峡地区有得天独厚的地理环境

长江是横贯中国东、西部的世界第三大河流，发源于青藏高原的唐古拉山雪峰，全长 6300 公里。长江与黄河一样，都是中华民族的母亲河。其实，它的形成要早于黄河 200 多万年。据地质学家们的研究，三峡地区原始地貌的形成，主要依赖于中生代后期的两次重要的造山运动。首先是距今一亿五千年前发生在我国南方的"印支运动"，其次是距今 7000 万年前发生在我国北方的"燕山运动"。三峡地区原始地貌的基本骨架——川东褶皱带以及鄂西山地，就是在这次燕山运动中完成

---

① 朱世学：《三峡考古与巴文化研究》，北京：科学出版社，2009 年版，第 1 页。

的。① 原始长江干流形成后，日夜不停地冲刷侵蚀着三峡地区的地表。经过漫长岁月的雕琢修饰，终于在渝鄂山地之间，鬼斧神工地造就了驰名中外的奇特景观——长江三峡。

长江三峡地处北纬28°～31°之间，位于我国第二阶梯与第三阶梯的过渡地带，气候条件优越，地形复杂多样，山地、丘陵、平原、盆地、河谷兼而有之；属亚热带季风气候区，气候温润，水热配合良好，气候的垂直差异明显，河谷炎热，山地凉爽，适宜于各种动、植物的生长与生活。所有这些，均为古人类的生存繁衍提供了优越条件。

由此可见，三峡地区在古代的自然环境是优越的，为三峡地区古代人类的生活和繁衍提供了非常有利的条件，也适宜产生悠久而发达的古代文明。古老的长江三峡，以它神奇险峻的自然风光和丰富多彩的历史文化而闻名于世。夏商周时期的巴族文化，就诞生在这方古代文明的沃土之上。

（二）三峡地区是人类文明的摇篮

长江被誉为中华民族多元化文化发展的源头，而三峡地区乃是长江文化发展的摇篮。三峡地区自古以来便以其独特的地理位置和良好的生态环境成为远古人类的诞生地和栖息地，被誉为"人类文明的摇篮"。我国著名考古学和人类学家裴文中先生早在20世纪50年代就预言过："北京猿人的祖先在三峡。"② 全国政协副主席钱伟长先生也说过："长江中游的三峡地区是中华民族的重要发源地。"③

在旧石器时代早期，三峡地区先后发现了举世瞩目的巫山猿人遗址、建始直立人遗址和郧县猿人遗址等。

巫山猿人遗址位于巫山县大庙镇龙坪村。1986年，在该遗址共发现巨猿化石和人类化石材料近20件，伴生的动物化石达25种，其人类化石材料为直立人的右上侧门齿1枚，并在同一层位获得了一段带有两颗臼齿的下颌骨。考古界将其定名为"巫山人"，其出土层位的地质时代经科学测定，属更新世早期（距今204万年）。巫山猿人的发现，可能代表尚未发现的早期人类的一个新的类型，它不仅填补了我国在这方面的空白，而且为人类起源于亚洲这一派学说提供了新的证据。

建始直立人遗址位于建始县高坪镇巨猿洞，从1968年到2000年，先后共发现5枚早期直立人下臼齿化石和包括巨猿在内的70余种哺乳动物化石。④ 考古界将这里出土的古人类化石定名为"建始直立人"。通过古地磁法测定，建始直立人牙齿化石的时间为距今195万年～215万年之间，与巫山人牙齿化石的时间接近。

郧县猿人遗址位于湖北省郧县青曲镇弥陀寺村学堂梁子，先后发现两件古人类

---

① 黄中模、管维良主编：《中国三峡文化史》，重庆：西南师范大学出版社，2003年版，第23页。
② 见梁从诫：《三峡文物的历史意义》，《光明日报》，1993年11月14日。
③ 钱伟长：《我们有信心保护三峡文物》，《光明日报》，1993年11月14日。
④ 郑绍华主编：《建始人遗址》，北京：科学出版社，2004年版，第360页。

头骨化石标本。国内外专家认为："这是中国大陆至今所显示人类祖先直立人进化为较进步人种的最完整的标本。"据铀系法测定，初步结果是大于 40 万年。陨县猿人的发现，再次证明三峡地区是中国和亚洲人类的发源地。

在旧石器时代中期，又发现了著名的长阳人遗址和奉节人遗址。

长阳人遗址位于长阳下钟家湾的龙骨洞。1957 年发掘出土一件残损的左上颌骨化石，颌骨上保存有第一臼齿材料。专家们研究发现，长阳人不仅具有现代人的性质，而且有一定程度的原始特征。[①] 经北京大学考古系实验室用铀系法科学测定，长阳人化石的地质时代为更新世中期后一阶段，距今 20 万年左右，属早期智人。

奉节人遗址位于奉节县兴隆洞，2001 年发掘出土一枚古人类牙齿化石，同时出土的有中更新世晚期的旧石器与骨器。经中科院地质研究所和南京师范大学分别用铀系法进行测定，其时间距今 14 万年左右，属旧石器时代中期，其人类属早期智人，被定名为"奉节人"。同时在该遗址还发现了一只由史前人类制作的造型笨拙的原始哨形埙，有关专家认为这是迄今为止发现的最早的吹奏乐器。这件 14 万年前的哨形埙的发现，将人类音乐史提前了若干万年。这件世界最早艺术品和乐器的发现出自三峡，再一次证明长江三峡地区在人类进化史和文明发展史上的显著位置。

从距今 200 万年左右的巫山猿人、建始直立人，到距今 40 万年左右的陨县猿人，再到距今 20 万年左右的长阳人和距今 14 万年左右的奉节人，三峡地区出土如此丰富的猿人化石，说明我们的祖先一直在这里生活，他们揭开了三峡地区乃至中国和亚洲人类的序幕，开创了三峡文明的先河。

（三）三峡地区有自成体系的新石器时代遗存

在三峡东部地区，共发现新石器时代（距今 4000 年至 12000 年）遗址百余处，其最具代表性的考古学文化自成体系、自成序列，即城背溪文化→大溪文化→屈家岭文化→石家河文化（或称白庙遗存文化）。

城背溪文化因湖北宜都县城背溪遗址而得名，是迄今所知的三峡地区最早的新石器时代考古学文化，可以上溯到距今 7000 年以前，主要分布在西陵峡及峡口以东宜都一带。其中西陵峡中重要的遗址有秭归柳林溪、朝天嘴、路家河、窝棚墩等遗址的下层遗存；在巫峡之中有巴东的白羊坪、楠木园等遗址；峡口以东有宜都城背溪、枝城北、枝江青龙山等。

大溪文化遗存最早发现于 1925 年，但大溪文化作为一个考古学文化是 1959 年对巫山县大溪遗址进行发掘以后才正式提出来的，这是新石器时代中期三峡东部地区最具代表性的考古学文化。大溪文化的年代为距今 5300～6400 年，其分布范围

---

① 贾兰坡：《长阳人化石及其共生的哺乳动物群》，《古脊椎动物学报》，1957 年第 1 卷第 3 期。

西达三峡地区，东抵汉水，南至湘北的洞庭湖北岸，北达荆州地区的北部。迄今已发现的大溪文化遗址主要有重庆巫山大溪，欧家老屋；湖北秭归朝天嘴，宜昌杨家湾、中堡岛、青水滩、白庙子，宜都红花套，枝江关庙山，松滋桂花树，江陵毛家山，公安王家岗；湖南澧县三元宫、丁家岗，安乡县划城岗、汤家岗，等等。根据地域不同，大致可分为大溪和三元宫两个类型，西陵峡中属大溪类型。

屈家岭文化因湖北京山屈家岭遗址而得名，其分布的中心地区主要在江汉平原，西达三峡地区。距今 4600~5000 年。这是长江三峡地区相当于新石器时代晚期的代表性遗存，这类文化遗存多分布在西陵峡地区，主要有宜昌中堡岛、杨家湾、清水滩和西陵峡上口处的望洲坪、秭归渡口、苍坪、官庄坪等遗址。

石家河文化是继屈家岭文化之后，又一支新石器时代晚期的文化，距今 4200~4500 年。因湖北天门石家河遗址而得名，大致与中原龙山文化末期的时代相当。三峡地区属于石家河类型的遗存主要有巴东雷家坪、秭归庙坪、下尾子、宜昌白庙、中堡岛、下岸溪、大坪以及峡江以东地区的宜昌望洲坪、宜都鸡脑河、王家渡、茶店子、将家桥、石板巷子、红花套、枝江关庙山、当阳季家湖，等等。该文化在峡江地区最具代表性的遗存是宜昌白庙遗址，故学术界有的又称其为"白庙遗存文化"。

由此可见，从考古人类学的视角来看，巴文化是具有悠久而独立的源头，并具有从古到今的历史延续性和连续表现形式的区域性文化。巴文化的始源在三峡地区，可以上溯到新石器时代、旧石器时代乃至人类的起源时代。其历史久远，源远流长，自古以来就是中华民族生息繁衍之地。被历史学家们称为"有自己独立的发展体系"，而且是整个中国文化发展链条上的重要环节。因此，早期巴文化的产生并不是偶然的，它是三峡地区新石器时代土著文化的延续和发展，生活在新石器时代早期三峡地区的古人类极有可能为巴人的祖先，而正是三峡地区的新石器时代文化孕育了以后的巴文化。

（四）三峡地区丰富的渔猎资源是早期巴文化形成的基础

三峡地区发达的长江干流和支流水系以及独特的地形和气候特点蕴藏着极为丰富的鱼类资源。渔猎成为巴人及其先民的一项重要经济活动，鱼类是该地区重要的食物来源。

巴族渔猎，历史悠久。据考证，早期的巴人是以渔猎为主的民族。他们沿水而居，以船为家，生活当中与鱼的关系尤为密切，在《世本》等早期的巴人传说中，有"此地广大，鱼盐所出，愿留共居"的记载。可见巴人选择居地，首先是以产鱼为条件。有学者认为，"巴"字是我国南方壮傣语系民族中"鱼"的读音，"巴就是鱼，鱼就是巴"[①]。从而将巴的称谓与其捕鱼的经济形态紧密联系在一起。

---

① 张勋僚：《古代巴人的起源及其与蜀人、僚人的关系》，《南方民族考古》，1987 年第 1 辑，第 45 页。

考古资料证明，在三峡地区，早在距今 7000 多年的城背溪、大溪文化时期，人们便开始利用天然鱼类资源了。在瞿塘峡南侧的巫山大溪遗址、西陵峡段的秭归、宜昌境内的大溪文化地层中，皆发现有大量的鱼骨、鱼牙和鱼鳃骨。在宜昌中堡岛遗址的大溪文化遗存中，还发现一百多个鱼骨坑。在大溪文化的墓葬中还发现用鱼和龟随葬的现象。如大溪遗址第三次发掘时，就发现有 7 座墓葬中都葬有大鱼，所葬之鱼有的长度达到 1 米以上。

在三峡地区夏商时期的早期巴人遗存中，不仅出土了大量的鱼骨和兽骨，还出土了大量的骨制生产工具和生活用具，如骨锥、骨笄、骨针、骨刀、骨铲、骨镞和牙锥等。尤其是青鱼，据专家们研究，这种中国特有的大型鱼种，较多集中于长江干流，并且青鱼每年在产卵期，会溯流至三峡区域产卵，因此，在三峡沿岸许多商周时期的遗址当中，出现了青鱼的鳃盖骨，包括用鳃盖骨制作的卜骨，如秭归的卜庄河遗址、石门嘴遗址等。

三峡地区除了有丰富的鱼类资源外，还有异常丰富的野生动物资源。从考古材料看，这些野生动物种类繁多，数量庞大，习性各异。据统计，在三峡地区新石器时代至夏商周时期的古文化遗址中，发现的巴人及其先民们狩猎捕杀的可鉴别的野生动物种类约有 27 种之多。[①] 栖息在这里的野生动物构成了典型的森林性的动物群落，有利于巴人及其先民们狩猎经济活动的开展。

总而言之，三峡独特的自然环境提供了异常丰富的渔猎资源，成为早期巴人及先民们赖以生存的基础，渔猎经济亦成为巴文化赖以生存的重要的经济模式。

（五）三峡地区丰富的盐业资源是早期巴文化发展的命脉

三峡的自然环境除了能提供异常丰富的渔猎资源以外，还能提供丰富的盐业资源。

现今的地质勘探证明，在三峡云阳至万县的盐体，就是分布在斜向部位中的一个大型盐矿床。盐体规模巨大，面积达 2500 多平方公里，总储量为 1500 亿吨。如此丰富的盐业资源为巴人在峡江地区的生存和发展提供了强大的经济基础。

巫巴山地是中国盐业与盐文化的发源地之一。在早期巴人的传说中，称其先祖为"咸鸟"。管维良先生认为：咸即盐，咸鸟即盐鸟，亦即负盐之鸟，巴人驾着装着巫盐的舟船，驾轻就熟地在江河之上像鸟一样快捷如飞地行进，故被称为"咸鸟"。任乃强先生也认为："咸鸟的'咸'字，就是古代咸味的本字，应与盐有密切联系，也就是说与巴东盐泉有关系。"[②]

据考古发现，三峡地区的大宁河流域，曾是泉盐的集中生产地，有"上古盐都"之称，鼎盛时期从事盐业生产、营销、运输的多达 10 万人以上，至今这里还

① 王运辅：《三峡地区先秦狩猎经济初探》，《三峡考古与多学科研究（论文集）》，重庆：重庆出版社，2007 年版，第 44 页。

② 任乃强：《巴族与食盐》，《民族研究文集》，北京：民族出版社，1990 年版，第 532 页。

遗存有秦汉时期绵延数十公里的盐卤古栈道遗迹。1998 年，考古人员又在重庆忠县长江边的中坝和甘井沟遗址，发掘出了数以万计的陶制器皿圜底釜和尖底杯，据专家研究，这种圜底釜和尖底杯与盐业生产有直接的关系。显然，这里是巴人的一个制盐中心。

由此可见，三峡地区的盐业资源是十分丰富的，尤其是盐泉资源更是远古时期各部落相互争夺的稀有资源，拥有了它就可以达到"富国强兵"的目的。管维良先生在《巫山盐泉与巴族兴衰》一文中指出："巴国得盐而兴，得盐而盛；反之，失盐即衰，失盐即亡。"[①] 将巴与盐的关系描绘得十分精确。

总而言之，三峡的地理环境是巴族及其先民社会存在和远古文化与巴文化形成的必要前提。巴文化是在三峡文化的基础上形成的一种地区性的文化，具有鲜明的地缘性。[②] 三峡文化具有浓厚的、独特的地域文化特色。巴文化正是在三峡地区独特的地理环境和社会环境中孕育发展起来的。

二、从考古学视角看早期巴文化的源头

（一）从遗址的分布看早期巴文化的源头

依照考古学文化惯例，哪个地区发现的早期巴人遗存最密集、时代偏早，理所当然也就应该是巴人的中心区或起源地。从最新的考古调查和发掘资料证明，早期巴人遗存分布最密集、时代又普遍偏早的发现地主要是在鄂西三峡地区，其中又以西陵峡地区分布最为密集。

早在 20 世纪 70 年代末期，著名考古学家俞伟超先生曾率队在鄂西三峡地区进行调查和发掘，并结合相关的文献记载进行综合分析后指出：鄂西三峡地区一带夏商时期的遗存就是"早期巴人遗存"[③]。

据学者初步统计，目前在三峡及临近地区，调查发现的相当于中原夏商时期的"早期巴人遗存"有近 200 处。[④] 其中重要的有代表性的遗址分布如下：

鄂西地区主要遗址：江陵荆南寺，张家山，沙市周良玉桥，当阳季家湖、沙田、镇头山、木马岭、糜城，枝江仁家山、青龙山，枝城城背溪、花庙堤，宜都百水巷渡口、三里桥、向家沱、红花套、毛溪套、吴家岗、操场坝等。

长江西陵峡地区主要遗址：宜昌白庙子、中堡岛、路家河、三斗坪、下岸、小溪口、大麦沱、大坪、白狮湾、枇杷坳、林子岗、沱盘溪、杨家嘴，秭归朝天嘴、

---

① 管维良：《巫山盐泉与巴族兴衰》，《巴渝文化》（第四辑），重庆：重庆出版社，1999 年版，第 79 页。

② 朱世学：《巴文化与三峡地缘文化的关系探析》，《湖北民族学院学报》，2009 年第 1 期，第 34 页。

③ 俞伟超：《楚文化的渊源与三苗文化的考古推测》，《先秦两汉考古学论集》，北京：文物出版社，1985 年版。

④ 杨华：《长江三峡地区夏商时期古人类文化遗址的考古发现与研究》，《三峡文化研究》（第二集），重庆：重庆大学出版社，1999 年版。

鲢鱼山、何家湾、杨泗庙、大沙坝、柳林溪、五马桥等。

重庆峡江地区主要遗址：涪陵陈家坝子，垫江林场，忠县甘井沟、哨棚嘴、中坝，云阳李家坝，巫山双堰塘、江东嘴、魏家梁子、南陵村、大昌坝、琵琶洲，江津王爷庙、燕坝等。

上述遗址中，有几处无疑是早期巴人的活动中心，如宜昌的路家河、巫山的双堰塘、云阳的李家坝遗址等。特别是位于大宁河畔，面积达10万平方米的巫山县双堰塘遗址，经发掘判断，被认为是距今3000年前巴人的经济文化中心。面积5万平方米，与双堰塘巴人遗址相距80多公里的云阳县李家坝遗址是巴人的第二中心地区。

（二）从考古地层学看早期巴文化的源头

从考古地层学的地层叠压关系看，夏商时期的早期巴人遗存一般都叠压在新石器时代晚期遗存之上。许多遗址如宜昌中堡岛、白庙子、下岸、白狮湾、林子岗、枝城红花套、石板巷子、何家沱等夏商时期的巴人遗存之下是新石器时代末期的湖北龙山文化（亦称石家河文化）地层。也就是说，上述这些夏商时期的巴人遗存直接叠压在湖北龙山文化地层之上。

另据专家研究，所谓夏商时期的巴人遗物与三峡地区新石器时代晚期石家河文化的某些遗物有继承关系，如西陵峡地区的宜昌白庙遗址第四层中出土的陶器盘、豆、瓮等，其特点与郧县青龙泉三期、均县乱石堆、当阳季家湖所出同类器物十分接近，其时代与河南龙山文化晚期和二里头（夏文化）的时代相当。[①] 说明夏商时期的早期巴文化与新石器时代末期的石家河文化（白庙遗存文化）有着直接的渊源。

因此，从考古地层学的角度来看，分布在鄂西三峡地区的早期巴人遗址，不仅数量密集，而且夏商时期的巴人遗存直接叠压在新石器时代晚期的石家河文化之上，说明夏商时期的巴人遗存与新石器时代晚期的巴人遗存是有一定的承袭关系和渊源的。而这种现象在巴文化分布的其他地区却很少发现或发现不明显，从某种程度上说明早期巴文化的源头只能是在鄂西三峡地区。

（三）从考古类型学看早期巴文化的源头

作为南方文明起源地之一的三峡地区，较早就形成了自成体系的土著文化。学者们从考古类型学的角度研究发现，在早期巴文化遗存中，陶器的陶质从新石器时代开始就形成了以夹砂陶为主的传统，而陶色也是从新石器时代开始就以红褐陶、灰褐陶为主，这种传统一直延续到晚期巴文化。[②] 陶器的主要器类为圜底器，同时还有部分平底器、尖底器和圈足器，很少见到峡江以东平原地区流行的鼎、鬲等三

---

① 湖北省文物考古研究所：《湖北宜昌白庙遗址试掘简报》，《考古》，1983年第5期。

② 陈果：《论早期巴文化》，《湖北民族学院学报》（哲学社会科学版），2006年第1期，第1页。

足器。

多圜底器而少三足器，这是三峡地区考古学文化的一个显著特点，同时也是三峡地区新石器时代文化与巴文化最具代表性的原始文化特征。在这类陶器中，以圜底釜和圜底罐等炊器为大宗，早在距今 7000 多年前的城背溪文化时期就开始普遍流行了，在秭归柳林溪、朝天嘴、路家河、窝棚墩、巴东楠木园、福里溪等遗址中均有发现，遗址出土的陶器以釜、罐、钵、盘为主要器类，其中，釜是城背溪文化中数量最多的一个器类。这类器物在后来的大溪文化、屈家岭文化、石家河文化直至夏、商、周时期的巴文化遗址中都沿袭下来，以至成为巴文化的一种传统性器类，在宜昌路家河遗址堆积层中出土的圜底器多达上千种。无论是城背溪、大溪遗存，还是屈家岭、石家河遗存，出土的主要炊器都是圜底釜。可以说，在三峡地区，自新石器时代陶器开始出现，以釜、罐为特征的圜底器在陶器器类中就占据了相当大的比例。釜不但出土数量多，而且整器也相当丰富。可以断定，圜底釜是峡江原始文化中的基本炊器，作为主要的生活用具，一直受到巴人及其后裔的青睐，并一直贯穿他们生活的始终。笔者认为，圜底釜在夏、商、周时期的早期巴人遗存中大量出现，显然，它是早期巴人的陶器文化中最典型和最具特色的代表性器物，可以说，它是我们判别早期巴文化遗存的一个重要标尺。[1]

由此可见，早期巴文化遗存中以釜、罐为特色的陶器种类，与三峡地区新石器时代遗存有着十分密切的渊源关系和演变序列。因此，早期巴文化的产生并不是偶然的，它是三峡地区新石器时代土著文化的延续和发展，正是三峡地区的新石器时代文化孕育了后来的巴文化。如果离开三峡地区的新石器时代文化来探讨早期巴文化，显然是无源之水、无本之木。

三、对早期巴文化起源诸学说的认识

关于早期巴文化的源头，诸多学者进行过讨论，概括起来主要有以下几种认识。

（一）鄂西清江说

鄂西清江说始见于 20 世纪 50 年代，不少学者依据南朝刘宋时期范晔的《后汉书·南蛮西南夷列传》中有关"廪君"的历史记载，认为巴人起源于清江中游长阳的武落钟离山。

但随着三峡地区和清江流域考古发掘工作的不断展开，人们对巴人源于长阳清江河流域的传统认识提出了质疑。因为就地理环境、考古调查及发掘的材料来看，长阳境内的清江流域因受地理条件所限，巴民族源于此地一说是不太现实的。杨华先生甚至明确指出，所谓巴人起源于清江说，就目前考古发现的资料情况来看显然

---

[1] 朱世学：《釜的历史与发展探微》，《三峡大学学报》（人文社会科学版），2006 年第 4 期，第 12 页。

是不成立的。①

因为从考古调查和发掘的情况来看，目前在清江流域（不包括清江出口处的地区），考古发现的属于夏商时期的早期巴人遗址仅有香炉石、槐杆坪、南岸坪、深潭湾等四处，其中以香炉石遗址最具代表性。在长阳以西的巴东、建始、恩施境内的一些遗址中，虽发现有零星的商、周时期的陶器碎片，但由于缺少考古地层学和类型学方面的证据，目前尚无法得出确凿的答案。

在整个清江流域，目前考古发现的新石器时代中期的大溪文化遗存非常少，尤其是自大溪文化以后的新石器时代晚期的屈家岭文化、龙山文化遗存中未曾发现，中间出现很大的缺环。清江流域巴人起源的年代只能追索到夏代晚期。这种现象远不及鄂西、长江三峡地区那样，夏时期的巴人遗存之下直接叠压着湖北龙山文化地层。从出土的巴人遗物来看，鄂西、长江三峡地区早期巴人遗物，自新石器时代晚期至夏商时期可排列出其文物发展和演变的顺序。这些都是清江流域巴文化考古发现所不能具备的。其实《世本·姓氏篇》中早已指出："廪君之先，故出巫诞也。"就是说，廪君并非巴人的始祖，廪君之先还有"巫诞"。管维良先生认为："樊氏与巫凡（巫盼）、相氏与巫相（巫谢）、郑氏与巫真，音皆相近，都应是从其中分化出来的'子氏族'，而'覃'，亦读'丹'的音，与诞同音，亦应是从巫诞部落中派生出来的氏族。因此，组成白虎巴人的五姓，皆可以认为是从巫山诸原始氏族部落中分化或派生来的。"②

笔者认为，廪君巴人最早当源自巫巴山地的巫诞（或巴蜑、巴蜒）部落，大约在新石器时代末期，他们自鄂西三峡地区经清江下游逐步迁徙到清江中游地区。③考古发现的材料也证实了这一点。在清江下游地区，尤其是在清江与长江的交汇处一带，考古发现的石板巷子、鸡脑河、茶店子、王家港、花庙堤、城背溪等遗址的时代，经过考古"地层学"与"类型学"的比较分析，大致为新石器时代末至夏商时期，其时代普遍相对早于清江中游地区。从遗址出土的巴人遗物看，其文化面貌与长江三峡尤其是西陵峡沿岸地区新石器时代末至夏商时期巴人遗址地层中出土的遗物是一致的。也就是说，清江流域的早期巴人，当是从鄂西、长江三峡地区逐步迁入的。

（二）汉水上游说

汉水上游说始见于 20 世纪 70 年代，如庄燕和先生在《古代巴史中的几个问题》一文中认为：殷墟甲骨文有"巴方"，在陕西汉水流域，武丁时臣服于殷，后又与周人联师灭殷，它较清江流域的巴人为早。春秋战国时巴人活动的地区很广，

---

① 杨华：《对巴人起源于清江说若干问题的分析》，《四川文物》，2001 年第 1 期，第 15 页。

② 管维良：《巴族史》，成都：天地出版社，1996 年版，第 34 页。

③ 朱世学：《关于廪君传说相关问题的认识》，《三峡大学学报》（人文社会科学版），2009 年第 3 期，第 5 页。

从时间先后及地理位置看，川北、川东等地的巴人，湖北清江流域的巴人，贵州乌江、遵义一带的巴人，很可能是陕西汉水流域巴人向东南迁徙移动的结果，为"巴方"后裔。[①]

史学界的这种说法因缺少足够的考古学材料来支撑而饱受争议。从目前考古发现的资料来看，汉水上游未见有与鄂西、渝东地区相似的巴文化遗存。在陕南汉水流域发现最有代表性的遗址是紫阳白马石遗址或称"白马石类型"。有学者认为，汉水上游的紫阳白马石、西乡红岩坝遗址中有相当石家河文化的一些遗物，当是中原华夏集团南征时苗蛮部分居民向西迁徙的结果。而石家河文化在这一地区也只是昙花一现，更谈不上与巴文化的发展序列和继承关系了，只是到后来商末至两周时期，巴文化的势力才在汉水上游地区发展起来。既然看不见早期巴文化的任何遗存，又怎能说明汉水流域是早期巴文化的源头和活动中心呢？如此看来，巴文化起源于汉水流域之说是缺少证据的。[②]

中华人民共和国成立以来，在汉水上游的陕西城固县以及宝鸡一带，陆续出土了一大批巴式青铜器，如在城固出土了数量较多的巴式戈和巴式舌形铜钺。在宝鸡发掘的 25 座巴族（彄）部部民的墓葬中，出土 190 余件兵器，其中巴式兵器 76件，柳叶形剑 13 柄，巴式戈 49 件，虎头纹钺 12 件，巴式舌形钺 2 件。这些青铜器大都为商周时期器物，其时代相对要早于巴国腹地出土的青铜器，由此有学者便认为它们是巴文化的源头。

笔者认为，汉水上游地区作为早期巴人的活动区域是可以肯定的，但生活在这里的巴人，被学术界称为"巴族（彄）部"，他们与鱼凫巴人、龙蛇巴人和白虎巴人一样，都源于巫巴山地，大约在夏商时期，离开长江三峡巴族祖居之地北上，沿任河入汉水，溯江而上，很快到达汉中盆地。这支巴人先在汉水流域，然后向渭水流域发展并建立了正式国家，成为西周王朝的诸侯之一，并最后融入了先进的周文化。巴文化源远流长，要寻找其真正的源头，必须重视它与新石器时代考古学文化的发展序列关系以及土著文化特征，不能以进入青铜文明时代的早晚来判断其源流。因为不同支系的巴族各部所处的地理位置及生存环境不同，接受中原地区先进文化影响的时间和程度也不同步。纵观巴族各部进入青铜文明的时代，以白虎巴人最晚，鱼凫巴人在成都平原创造的三星堆青铜文明，以及巴族（彄）巴人在汉水流域创造的青铜文明都要早于白虎巴人。但巴族不同支系当中，历史最悠久且自成体系、土著文化特征最明显的却是白虎巴人，真正巴文化的辉煌也正是由白虎巴人所创造的。

（三）西羌说

西羌说始见于 20 世纪 80 年代。如李绍明先生认为，巴人中的廪君人来源与古

---

① 庄燕和：《古代巴史中的几个问题》，重庆市博物馆：《历史考古文集》，1984 年 9 月，第 134 页。
② 杨华：《鄂西巴文化遗存的发现与研究》，《四川文物》，1994 年第 3 期，第 3 页。

代的氐羌人有关。① 认为巴文化远祖是由西羌而来，主要是依据文献材料。如《山海经·海内经》记载："有巴遂山，绳水出焉。又有朱卷之国，有黑蛇、青首、食象。"（黑蛇，即巴蛇）又《山海经·大荒北经》记载："西南有巴国，有黑蛇。"据此看来，西羌的确有巴人。

关于西羌巴人的由来，许多学者认为，巴文化是由石家河文化发展而来，而石家河文化正是我国历史上传说时期的南方三苗集团的总代表。顾铁符先生研究认为："他们所以叫三苗，因为他的组成是蛮、濮、巴三个民族。"②

据考证，巴族不仅在远古时期就已是三苗集团的一支，而且还曾多次参加与中原华夏集团的战争。特别是在新石器时代末期的石家河文化时期，三苗集团与华夏集团在鄂西北的丹江、淅水一带展开殊死搏斗，因双方实力悬殊，以蛮、濮、巴为代表的三苗集团终因战败而逐步向西羌地区迁徙。《山海经·大荒北经》载："高辛邦之，尧窜之于三危。河西诸羌，其类是也。"郭璞认为即指三苗之民。这支西迁的三苗民中有相当部分是巴族人，巴族人窜于羌地后自然会十分怀念故地，故在西羌诸地仍沿用了巴的旧称。由此可见，西羌诸地只能是早期巴文化的流而非巴文化的源。

（四）三星堆文化说

三星堆文化说始见于20世纪90年代，如王劲先生在《鄂西峡江沿岸夏商时期文化与巴蜀文化关系》一文中认为："与三星堆、新繁水观音早期墓葬和早期文化堆积层相当的鄂西峡江两岸夏商时期的文化遗存，其中虽有本地域内的传统因素……但在其文化遗存中占主导地位，决定其文化面貌的却是来自四川盆地的三星堆文化因素。"③ 甚至有学者认为："鄂西峡江沿岸发现的夏商时期文化遗存，固然可以从宏观上看是属于巴蜀文化遗存，可是从微观上看，它是属于三星堆早期蜀文化类型的文化，而没有巴文化因素。"④

对此，学术界提出一个问题，即成都平原的三星堆文化为什么会远在鄂西峡江沿岸出现？因为据文化传播方向和路线研究显示，在三星堆文化形成时期，长江中、上游东西两地文化互动的基本态势是从中游向上游流动，而且上游地区此前的宝墩文化，从其城墙营造方法来看，与石家河文化不无关系，此后的十二桥文化的形成也与鄂西地区的香炉石文化（或称"路家河文化"）向西影响有关。因此，在研究三峡地区夏商文化的性质或其与三星堆文化的关系时，至少应考虑到这种文化传播流向的基本态势。

王风竹先生在《三峡地区朝天嘴商代遗存研究》一文中，曾就秭归朝天嘴商代

① 李绍明：《论氐和巴、三苗的关系》，《西南民族研究》，成都：四川民族出版社，1983年版。
② 顾铁符：《楚国民族述略》，武汉：湖北人民出版社，1984年版。
③ 王劲：《鄂西峡江沿岸夏商时期文化与巴蜀文化关系》，"纪念三星堆考古发现六十周年暨巴蜀文化与历史国际学术讨论会"论文，1992年。
④ 王燕芳：《试论巴蜀文化与原始文化的关系》，《四川文物》，1995年第6期，第3页。

遗存与广汉三星堆文化的关系问题进行过讨论。[①] 他认为，广汉三星堆遗址的这种陶器组合的主体成分，与秭归朝天嘴商代遗存以釜等圜底器为主体成分的陶器组合有着鲜明的区别，二者并不能归属于同一考古学文化。

正因如此，不少学者认为三星堆文化不能代表巴文化的源头。因为依据考古学材料，三星堆文化最有代表性的陶器是小平底罐，小平底罐是早蜀文化的典型器物之一，最早出现于三星堆遗址二期，器形演变特点是由无领发展到有领，小平底也越来越小，有向尖底发展的趋势。从三星堆遗址第三期开始，小平底罐数量大增，形式也丰富起来，除卷沿、鼓腹外，还有直领折肩罐，小平底罐进入发展的鼎盛时期。这一局面持续到成都十二桥遗址早期，时代为商代早期，然后衰落。而三峡地区和鄂西清江流域巴文化遗存的代表性器物是圜底釜，小平底罐和圜底釜应是两种不同的考古学文化，不能说在清江流域和三峡地区也出土了小平底罐，就与三星堆文化是同属一种文化体系。试想，如果三星堆文化在鄂西地区与商文化及当地土著文化（即巴文化）有着真正的渊源的话，为何三星堆遗址丝毫不见绳纹圜底釜、罐等鄂西土著文化和鬲、大口尊、大口缸等商文化因素呢？

笔者以为，三星堆文化从新石器时代延续至商末周初，有着十分鲜明的地域特色，它以成都平原为中心，是早期蜀文化的代表。古代巴蜀关系十分密切，相互间的文化影响和联系也必不可少，巴蜀文化本身虽是一种复合文化，但并非合二为一。因为不同的地域、不同的生活方式以及不同的信仰，使得二者在文化发展的品位和层次上形成一定的差距。[②] 三星堆遗址的发现证明，早期蜀文化"是从新石器时代晚期开始，在以成都平原为中心的川西地区发展起来的一种地方文化，具有浓厚的地方特征"[③]。它与峡江地区早期的巴文化有比较大的区别，峡江地区的渔猎文化与成都平原的农业文化，显然分属两种不同体系，是极不对等的两种文化。蜀文化因其区位优势，在社会发展程度和水平上明显要高于巴文化。两种文化有着本质的区别。[④] 因此，巴文化的源头来自三星堆文化的可能性是非常小的。

四、结语

综上所述，从考古人类学的材料看，早期巴文化真正的源头只能在鄂西三峡地区。巴人的祖先应源自三峡之内的早期古人类，巴人起源于峡江地区的巫巴山地，而巴文化也是从这里开始诞生的。从考古学的角度看，鄂西三峡地区的新石器时代文化必然和早期巴文化有直接的渊源关系，巴族就是从新石器时代生活在鄂西三峡地区的原始居民中发展而来的。鄂西三峡地区的早期巴文化可以上推到新石器时代

---

① 王凤竹：《三峡地区朝天嘴商代遗存研究》，《2003 三峡文物保护与考古学研究学术研讨会论文集》，北京：科学出版社，2003 年版，第 198 页。

② 朱世学：《巴蜀文化的差异性探析》，《重庆三峡学院学报》，2011 年第 2 期，第 132 页。

③ 杨荣新：《早期蜀文化与广汉三星堆遗址》，《四川文物——广汉三星堆遗址研究专辑》，1980 年。

④ 朱世学：《巴式青铜器的发现与研究》，北京：科学出版社，2015 年版，第 503 页。

的石家河文化、屈家岭文化、大溪文化、城背溪文化。巴文化的真正起源则是从新石器时代晚期开始，不断向西、向东发展，到了夏代及早商时期，巴文化已经成就了其最为辉煌的时期。笔者以为，要研究巴人的起源就必须注意这一地区新石器时代的文化遗迹和遗物。要在深入研究文献资料的同时，充分利用最新的考古研究成果和民族学研究成果，采用多学科、全方位的研究策略，才能得出让多数学者认同的认识。也只有这样，才能推动巴文化研究的深入和发展。

（**作者简介**：朱世学，湖北省恩施土家族苗族自治州博物馆学术研究部研究馆员，重庆师范大学三峡文化与社会发展研究院兼职研究员，湖北民族学院民族研究院《考古人类学》客座教授）

巴族崇虎文化考

王　朋

摘　要：虎形象在巴族的文化观念中具有三种内涵：第一，白虎扮演着刑杀神的角色，掌管着巴族死亡；第二，虎形象体现着巴族图腾生育信仰，关联着原始的生殖崇拜意识，具有创世重生的色彩；第三，在巴族"死—生"过程中，白虎是一种中转阶梯，人与虎之间可以互换生命形态，并借此实现灵魂的交流。三种内涵的交叉结合构建了巴族生死观念，此亦是巴族虎崇拜的实质。

关键词：巴文化；土家族；虎崇拜；图腾

在检阅当前学界关于巴族文化的研究成果时，笔者发现在诸多研究成果中，学界围绕巴族虎崇拜的研究讨论甚多，这些研究工作较全面地揭示了古代巴族的虎崇拜现象，其绩甚伟。但其中有些关键问题，如巴族为何崇虎，虎在巴族的观念世界中扮演着何种角色等，学界对于这些问题的讨论着墨不多。[1] 本文在学界相关研究成果的基础上，拟对巴族崇虎的缘由做一番探索，力图梳理出巴族崇虎的真正原因。

一

在中国早期的观念中，由老虎带来的恐惧感始终相随，生存环境的险恶与生产力的低下，造就了老虎在巴人的观念中像凶神般的存在。在这种情况下，老虎形象经常会与死亡属性相关联，成为一种死亡符号。如早期文献记载的昆仑概念与老虎的联系异常突出，昆仑之地最初实为死亡之地，有学者曾明确指出最初的昆仑是埋葬死人的地方，是众神的归宿。也就是说，它实际上是墓地的化身。[2] 而在这死亡之地，我们可以发现众多的老虎痕迹的存在。如在《山海经》中已有一系列相关论述：

《山海经·西山经》：西南四百里，曰昆仑之丘，实惟帝之下都，神陆

---

① 据笔者所查资料，只有杨华《巴族崇"虎"考》（《华夏考古》1997 年第 4 期）一篇专门讨论此问题，给人颇多启发，因此笔者认为此问题有进一步讨论的空间。

② 王小盾：《经典之前的中国智慧》，北京：北京大学出版社，2016 年版，第 48 页。

吾司之。其神状虎身而九尾，人面而虎爪，是神也，司天之九部及帝之
囿时。①

《山海经·海内西经》：昆仑南渊深三百仞。开明兽身大类虎而九首，
皆人面，东向立昆仑上。②

《山海经·大荒西经》：西海之南，流沙之滨，赤水之后，黑水之前，
有大山，名曰昆仑之丘。有神，人面虎身，有文有尾，皆白，处之。其下
有弱水之渊环之，其外有炎火之山，投物辄然。有人戴胜，虎齿，有豹
尾，穴处，名曰西王母。此山万物尽有。③

昆仑之丘的陆吾是"虎身而九尾，人面而虎爪"的形象，昆仑南渊的开明是
"兽身大类虎"的形象，而西王母则是虎齿豹尾，说明虎形象在死亡之地大量存在。
这种现象预示出在中国早期社会观念中，虎具有死亡之神的色彩，关联着人类的征
伐刑杀。同样，我们在巴族遗存器物中亦可以明显感受到这一点。自 20 世纪以来，
在巴蜀地区出土了大量的青铜兵器。在这些青铜器纹饰中，虎纹普遍存在，尤其是
在兵器戈上。有学者对此加以研究后发现，从文化族属上讲，四川地区发现的虎纹
戈主要为巴戈，是巴文化的组成部分。④ 这些虎纹戈中的老虎形象具有明显的肃杀
特征。如下图：

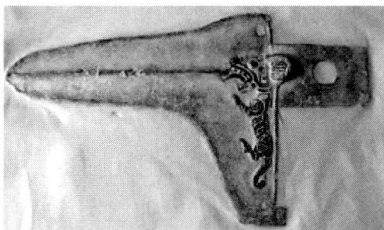

图一　开县博物馆藏青铜戈 1540　　图二　开县博物馆藏青铜戈 1186

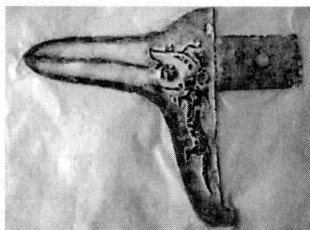

图一与图二所示青铜戈俱出自重庆开县余家坝的战国墓，属于古代巴人的文化
遗存。从图片中我们可以看到，青铜戈上的老虎血口龇牙，怒目相视，形象狰狞，
有一种强烈的杀伐气。巴人将虎形镌刻于兵器之上，很明显是取源于虎的死亡属
性，将老虎视为一种刑杀神与死亡神。这种死亡符号意识在巴人的战争文物中比比
皆是，比如錞于。作为古代军中铜制打击乐器，它在巴地屡有出土。"建国以来，
巴族地区窖藏和墓葬出土錞于且见于资料报道的约 82 处，共出土錞于 121 件，其
中有虎钮錞于 112 件，占出土錞于总数的 93％，另有桥钮、马钮、环钮等三种形
式的錞于加起来也不过总数的 7％。由此可见，虎钮錞于是战国到两汉时期巴族地

---

① 袁珂：《山海经校译》，上海：上海古籍出版社，1985 年版，第 30 页。
② 袁珂：《山海经校译》，上海：上海古籍出版社，1985 年版，第 236 页。
③ 袁珂：《山海经校译》，上海：上海古籍出版社，1985 年版，第 272 页。
④ 杨勇：《论巴蜀文化虎纹戈的类型和族属》，《四川文物》，2003 年第 2 期。

区最具代表性的青铜乐器。"① 虎纹戈与虎钮錞于的大规模存在证明，在古代巴人的战争意识中，虎体现着力量与威势，象征着死亡的来临。

作为古代巴人的后裔，湘西土家族习俗中亦有明显的虎文化因子，只不过此处虎是以厉神的形象出现。如在当地土家族的观念中，白虎神是普遍忌恨的一种存在，"白虎当堂，无灾必有祸"的说法非常流行。过堂白虎（又名行脚白虎）被当地土家族人视为一种邪神，一定要处处提防。由此而产生了很多"赶白虎"的习俗：

> 土家族有小孩的人家时常要提防白虎，为防小孩被白虎所害，带小孩出门前，要用锅烟在小孩的头上划"十"字，并在背窝里放上剪刀之类的铁器。若小孩出现了翻白眼、吐白沫，便被认为是被白虎罩了，就得请土老师"赶白虎"。土老师于堂屋中柱前端一碗净水，以指蘸水画符，念着咒诀："天白虎大退，地白虎大退，高梁白虎大退，细讶白虎大退，细女白虎大退。要退就退，若凡不退，弟子奉请五百闷雷打退。吾奉太上老君，急急如令！"咒语念毕，梯玛（土家族中从事祭神驱鬼巫术的人）口含净水，喷向患儿，然后将空碗反扣在礅磴上，算是将患儿与白虎隔了开来。②

> 每年秋收后，有小孩的人家，要请巫师赶一次白虎，其做法是，在门外坪坝上插一根竹竿，上面挂公鸡一只，巫师在屋内作法，等到外面公鸡一叫，则表示白虎已被赶走。③

湘西土家族将小孩的生病归结于白虎作祟，常请巫师作法赶走白虎。这种行为的背后，暗示出在土家族观念中，虎象征着一种邪恶之灵。又如土家族人死后，普遍流行一种跳丧舞。其舞姿多是模仿老虎的动作，口里唱着丧歌，歌词是"白虎当堂坐，撒忧尔嗬"④。丧礼中的老虎形象，实质上亦是一种死亡符号。土家族赶"过堂白虎"与跳丧舞（模拟老虎动作）的习俗活动，其思想源自古代巴族的老虎认知，是将虎作为一种刑杀之神的古老观念的现代呈现。

无论是古代巴族中的刑杀之神，还是现代土家族中的厉神现象，我们可以明显地看到，在整个巴族的文化源流中，虎作为一种死亡符号，虽然其在不同的历史阶段，外在表现形态不一，但这种观念认知一直潜行在巴族（包括后裔土家族）的思维世界里。

---

① 朱世学：《巴式青铜器虎形纹饰的发现与探讨》，《重庆三峡学院学报》，2014年第2期。
② 陈湘锋：《来自土家山乡的民俗报告》，《土家学刊》，1997年第3期。
③ 覃光广：《中国少数民族概览》，北京：中央民族出版社，1988年版，第485页。
④ 杨华：《巴族崇"虎"考》，《华夏考古》，1997年第4期。

二

在巴族文化观念中，虎除了象征刑杀之神，具有死亡属性之外，亦具有重生的属性，表现为一种重生符号。虽然囿于传统文献不足征的原因，我们无法直接论证这一点，但今天土家族的一些创世神话故事可以为我们提供某些线索。拉法格曾说："神话既不是骗子的谎话，也不是无谓的想象的产物，而是人类思想的自然形式之一。只有当我们猜中了这些神话对于原始人和它们在许多世纪以来丧失掉的那种意义的时候，我们才能理解人类的童年。"① 因此分析土家族的创世神话传说，我们仍可以大致探究其"许多世纪以来丧失掉了的那种意义"，了解虎作为重生符号在巴族文化观念中的体现。

在现存土家族的创世神话中，有一个虎与人结合而创世的神话母题引起了我们的注意。比如有一则神话是这样记录的：

> 很久以前，一个土家姑娘到犁土刺（地名）放羊，住在当地的山洞里，羊群经常受到豺狗的骚扰。姑娘就许诺，谁能赶跑豺狗就嫁给谁。结果来了一只白虎赶跑了豺狗，并且在晚上变成了一个英俊的青年，姑娘就与这个青年成了亲并养育了七对子女。由于犁土刺周围方圆两千里都没有人烟，这七对兄弟姐妹只好互相成亲，繁衍了土家人。②

在这则神话故事中，虎与人的结合孕育了土家族。此处虎的形象在土家族的观念中显然具备了创世神的角色，而自称是虎的后代的渝东南土家族中亦普遍流传着类似的创世神话故事——"虎儿娃"的故事。"虎儿娃"虽然版本有别，但故事大致相似：从前有一位新娘被老虎衔走，他们结合生下半人半虎的"虎儿娃"。"虎儿娃"智勇双全，救下被魔王掠走的三公主。三公主与"虎儿娃"成婚，繁衍后代，即后来的土家人。无论是放羊姑娘与白虎青年结合，孕育后代，成为土家族的始祖神，还是土家新娘与老虎的结合产生了神人一般的"虎儿娃"，都体现出土家族对老虎所代表的自然生命力的崇拜。黑格尔曾说："东方所强调和崇敬的往往是自然界普遍的生命力，不是思想意识的精神性和威力，而是生殖方面的创造力。"③ 换言之，两则神话故事的背后强调的是老虎的生命力，体现出的则是土家族人的生殖崇拜观念。

生殖崇拜除了我们熟悉的生殖器官崇拜外，还有图腾生育信仰等形式。"图腾生育信仰在许多原始民族中存在……他们认为，每个妇女怀孕的直接原因都是图腾所致，因而，每个人都是由图腾转生的。"④ 土家族将本民族的产生归结到本民族

---

① 拉法格：《宗教与资本》，上海：三联书店，1963 年版，第 46 页。
② 胡天成：《土家族的白虎崇拜》，《土家学刊》，1998 年 1 期。
③ 黑格尔：《美学》，北京：商务印书馆，1984 年版，第 40 页。
④ 何星亮：《试论最早的生殖崇拜形式》，《社会科学研究》，1992 年第 6 期。

的图腾——白虎，自视为白虎的后代，其本质即是一种图腾生育信仰的体现。在土家族的生殖崇拜观念中，虎成为一种创世生育神，成为一种重生的符号。这一点我们还可以从土家族现存的一些民俗活动中得到佐证。如土家族中的"敬白虎"习俗。又如土家族小孩的帽子与鞋子上经常绣有老虎的图案。据说小孩穿戴虎帽、虎鞋是表示受到老虎的"围抚"，邪恶不敢侵害——人借助老虎的威力，可避邪壮威。此处老虎扮演着一种生命守护神的角色。曾经广泛流布于土家族地区的向王庙和天王庙，俱以白虎神廪君为主要祭祀对象。土家族人日常向其祭祀，祈求一种生命的守护。此外在有些土家族地区，每逢红白喜事或过年过节，都要敬祀白虎神。很多土家族的民歌亦可以表现出其对白虎的崇敬：

坐堂白虎是家神，您的牌位在堂中，您是祖先神，带来金和银。诚心诚意敬白虎，保佑我家人。梦见白虎堂中坐，堂中坐的是家神。

白虎星，白虎星，白虎星君，您是天上神。今天来到我家门，保佑我家人。

白虎星，白虎星，白虎星君子，您是天上人。神通广大佑子孙，你是我家救护神，脚快腿也勤。恩情深似海，慈爱如菩萨，恩重如山观世音。

白虎星，白虎君，白虎神是天上人。我们全家敬爱您，我家丑儿拜继您，不要嫌弃。您要取名，取名白虎星。丑儿年年祭祀您，您要年年保佑他，保佑他发财，发人也发家。

这些民歌俱采自酉水土家族聚落[1]，歌词中将白虎视为家神、保佑神，"梦见白虎堂中坐，堂中坐的是家神"，"神通广大佑子孙，你是我家救护神"，体现着当地土家族人对白虎的尊崇。至此我们可以看到，土家族的观念世界中亦有崇拜白虎的一面。结合前文所论，在土家族的习俗中既有崇拜白虎的一面，将其视为保护神；又有敬畏白虎的一面，将其视为邪灵。有学者曾概括这种现象说："现今土家族敬畏白虎习俗的大体分野是鄂西为敬，湘西为畏。鄂西较普遍地信奉'坐堂白虎'，所谓'白虎当堂坐，无灾也无祸'。民家堂屋里所设有白虎坐堂，视为家神。湘西则多以忌虎为特征，所谓'白虎当堂过，无灾也有祸'。酉水地区土家族对待白虎的态度是既敬且畏，敬坐堂白虎，忌过堂白虎，敬畏之风兼而有之。"[2] 如果说土家族"赶白虎"是对白虎死亡符号的拒绝，那么源自生殖崇拜的"敬白虎"则是对白虎重生象征的拥抱。

三

诚如上文所论，虎形象在巴族的文化记忆中既代表着一种死亡的符号，又象征

---

① 白俊奎：《渝东南酉水流域土家族民间文学中的白虎神崇拜研究——以重庆市酉阳县酉水流域后溪镇为例》，《西南民族大学学报》，2005 年第 12 期。

② 李绍明：《川东酉水土家》，成都：成都出版社，1993 年版，第 218 页。

着重生的意义。通过进一步的细绎，我们可以发现白虎在死亡与重生之间扮演着一种特殊的角色。在论及古代巴族与白虎之间关系问题时，我们常会提及《世本》《后汉书》等的相关文献资料，每个版本故事大致略同。为了方便问题的讨论，我们此处将《后汉书·南蛮西南夷传》的相关记载摘录如下：

> 巴郡南郡蛮本有五姓，巴氏、樊氏、瞫氏、相氏、郑氏皆出于武落钟离山。其山有赤、黑二穴，巴氏之子生于赤穴，四姓之子皆生黑穴。未有君长，俱事鬼神。乃共掷剑于石穴，约能中者，奉以为君。巴氏子务相乃独中之，众皆叹。又令各乘土船，约能浮者，当以为君。余姓悉沉，唯务相独浮。因共立之，是为廪君。乃乘土船从夷水至盐阳。盐水有神女，谓廪君曰："此地广大，鱼盐所出，愿留共居。"廪君不许。盐神暮辄来取宿，旦即化为虫，与诸虫群飞，掩蔽日光，天地晦冥。积十余日，廪君伺其便，因射杀之，天乃开明。廪君于是君乎夷城，四姓皆臣之。廪君死，魂魄世为白虎。巴氏以虎饮人血，遂以人祠焉。[①]

这则材料描述了巴氏子务相成为廪君，征服盐水之地，死后化虎的大致过程，是巴族早期的生存记录。细读这则材料，我们可以发现一些更深层次的信息，如下图所示：

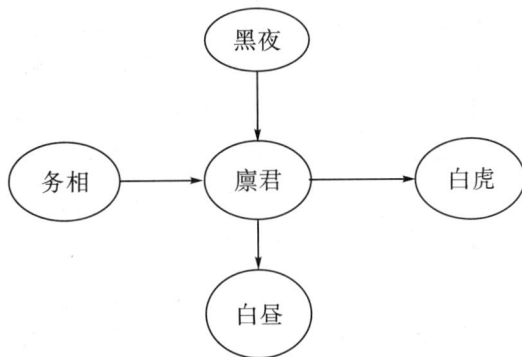

《后汉书》记录的文字称："盐神暮辄来取宿，旦即化为虫，与诸虫群飞，掩蔽日光，天地晦冥。"夜晚而来的盐水女神白天化作飞虫，遮天蔽日，其实代表着一种黑夜，是死亡意象。当黑夜象征的盐水女神被廪君射杀之后，"天乃开明"，光明到来，白昼重生，此处又代表着一种重生意象。因此在"黑夜—白昼"的过程中，廪君起着转换的角色。同样在"务相—白虎"的转换过程中，廪君亦是关键角色。廪君作为部族王号，务相只有先加冕为廪君，才有可能转化为白虎，"廪君死，魂魄世为白虎"。在这则神话中，黑夜代表死亡，白昼代表重生。务相是廪君生长的肉体，而白虎则是廪君死亡的化体，此处廪君的含义是虎君，其根据是土家语虎

---

① （南朝宋）范晔：《后汉书》，北京：中华书局，1987年版，第2840页。

名。① 于是乎，上图所示内容即转化为下图所示内容：

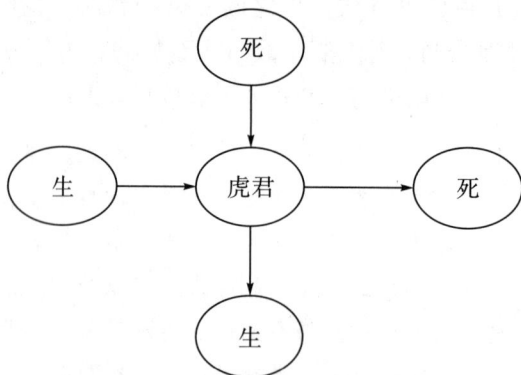

至此，我们可以很明显地看到，在巴族廪君的故事中，廪君实际上扮演着关联生与死的角色。换言之，虎君处于生与死的中枢上。虎君同时关联着人的生命形态（务相）与虎的死亡形态（白虎），这种观念反映到巴族的观念中，进一步演化为人与虎之间形态的相互转化。

> 费州蛮人，举族姓费氏。境多虎暴，俗皆楼居以避之。开元中，狄光嗣为刺史，其孙博望生于官舍。博望乳母婿费忠，劲勇能射，尝自州负米还家，山路见阻，不觉日暮。前程尚三十余里，忠惧不免，以所持刃，刈薪数束，敲石取火，焚之自守。须臾，闻虎之声，震动林薮。忠以头巾冒米袋，腰带束之，立于火光之下，挺身上大树。顷之，四虎同至，望见米袋。大虎前蹳，既知非人，相顾默然。次虎引二子去，大虎独留火所。忽尔脱皮，是一老人，枕手而寐。忠素劲捷，心颇轻之，乃徐下树扼其喉，以刀拟头。老人乞命，忠缚其手而诘问之，云是北村费老，被罚为虎，天曹有日历令食人，今夜合食费忠，故候其人。适来正值米袋，意甚郁快，留此须其复来耳，不意为君所执。如不信，可于我腰边看日历，当知之。忠观历毕。问"何以救我？"答曰："若有同姓名人，亦可相代。异时事觉，我当为受罚，不过十日饥饿耳。"忠云："今有南村费忠，可代我否？"老人许之。忠先持其皮上树杪，然后下解老人。老人曰："君第牢缚其身附树，我若入皮，则不相识，脱闻吼落地，必当被食。事理则然，非负约也。"忠与诀，上树，掷皮还之。老人得皮，从后脚入，复形之后，大吼数十声，乃去。忠得还家。数日，南村费忠锄地遇啖也。②

唐代费州大约指今天贵州的德江县附近，为土家族聚落，所以费州蛮人必是土家族无疑。在这个故事中，我们可以明显地看到虎与人的形态转化现象，"大虎—

---

① 吕冰：《"务相""廪君"名号考释——兼论虎的别名》，《湖北民族学院学报》，1993 年第 3 期。
② （五代）李昉：《太平广记》卷四七二，北京：中华书局，1961 年版。

老人—虎"。此外干宝《搜神记》也有记录说：

> 江汉之域，有貙人。其先，禀君之苗裔也，能化为虎。长沙所属蛮县东高居民，曾作槛捕虎。槛发，明日，众人共往格之，见一亭长，赤帻大冠，在槛中坐。因问："君何以入此中？"亭长大怒曰："昨忽被县召，夜避雨，遂误入此中。急出我。"曰："君见召，不当有文书耶？"即出怀中召文书。于是即出之。寻视，乃化为虎，上山走。或云："貙虎化为人，好著紫葛衣，其足无踵。虎有五指者，皆是貙。"①

在这则故事中，我们也可以看到人与虎之间形态的相互转化问题，"貙人—虎"与"貙虎—人"，生物体外在形态的转化意味着彼此魂魄的交换。以上两则故事充分说明了在巴族的观念里，人与虎之间是可以相互交换生命形态的，人可以化为虎，虎亦可以化为人。生命形态的交换意味着彼此之间魂魄交流的打通，"禀君死，魂魄世为白虎"，巴族借助白虎可以实现生命肉体的消失，从而达到了个体魂魄的永生。

在古代巴族的青铜兵器上，我们常可以发现人与虎之间某种交流的痕迹。如在这些青铜兵器上常有一种以人饲虎的图纹。

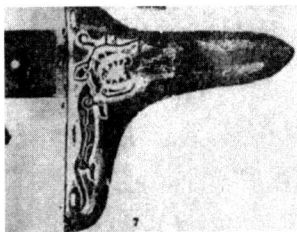 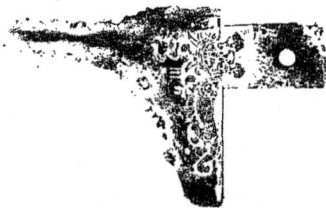

图三　　　　　　　　　　　　　图四

图三为以人饲虎纹铜戈，1975 年出土于四川峨眉县符溪乡，从虎纹样式来判断，当属古代巴族文化遗存。发掘报告描述此件铜戈："直援，长胡，援三穿，有人虎纹，虎头在援上，虎身在胡上，虎嘴下跪着一人，双手反绑，内上有圆穿，胡部向上伸出，下端有嵌入戈柲以助固定的牙，通长 24.6 厘米。"② 图四的铜戈于1994 年发掘于重庆开县余家坝战国墓，亦属于古代巴族范畴。发掘报告记录道："刃部锈蚀严重，窄阑，内中部偏后有一圆形穿，前端阑侧有一圆角三角形孔，上阑内侧有一三角形穿，胡末端向后突出一牙，以便嵌入柲中。援、胡近阑处一侧正、反两面均铸有花纹：主体为一侧身正首的虎，双目圆睁，牙齿排列整齐，犬齿夸张外伸，双耳竖立，双眉以上部分向后倾斜，成翼状越阑以包柲，尾巴上卷，前后爪尖锐；虎身饰目字形回纹，其间饰有斑点；虎口下方铸一人，侧身跪姿，面向虎身，束发前飘，腰佩利器，下肢前、后各有尖部向上的镰形齿纹。"③ 除了这两

---

① （东晋）干宝：《搜神记》，北京：商务印书馆，1957 年版，第 92 页。

② 李黎清：《四川峨眉县出土一批战国青铜器》，《考古》，1986 年第 11 期。

③ 山东大学考古系：《四川开县余家坝战国墓发掘简报》，《考古》，1999 年第 1 期。

件青铜器之外，绘有以人饲虎图纹的青铜器普遍存在于巴蜀之地，表明以人饲虎仪式曾鲜活地存在于巴族的社会生活之中。

在今日的土家族习俗中，我们仍可以看到这种仪式的遗存。如土家族的"还人头愿"。"还人头愿"是土家族每年杀人祭祀白虎的习俗，这种习俗在土家族社会源远流长。明代沈德符《万历野获编》卷三〇记载："明万历年间，永顺土司祭祠时，杀人献首于其庙……闻楚徼外，保靖、石砫、酉阳诸土司皆然。"[①] 无论是石砫地区还是酉阳地区，俱为土家族的生活领域。中华人民共和国成立后，由于土家族这种祭祀方式太过残忍，逐渐被取消，或换作其他方式。

无论是以人饲虎的仪式，还是"还人头愿"，其观念的基点是人与虎之间可以实现某种程度的灵魂交流。此处虎的存在意义在于帮人沟通生与死，人可以借由老虎从一个生命阶段进入另一个生命阶段。而在中国早期观念中，老虎是可以承担这一角色的，如王小盾先生曾系统地论证虎是天地交通的阶梯，人被虎食是"成仙"，是向图腾或新世界的复归。[②] 至此我们可以说，在巴族的观念世界中，虎是生与死之间的阶梯。《后汉书》所载廪君传说的背后是人与虎生死世界的交流，廪君死后，其魂魄化为白虎，明确地揭示出了巴族死亡的最终归宿——复归图腾。

结　语

作为古代巴族的后裔，土家族中存在着"赶白虎"与"敬白虎"两种习俗，这种习俗具有二元对立属性，其根源在于古代巴族的崇虎文化。在古代巴族的观念中，老虎是一种死亡符号，扮演着刑杀神的角色，故而巴族会将老虎的形象镌刻到兵器上，而老虎的这种角色发展到现在，在今天的土家族风俗里老虎常以厉神的面貌出现，故为土家族日常生活所忌讳和防范。另外，在土家族的创世神话中，老虎是一种创世神的角色。此种观念关联着巴族人的生殖崇拜，是巴族的一种图腾生殖信仰。在巴族的思维世界中，老虎处于"生—死"的关钮上，交通生死，关联着人的生命形态与死亡形态。基于此点，人与虎之间可以进一步实现生命形式的互换。人与虎之间生命形式的交换，预示着人与虎之间可以实现彼此灵魂的交流，故而我们在巴族的文化遗存中常常会发现人与虎彼此交流的痕迹。总而言之，在古代巴族的观念世界中，虎是一种死亡符号，亦是一种重生的象征，并且承担着沟通生死的角色。三种观念交叉存在，共同构建了巴族崇虎的根本实质。

（王朋，成都师范学院文学与新闻学院讲师）

---

① （明）沈德符：《万历野获编》，北京：中华书局，1959 年版，第 763 页。

② 王小盾：《中国早期思想与符号研究：关于四神的起源及其体系形成》，上海：上海人民出版社，2008 年版，第 351 页。

巴文化小考

王志翔

摘　要：巴蜀地区是今日中国西南四川、重庆及其周边部分地区的总称。在古代，这一区域生活着以巴人和蜀人为主体的诸多民族。相较于古蜀的研究现状而言，巴文化及其价值还远远未被世人所识。在巴人的神话来源以及早期巴人的形成等方面，学界看法不一。本文运用文献记载的巴人神话以及相关考古资料，对巴人族源、巴人至巴等内容进行考察，认为典籍所记巴人为太皞后裔有一定道理，早期巴人当为夏商之前从北方南下的部族，且一直与中原保持着紧密的联系，嘉陵江与汉水沿线可能为早期巴人入巴的主要路线。

关键词：巴；神话；《山海经》

作为一方地域的代称，"巴"还蕴含着其他的意义。除"巴地"外，"巴"还可指巴人、巴族、巴国、巴文化。作为中华民族的重要组成部分，周天子分封其支庶于长江上游的巴地，强盛时其范围包括今重庆大部和四川、湖北部分地区。但是，在周代巴国建立之前，此地亦有巴人生活，且创造出了辉煌的巴文化。作为中华文明的重要组成部分，早期巴人源于何方，他们是如何到今之巴地的，巴国与周边族群关系如何，这些问题至今都没能很好地解决。本文拟从神话、考古及文献等角度入手，提出自己的相关看法，不当之处，望方家斧正。

一、巴人族源考

（一）神话中的巴

巴部族是对中华民族的形成产生过较大影响的族群之一。在中国古代早期的文献典籍中，就有对巴的记载，可见在先秦时期，中原族群与巴族即关联紧密。从现存的早期材料看，对巴的记载见于《山海经》《尚书》《左传》《世本》《华阳国志》《后汉书》等书，其中所述内容多为巴人神话。比如《山海经·海内经》中记载："西南有巴国。太皞生咸鸟，咸鸟生乘厘，乘厘生后照，后照是始为巴人。"这是对巴国及巴人进行记载的早期文献材料。据学者研究可知，太皞是指三代之前的部落首领伏羲，后照是巴人始祖，此段材料论及巴人族源。宋代罗泌于《路史·后记》中亦采此说，认为："伏羲生咸鸟，咸鸟生乘厘，是司水土，生后照；后照生顾相，

（降）处于巴，是生巴人。"① 以上两则材料虽有神话传说的影子，但从中可以隐约捕捉到巴人先祖的相关信息。

记载与夏代同时的与巴相关的早期文献材料有以下两条：《山海经·海内南经》中说："夏后启之臣曰孟涂，是司神于巴，（巴）人请讼于孟涂之所，其衣有血者，乃执之。是请生，居山上，在丹山西。丹山，在丹阳南，丹阳，巴属也。"② 这段材料所述内容涉及夏代关于巴人的相关信息，言巴人的司神夏后氏之臣孟涂为巴人断案一事，其中所涉地域为丹山。此外，《华阳国志·巴志》中，亦有涉及夏启之前的巴人记载一条："禹会诸侯于会稽，执玉帛者万国，巴蜀往焉。"写到巴人曾经参与大禹会稽山会诸侯之事。

郭沫若认为："传说里的氏族部落，一般都是从神话中引申出来的。事实上民族和部落比关于他们来源的神话要古老得多。"③ 以上材料虽然相对零乱，但我们可以从中窥见早期巴人相关信息的大概。由文献可知，巴人是上古部族首领伏羲的后代，他们与夏族关系密切，早在大禹之时，巴人便参与了诸侯之会，在夏启之时，更是成为夏王朝之臣，表明巴在当时为夏代诸侯之一。文献述及巴人族源时认为与伏羲相关，以下就此问题进行分析，论证伏羲与巴人先祖之间可能存在的联系，并通过分析二者的相同之处，证明巴人为伏羲之后具有一定的道理。

（二）图腾中的巴

前文谈及最早记录巴人谱系的文献为《山海经》，在《山海经》中，西南地区的巴国明确被认为是太皞伏羲的后裔，但有何依据呢？考察文献中关于巴的释义，大致有以下几种：第一种说法出于《广韵》，认为作为地名的"巴"，源于蜀地百姓的俗语。这种说法不可信，因为巴字于商代甲骨文中便已出现，且巴、蜀在先秦时期为两个部族。第二种说法认为"阆白二水东南流，曲折如巴字，故谓之巴"④。此说出自唐人所著《元和郡县志》，有后世附会之嫌，亦不可信。第三种观点认为巴字源于巴人的图腾崇拜。东汉许慎在《说文解字》中说："姓，人所生也。"表明人之姓的特殊含义。《说文解字》在解释巴时说："巴，虫也，或云食象蛇。"《山海经·海内南经》中也说："巴蛇吞象，三岁而出其骨。"表明巴人之巴当与蛇相关。这是对巴的解释较早的文献资料，其可信度也相对较高。谈巴及蛇，表明巴与蛇之间有密不可分的关系。在《恩施民间故事传说集》中有关于巴人先祖之一廪君行舟，因巴蛇相助而使船免于沉江的记载。表明在民间传说中，巴族与蛇相关，且蛇是作为巴族守护者的角色出现的。另外，甲骨文中的"巴"字亦形似大蛇。结合《山海经·海外南经》中"虫为蛇，蛇号为鱼"，以及《大荒西经》中"有互人之

---

① 管维良：《巴族史》，成都：天地出版社，1996 年版，第 2 页。
② 袁珂：《山海经校注》，上海：上海古籍出版社，1980 年版，第 277 页。
③ 管维良：《巴族史》，成都：天地出版社，1996 年版，第 5 页。
④ （唐）李吉甫撰，贺次君点校：《元和郡县图志》，北京：中华书局，1983 年版，第 853 页。

国，人面鱼身，蛇乃化为鱼"的记载，可知巴不仅与蛇相关，而且与鱼相关。另有第四种观点认为有一支巴人的图腾是老虎，将甲骨文中的"巴方"解释为"虎方"。综合以上说法，我们可以认为，言"巴"源于巴蜀百姓语俗或者来自对水道的描述皆不得其实，有本末倒置之嫌。从最早解释"巴"的典籍材料看，巴与蛇有联系，这种现象应当解释为上古时期的部族图腾。据《山海经》记载可知，巴人先祖为太皞伏羲，在传世文献的记载中，伏羲与蛇类动物亦联系紧密。《晏公类要》里记载道："白虎事道，蛮夷与巴人事鬼。"表明巴人与白虎应不属于同一部族。即便二者为同一图腾，但据学者研究，"巴音包，'包'即包羲之包，即为虎"[1]。表明以虎为图腾的巴人同样与伏羲有关。由于在文献记载中，伏羲氏族亦与蛇有着不可分割的关系，除去不合实际的推测，由上文可知，在早期的文献记载中，巴的意义与蛇相关，虎图腾当为后世巴人的一个分支。故可以说，巴地之名或者巴人之名，当来源于上古之时的部落图腾。

（三）图腾中的伏羲部族

通过以上分析可知，在中国早期的文献记载中，巴人与太皞伏羲有关，被看作是伏羲氏的后裔。在对巴字进行释义之后，可见巴人的图腾与蛇、鱼等动物相关，这与伏羲氏族的图腾亦相似。以下就伏羲氏的图腾进行分析，以便论证巴族与伏羲氏间的关系。

伏羲被尊为"三皇之首""百王之先"，先秦时期便有记录伏羲的材料。在传世文献中，诸如《周易》《管子》《庄子》《战国策》等书中皆有对伏羲事件所做的较早记录。至汉代，在《史记》《潜夫论》《帝王世纪》等文献中也有关于伏羲的记载。这些文献在描绘伏羲的身形时，往往充满神性色彩，视伏羲为人首蛇身。这种做法，应当也是原始图腾崇拜残遗的表现。如：

《鲁灵光殿赋》中说："伏羲鳞身，女娲蛇躯。"[2]

《帝王世纪》："庖牺氏……蛇身人首。"[3]

《拾遗记》："又见一神，蛇身人面……示禹八卦之图，列于金版之上……蛇身之神，即羲皇也。"[4]

在传世文献当中，伏羲多为人首蛇身或人首龙身。东晋王嘉于《拾遗记》中提及传授大禹八卦图的羲皇为蛇身人首。唐代司马贞在补写《史记·三皇本纪》时也写道："太皞庖牺氏，风姓，代燧人氏继天而王。母曰华胥，履大人迹于雷泽，而生庖牺于成纪。蛇首人身，有圣德。"[5] 在考古资料中，这一神话内容还以各地遗

---

① 萧洪恩：《巴、巴人、巴文化释名》，《湖北民族学院学报》，1991年第1、2期。

② 闻一多：《伏羲考》，上海：上海世纪出版集团，2009年版，第10页。

③ （晋）皇甫谧：《帝王世纪》，济南：齐鲁书社，2010年版，第2～3页。

④ （前秦）王嘉撰，王根林校：《拾遗记》，上海：上海古籍出版社，2012年版，第17页。

⑤ （唐）司马贞：《史记·三皇本纪索隐》，北京：中华书局，2014年版，第4051页。

存的伏羲女娲画像的形式出现。刘惠萍在研究之后发现"在今天的河南南阳、四川的成都至重庆地区和陕北、晋西北等地都发现大量的有伏羲、女娲人首蛇身、尾部相交的形象遗存"①。此外，在新疆阿斯塔那古墓中也出土了唐代的伏羲女娲交尾图，这些皆说明在中国古人对伏羲进行描述的时候，皆认为伏羲与蛇类动物有着不可分割的联系。

上文言及巴人与蛇、鱼这两类动物有紧密联系，伏羲氏族亦然。在大量的传世文献中，伏羲多被记为人首龙身或人首蛇身的形象，与鱼类形象看似毫无关系，但深入挖掘之后发现，将伏羲记载成人首蛇身等形象，实则为中国古代极为常见的"鱼与龙蛇转换"的问题。在中国，鱼和龙作为两种生物往往同时出现于文献中，且鱼可以化为龙，反之亦然。由《鲁灵光殿赋》可知，"伏羲鳞身"，而这一特征恰好是鱼蛇类动物所共有的。另外，在中华民族一些民俗故事中，鱼与龙也可互变。《世说新语·德行》引《三秦记》曰："龙门，一名河津，去长安九百里。水悬绝，龟鱼之属莫能上，上则化为龙矣。"② 表明鱼跃龙门故事在中国深入人心。此外，还有一些材料记录了龙又转化为鱼的事件。例如《说苑》中就有"昔白龙下清冷之渊，化为鱼"③ 的记载，这些都表明鱼化龙与龙化鱼形式所具有的悠久历史文献渊源。可以说，新石器时代人们对鱼的崇拜是其源头，之后逐渐衍变为中华民族对龙的崇拜。

最后，还有文献当中有着蛇化为鱼的记载。《山海经·大荒西经》中有"风道北来，天乃大水泉，蛇乃化为鱼"④ 之说，反映出在古人思想中蛇与鱼也有一定的联系。《海外南经》云："虫为蛇，蛇号为鱼。"⑤ 反映出中国古代存在着将鱼和蛇混称的现象。此外中国还有龙蛇混称的现象，可参《史记·外戚世家》。在中国民间，亦有将蛇称作"小龙"的说法。故在文献当中，龙蛇能够互相转化，而鱼与龙蛇亦能够互相转化。表现在伏羲的神话传说中，则就是对伏羲身形记载的不一致性：有称伏羲鳞身，有称蛇身，也有称作龙身的记载。

总而言之，通过文献记载可知，巴人追其先祖为伏羲，且伏羲与巴人有着同样对蛇及鱼的崇拜，这就可以推测伏羲氏族与巴人之间具有联系，巴人或许为伏羲氏的一个分支，《山海经》追溯巴人起源的神话应当有其来源，是上古神话与史实流传的遗存。

二、巴人入巴考

在文献记载中，伏羲氏族的生活地域是成纪，成纪地处中国西北，而在文献记

---

① 刘惠萍：《伏羲神话传说与信仰研究》，西安：陕西师范大学出版社，2013年版，第46页。
② （南朝宋）刘义庆撰，余嘉锡笺疏：《世说新语笺疏》，北京：中华书局，2011年版，第6页。
③ （西汉）刘向撰，向鲁宗校正：《说苑校正》，北京：中华书局，1987年版，第237页。
④ 袁珂：《山海经校注》，北京：北京联合出版公司，2014年版，第351页。
⑤ 袁珂：《山海经校注》，北京：北京联合出版公司，2014年版，第175页。

载中，巴人则活动于中国西南。如果按照《山海经》所记巴人世系以及上文的分析，若伏羲与巴族有联系，二者位于中国的不同地域应当是由上古时期的部族移民所导致的。出自伏羲氏族的巴人与先秦时期的北方民族有何联系？巴人又是如何到达巴地的？以下就此看法进行推测。

（一）文献记载中巴地与北方的联系

关于巴族是如何至巴的，目前学界尚未有统一的看法。但检索古代文献可以确定，巴人虽偏处西南，却与中原部族联系紧密。这种历史性的联系说明秦巴山脉并不能阻隔巴人出巴，这也说明上古之时巴人入巴，亦是有径可寻的。

在现今可见的文献材料中，西南的巴人与北方民族的联系紧密，完全不因巴山秦岭的阻隔而封闭，有以下材料为证。第一，伏羲氏族起源于中国西北，若巴人为其后裔，则必有通过秦陇入巴之道。第二，在确切的文字记录中，殷商时期巴人即与中原王朝有联系。考古发现的商代甲骨卜辞中多见"巴方"与"巴甸"，且前者出现时间早于后者。这种现象除了表现出早在殷商时期巴人就与北方有交集之外，也体现出此时的巴已经由早期的独立邦国转变为殷王朝的甸服。第三，在商末周初，巴国曾参与武王伐纣之战，此事于史有载。《华阳国志·巴志》中说："周武王伐纣，实得巴蜀之师，著乎《尚书》。巴师勇锐，歌舞以凌，殷人前徒倒戈。武王既克殷，以其宗姬封于巴，爵之以子。"[①]表明巴人不仅是参与武王伐纣的一支力量，且在战后接受了武王册封，管理巴地，成为子国。《左传·昭公九年》中说："巴、濮、楚、邓，吾南土也。"说明此时的巴国已然成为周的诸侯国，守卫周王朝的南方疆域，与被陆续分封在成周以南、汉水以北的"汉阳诸姬"一道，构成捍卫周室、镇抚南国的坚固军事防线，即《荀子·儒效》中所说："是为天下之显诸侯。"第四，《范书》言："巴氏为蛮夷君长，世尚秦女。"表明作为蛮夷首领的一支巴人与秦地存在联系。以上材料从上古传说到周秦时代，均有巴人与北方邦国有联系的记载，而且皆指向一个问题，即表明自上古之时起，南方的巴人便与北方的族群联系密切，并不会因秦岭巴山的险阻而断绝南北部族的交往。从巴地至北方是有路可走的，同样，这也间接证实了巴人若为伏羲氏族的支庶，从北方入巴的可能性。

（二）考古发现中巴人与北方的联系

上文通过列举上古至秦时期的部分文献材料，意在说明早在先秦时期，巴地与北方就有着紧密的联系。《华阳国志》中谈及春秋战国之时巴国的地域范围时说："东至鱼复，西至僰道，北接汉中，南及黔涪。"表明其所辖范围很大。巴人先祖究竟如何入巴，单靠仅有的文献材料难以证明。逐渐出土的考古材料为我们提供了另一种推测巴人入巴路线的可能。

---

① （晋）常璩：《华阳国志》，济南：齐鲁书社，2000年版，第2页。

首先，以《山海经》来看，巴人为伏羲之后，而伏羲的出生地为成纪。20世纪在古成纪的核心区域甘肃省秦安县发现的大地湾遗址是中国西北最早的新石器时代遗址，距今至少8300年。大地湾遗址中出现的中国最早的宫殿式建筑、最早的彩陶以及其延续三千年的时长等，皆表明此地与一般遗址不同。而其中出土彩陶上大量的鱼纹及葫芦型彩陶瓶，使学界将此遗址与文献记载中诞生于此地的伏羲联系起来。就大地湾文化的分布范围看，目前所知，其同类文物已经分布到陇南徽县等地，这些地方距离巴人活动的陕西汉中、四川巴中一带已不甚远，增加了巴人先祖由陇入巴的可能性。

其次，早在殷商时期，北方即出现有巴人活动的相关遗迹。在1955年到1976年之间，在陕西汉中出土了年代为殷商时期的大量青铜器与陶器。这些器物带有明显的巴文化特征，表明此地在商代时为巴人先祖生活之地。尹盛平先生认为："汉中城固发现的殷商时代的青铜武器呈现出巴蜀文化的特征，当是商代巴人的遗物。"[①] 此外，尹先生还通过对陕南城固所发现的陶器、兵器、礼器等进行分析，认为其与于西周弢国的巴文化和南方的巴人文化类型相似，表明其中存在着承袭关系。

最后，武王伐纣之后，周初虽然分封姬姓巴为诸侯国，但亦有部分早期巴人或巴族支裔仍然生活在巴山之北。另外，在陇山渭水附近的陕西宝鸡，发现有古弢国的遗址。由文献记载可知，弢在春秋时期已进入江汉一带。20世纪七八十年代，在对茹家庄弢伯以及竹园沟弢季等多处弢国氏族墓地进行发掘时，考古人员发现其文化层中的一些器物具有明显的巴蜀文化特征，这或许可为弢国与巴国先祖同源提供佐记。弢国是20世纪在陕西宝鸡发现的西周时期的方国遗址，其中出土有青铜器，并发现了一些车马坑。在茹家庄一号墓中，考古学者据青铜器铭文认为墓主即是弢伯，当为周时宝鸡的一个小国之君。但是，在对弢国朝廷考古的过程中，学者发现弢人的文化与姬姓周王朝不同，其钵形尖底罐等则与早期巴文化的一些特征相似，有学者研究认为，"荆蛮弢氏是后世四川嘉陵江流域板楯蛮的前身。……弢氏是一个普遍使用板楯的方国"[②]。在宝鸡竹园沟弢国墓地累计出土板楯20件。弢氏墓葬中亦出土大量板楯，说明弢国以木板为盾。胡三省《通鉴释文辩误》卷二中说："板楯蛮以木板为楯，故名。"表明巴人与弢国当由同一部族分化而来。至于弢人与巴人之间的关联究竟如何，这种情况还没得到较好的解释。笔者认为，唐代杜佑在《通典·州郡》中说："夔州（今奉节），春秋时为鱼国，后属楚。"表明涪陵等地在属于楚之前为弢国之地，而这个鱼国则应是由北南下的部族。另据《左传·文公十六年》："鱼人逐楚师。"《巴志》中说："巴得鱼国邑。"说明深入巴楚之间的

---

① 尹盛平：《西周的弢国与太伯、仲雍奔"荆蛮"》，《陕西省文博考古科研成果汇报会论文选集》，1981年。

② 尹盛平：《略论巴文化与巴族的迁徙》，《文博》，1992年第5期，第26页。

雝国最初被楚国所占，之后又成为巴国的一部分。如此则不难看出，巴文化与巴族的具体形成，亦是民族融合的过程。

（三）巴人入巴路线推测

通过上述分析可知，不管是在传世文献的记载中，还是相关考古材料印证，皆表明先秦时期的巴人与北方部族间关系紧密。就巴人如何至巴这一问题，管维良先生在其著作中将早期的巴人按照不同的图腾分成三类，他认为："大巴山、巫山一带的巴人，以巴蛇为图腾，称为龙蛇巴人。这支巴人在早期可能最强大，巴人就是以他们的图腾命名的。他们在发展中沿长江而下，在洞庭湖一带被后羿打败后，又由汉江退到今陕西汉中一带，这支巴人的大部分后来都融入了汉族之中。二是长江三峡奉节一带的巴人，以鱼凫（鱼鹰）为图腾，称为鱼凫巴人。这支巴人沿长江上游西迁，后进入四川平原，很可能三星堆古文明与这支巴人就有联系。三是鄂西山区的巴人，以白虎为图腾，称为白虎巴人。他们一路西迁，一直到涪陵、重庆一带，他们不但建立了后来的巴子国，而且还逐渐成为巴人的主体。"① 笔者认为，这种将不同时期的巴人按照图腾分类是合理的，而至于巴人入巴的具体路线，还可根据文献与考古资料做进一步推测。

在《山海经》等文献的记载中，巴人先祖为太皞伏羲氏。在典籍中，伏羲氏是活动于中国西北的上古部族，生于成纪。如西晋皇甫谧于《帝王世纪》中写道："太昊帝庖牺氏，风姓也，母曰华胥，燧人之世，有大人之迹出于雷泽之中，华胥履之，生庖牺于成纪。"② 北魏郦道元所著《水经注》在《渭水》中写道："故渎东经成纪县，故帝太皞庖牺所生之处也。"③ 由上文论述可知，在先唐时期，学者如皇甫谧、王嘉等人皆认为伏羲生于成纪，而古成纪即今之甘肃天水一带。《水经注》明言成纪位于陇山之西的渭水流域，也就是陇右的天水及其周边一带。此外，《汉书·地理志》中天水郡下置有成纪县。《元和郡县图志》说："成纪县，本汉旧县，属天水。伏羲氏母曰华胥，履大人迹，生伏羲于成纪，即此丘也。"④ 在《太平寰宇记》中论述成纪县的具体位置时也说："本汉旧县也，属天水郡。《续汉书·郡国志》成纪属汉阳郡，汉阳即天水郡也。古帝庖牺氏所生之地。"⑤ 这一范围大致即今天有伏羲神话传说散布的陇东南一带。也就是说，如果巴人源于伏羲，则巴人入巴的出发地点之一，当为陇右地区。

就考古发现的其他相关遗迹看，与巴文化相关的遗址在空间上出现于四川达州、巴中、广安，重庆巫山、奉节、云阳、忠县、涪陵，湖北宜昌、秭归等地。就巴文化遗址的时间看，陕西城洋铜器群与宝山商时期的考古发现证明在殷商时期，

① 管维良：《巴族史》，成都：天地出版社，1996年版。
② 皇甫谧：《帝王世纪》，济南：齐鲁书社，2010年版，第2~3页。
③ 郦道元著，陈桥驿校正：《水经注校正》，北京：中华书局，2013年版，第407页。
④ （唐）李吉甫撰，贺次君点校：《元和郡县图志》，北京：中华书局，1983年版，第982页。
⑤ （北宋）乐史：《太平寰宇记》，北京：中华书局，2007年版，第2900页。

巴人曾活动于汉水上游地区。据学者研究，湖北襄阳山湾等地的墓葬中出土的柳叶形剑、矛等兵器，湖北宜昌等地发现的巴式青铜器，皆表明这些地点为巴人活动的重要节点，由点及线，可推测巴人入巴的线路之一即是从汉中沿汉江至长江一带。此外，由于在陕西汉中、四川广元等地也发现有巴式相关器物，这些遗迹皆分布于嘉陵江沿线，故可以说，由陇至汉中、再沿嘉陵江入巴地，也应是巴人入巴的一条线路。再者，就巴文化的沿袭看，有学者认为："即使在今天的四川、重庆一带，民间还有认蛇为祖宗的习俗，如果家中发现了蛇，就烧香把蛇送走，并不伤害它。"① 这种民俗不仅与文献记载巴人的图腾与蛇相关暗合，且与当今陇右一带的民俗一致。以文献记载伏羲生于陇右且为巴人先祖的情况看，这种现象表明巴、陇二地在文化上的联系，这也与文献记载基本吻合。

故笔者认为，早在周代之前，巴地即有巴人生存，且创造出了辉煌的巴文化。由神话记载可知，早期巴族源于伏羲，且与伏羲有着相同的鱼类或蛇类的图腾信仰。由于传世文献中记载巴的相关材料太少，且考古发掘所得成果亦有欠缺，相较于具有700年方国史和上千年传承史的部族，这样的材料显得微乎其微。故以上对巴人入巴线路的考察，仅为一种推测。但是，秦陇之地与巴地本即一山之隔，且秦陇与巴地所发现的巴文化遗址节点明显，这些节点所处位置的重要性，与文献中巴人活动的地域基本相合，故笔者认为，这种对巴人入巴路线的推测，有一定的合理性。

三、小结

以上就神话中的巴人族源以及早期巴人入巴的路线进行了推论，由于神话是上古时期人们在没有文字的情况下对具体事件所做的记载，故在流传的过程中难免会发生衍变。但是，考古发现可以辅助我们了解不同时期的具体事件，并对早期记载进行合理的推理。本文在对巴人与伏羲氏具有相同的图腾、相近的文化特征进行分析之后，认为《山海经》等典籍所记巴人世系具有合理的一面。而作为由北南下的部族，巴人入巴的主要路线是沿汉江与嘉陵江顺流而下。由于先秦时期的材料有限，故本文旨在提出一种看法。就巴文化的整体形成看，其在后期亦有融合其他部族的文化等情况存在，现今巴文化的形成应是历史上活动于巴的所有部族共同构建的，这也是今后研究应注意的一个问题。

（作者简介：王志翔，男，四川师范大学文学院博士研究生）

---

① 董其祥：《巴史新考续编》，重庆：重庆出版社，1993 年版，第 19~20 页。

达州地区古代交通概况

刘自兵

摘　要：达州四达之名有其深厚的历史文化内涵。沟通四川平原与汉中盆地的米仓道从渠州、达州通过，是达州地区接受北方政治、文化信息的重要渠道。而唐代荔枝道的开通，表明经过达州的路线是川东及其以南州郡通向长安的捷径，进一步丰富了达州四达的内容。达州境内水系发达，为达州水上航运提供了便利条件，使达州"水航于蜀，陆肩于雍，持金易丝枲者不绝于道"成为可能。唐宋以来交通路线的通畅，又拉近了达州与四川之外的政治、文化、经济中心的空间距离。

关键词：达州；米仓道；荔枝道；小川北路；马纲驿程

达州地处四川东北部，北面和东面虽有大巴山脉屏障，但不妨碍其"四达"的交通地位。《方舆胜览》云："西魏废帝以郡居四达之路，改通州，隋废通川郡，唐改通州。皇朝平蜀，以淮南有通州，改达州。"[①] 达州地名的兴替总是与通、达结缘，当是得益于其交通地位的重要。从地理位置来看，水路有渠江及支流流经此地，而陆路北上可接陕西汉中，东出万县，西达成都。由此看来，达州之通达诚非虚名。早在先秦时期，横亘在四川与汉中之间的大巴山就没有阻断两个区域的文化交流。四川盆地先秦时期出土的巴人遗物，与汉中一带先秦遗址出土的巴人遗物若合符契。达州、巴州还是巴人及其分支賨人的故园，至今这里还存留不少有"巴"字的地名，与大巴山南北麓分布的"巴"字地名一起昭示着这里是巴文化的共生区。至于东、西、南三面则地势平缓，纵横其间的水陆路线无疑是沟通达州与外界的桥梁和纽带。本文拟对达州地区的古代交通概况进行一些考察与梳理，试图说明达州之四达的交通地位。

一、米仓道与达州的交通

米仓山是大巴山的一部分，米仓道因其山而得名。《读史方舆纪要》云："自南郑而南，循山岭达于四川保宁府之巴州，为米仓道。"[②] 米仓道是大巴山南北交通要道，与东面荔枝道、西面金牛道共同构成四川古代北出的三条要道。据专家考

---

① （南宋）祝穆：《方舆胜览》卷五九"达州"，北京：中华书局，2003 年版，第 1039～1040 页。
② （清）顾祖禹：《读史方舆纪要》卷五六陕西"汉中府"，北京：中华书局，2005 年版，第 2671 页。

证，米仓道早在西汉早期就已存在。《玉堂闲话》记载："昔汉祖不用韩信，信遁归西楚，萧相国追之，及于兹山，故立庙貌。"① 蓝勇先生引用汉代民谣《三秦谣》称："武功太白去天三尺，孤云两角去天一握。"以孤云和两角山为米仓道所经高山，认为汉代此两山已入民谣，足见其开通甚久了。② 黄盛璋先生认为米仓道开凿于东汉末年。③ 其证据有两条：《华阳国志》记载："（建安）二十年，魏武帝西征，鲁走巴中。"④《三国志·张鲁传》记载："（鲁）乃奔南山，入巴中。"⑤ 黄先生、蓝先生都是知名的大学者，对历史的传说与文献的记载采取了审慎的态度。一般来看，米仓道的修通当有历史文化的基础与现实的需求。所谓历史基础，即早在秦汉之前，大巴山南北两地同属一个巴文化区域，两地的考古学材料可以证明；现实的需求则是两地的百姓渴望进行物质文化交流。我们认为米仓道作为民间交通的间道、便道，开通的时间可能更早，但作为官道性质的驿道则是后来才出现的。

自汉代以后，米仓道的交通越来越重要，功能也越来越多，见诸历史记载越来越频繁。蓝勇先生从历史的记载中寻出 12 件历史事件与米仓道有联系。如建安二十年（216），张飞与张郃大战于宕渠之蒙荡山，张郃败退汉中，张飞与之战于关坝，屯粮米仓山，驻军牟羊城；嘉定十一年（1209），金人南下，宋军退守米仓道米仓山；淳祐十二年（1242），蒙珲从米仓道经巴州、渠州三会，入渠州，等等。⑥ 其实蓝勇先生也只是辑录了一部分。历史上发生在米仓道的风云际会还有不少，至于贩夫走卒、引车卖浆者流发生在米仓道的事件多不为正统史学家所重视。米仓道开通后，它常作为军事用兵通道载之于史籍。这当与米仓道的交通优势与交通地位有关。《建炎以来系年要录》云："巴之北境，即米仓山，下视兴元，出兵之孔道。"⑦ 乾隆《保宁府南江县志》云："米仓山，在县北一百四十里，相传宋南渡时兴元出兵之路。"⑧

米仓道，蓝勇先生认为在唐宋时期又被称为大竹路、巴岭路、大巴路、小巴路。《玉堂闲话》云："兴元之南有大竹路，通于巴州。"⑨ 胡三省云："兴元之南有大竹路，通于巴州，其路险峻，三日而达于山顶。孤云、两角二山名也。"⑩ 又

① （五代）王仁裕：《玉堂闲话》，（北宋）李昉等人编：《太平广记》卷三九七。
② 蓝勇：《米仓道的踏察与考证》，蓝勇：《古代交通、生态研究与实地考察》，成都：四川人民出版社，1999 年版，第 57 页。
③ 黄盛璋：《川陕交通的历史发展》，《地理学报》，1957 年第 4 期。
④ （东晋）常璩撰，任乃强校注：《华阳国志》卷二《汉中志》，上海：上海古籍出版社，1987 年版，第 72 页。
⑤ （西晋）陈寿：《三国志·魏书》卷八《张鲁传》，北京：中华书局，1964 年版，第 264 页。
⑥ 蓝勇：《米仓道的踏察与考证》，蓝勇：《古代交通、生态研究与实地考察》，成都：四川人民出版社，1999 年版，第 57 页。
⑦ （南宋）李心传：《建炎以来系年要录》，北京：中华书局，2013 年版。
⑧ 乾隆《保宁府南江县志》卷一《山川》，《四川府州县志》第 16 册，海口：海南出版社，2001 年版。
⑨ （五代）王仁裕：《玉堂闲话》，（北宋）李昉等人编：《太平广记》卷三九七。
⑩ 《资治通鉴》卷六七《汉纪》胡注。

"巴州在三巴之中，谓之中巴，兴元之南有大竹路，路径孤云、两角，过米仓山，则至巴州"①。至于为什么成为大竹路，蓝先生认为巴山多竹，乡民称巴山为竹山，故有大竹路之称。而又有大巴路、小巴路、巴岭路之名，主要是米仓道经过当时的大巴岭山和小巴岭山之故。

米仓道北出即兴元府，而南进则是渠州、巴州。《玉堂闲话》云："秦民有王行言，以商贾为业，常贩盐鬻于巴渠之境，路由兴元之南，曰大巴路、小巴路。"②米仓道过米仓山往南即是南江县缩毂其口。沿着南江河谷有水陆两道径入渠州。故秦民贩盐主要走米仓道，往来便利。历史上发生在米仓道的几次军事事件也直接或间接地与渠州有联系，也可说明渠州是米仓道南面线路上的重要节点。如张飞与张郃大战于宕渠之蒙荡山，又蒙古军取道米仓道，经渠州三会进入渠州。蓝勇先生认为三会即今渠县三汇镇。③另外，《隋书·地理志》云："通川宕渠地，皆接连汉中。"④这也说明米仓道使得渠州与汉中联系较多。达州与渠州古代联系紧密，有水陆两路相通。《太平寰宇记》云："（达州）西南至渠州六百里，水路二百五十里。"⑤明清时期两地有官道连接，道途设置有铺递机构传递文书。

二、唐代荔枝道在达州过境

杨贵妃是玄宗宠爱的妃子，最喜食荔枝。《新唐书》卷七六《玄宗贵妃杨氏传》记载："妃嗜荔枝，必欲生致之，乃置驿转送，走数千里，味未变已至京师。"⑥《资治通鉴》卷二一五天宝五年记云："妃欲得生荔枝，岁命岭南驰驿致之。比至长安，色味不变。"⑦杜牧的《过华清宫》诗云："长安回望绣成堆，山顶千门次第开。一骑红尘妃子笑，无人知是荔枝来。"⑧杨贵妃嗜好荔枝，唐明皇必"以我之大私为天下之公"，朝廷举全力满足她的喜好，于是开辟道路，设置驿传日夜兼程传送。要弄清荔枝道，必先弄清杨贵妃所食荔枝的产地。历史上，中国荔枝主要有三大产区：福建、广东和四川，其中以福建所产品质最佳。范成大《吴船录》卷下云："今天下荔枝，当以闽中为第一，闽中又以甫家紫为最。川广荔枝子，生时固有厚味多液者，干之，肉皆瘠，闽产则否。"⑨

贵妃所食荔枝产自哪里？《新唐书》卷二二《礼乐志》载："帝幸骊山，杨贵妃

① 《资治通鉴》卷二六八《后梁纪》胡注。

② （五代）王仁裕：《玉堂闲话》，（北宋）李昉等人编：《太平广记》卷三九七。

③ 蓝勇：《米仓道的踏察与考证》，蓝勇：《古代交通、生态研究与实地考察》，成都：四川人民出版社，1999年版，第57页。

④ 《隋书·地理志》，北京：中华书局，1973年版。

⑤ （北宋）乐史：《太平寰宇记》卷一三七"达州"，北京：中华书局，2007年版，第2675页。

⑥ 《新唐书》卷七六《后妃传》，北京：中华书局，1975年版，第3494页。

⑦ 《资治通鉴》卷二一五《唐纪》，上海：上海古籍出版社，1987年版，第1463页。

⑧ 《全唐诗》卷五二一，北京：中华书局，1980年版，第5954页。

⑨ （南宋）范成大：《范成大笔记六种》，北京：中华书局，2002年版，第215页。

生日，命小部张乐长生殿，因奏新曲，未有名，会南方进荔枝，因名曰荔枝香。"①史书并未指明荔枝来自岭南，只是概言南方。而《资治通鉴》卷二一五则径言荔枝来自岭南："妃欲得生荔枝，岁命岭南驰驿致之。"② 蓝勇先生认为这条贡荔枝古道从今广州出发，经湖南郴州，然后沿湘江北下，辗转到湖北襄阳取武关道到今陕西商县一带取陆路到唐长安。③ 我们认为贵妃所食荔枝可能有一部分来自岭南。因为上有所好，下必逢君之好，地方官吏必然竭尽所能向上纳忠效信，进贡地方特产以求亲媚于主上。但岭南离长安路途遥远，无论驿臣怎么快马加鞭，三日也难以生致长安，因此岭南所贡或只是一种补充，贵妃所食荔枝当另有主产地。

蔡襄《荔枝谱》云："唐天宝中，妃子尤爱嗜涪州，岁命驿致，时之词人多所称咏。"④ 吴曾《能改斋漫录》："近见《涪州图经》，及询土人云：涪州有妃子园荔枝，盖妃嗜生荔枝，以驿骑传递，自涪至长安有便路，不七日可到。故杜牧之诗云：一骑红尘妃子笑。东坡亦川人，故得其实。"⑤ 范成大《吴船录》卷下："自眉嘉至此，皆产荔枝。唐以涪州任贡，杨太真所嗜，去州数里，有妃子园，然品实不高。"⑥《范石湖集》卷一九《妃子园诗小序》："涪陵荔枝，天宝所贡，去州里所有此园。然峡中荔枝不及闽中甚远。"⑦《舆地纪胜》卷一七四"涪州"："妃子园在州之西，去城十五里，荔枝百余株，颗肥肉肥，唐杨妃所喜。"⑧ 蓝勇先生认为：从情理上分析，岭南荔枝从品质上是比涪州好，贵妃取其质好；而从涪州取贡荔枝则能保鲜，贵妃取其新鲜。⑨ 岭南荔枝固然质好，然传递时间长，质易变，不合贵妃所好，故当取涪州新鲜荔枝为主。

如果贵妃所食荔枝主要产自涪州，则涪州至长安的荔枝驿道取道何处？《舆地纪胜》卷一九〇"洋州（西乡）景物下"："子午道，去州东一百六十里，《元和志》云：旧子午道坏，乃别开干路，更名子午道，即子路也。《洋州志》云：杨妃嗜生荔枝，诏驿自涪陵，由达州，取西乡，入子午谷，至长安才三日，色香俱未变。"⑩同书卷一八三"兴元府景物下"："子午谷，生荔枝自涪陵入达州，由子午谷路至长安凡三日。杜甫诗：百马死山谷，至今耆旧悲。"⑪ 严耕望先生做了详细考证，他

---

① 《新唐书》卷二二《礼乐志》，北京：中华书局，1980 年版，第 476 页。

② 《新唐书》卷二二《礼乐志》，北京：中华书局，1980 年版，第 476 页。

③ 蓝勇：《杨玉环食荔产地考》，蓝勇：《古代交通、生态研究与实地考察》，成都：四川人民出版社，1999 年版，第 581 页。

④ （北宋）蔡襄：《荔枝谱》第一。

⑤ （南宋）吴曾：《能改斋漫录》卷一五《方物》，上海：上海古籍出版社，1979 年版。

⑥ （南宋）范成大：《范成大笔记六种》，北京：中华书局，2002 年版，第 215 页。

⑦ （南宋）范成大：《范石湖集》卷一九，上海：上海古籍出版社，2006 年版，第 268 页。

⑧ （南宋）王象之：《舆地纪胜》卷一七四"涪州"，北京：中华书局，1992 年版，第 4534 页。

⑨ 蓝勇：《米仓道的踏察与考证》，蓝勇：《古代交通、生态研究与实地考察》，成都：四川人民出版社，1999 年版，第 57 页。

⑩ （南宋）王象之：《舆地纪胜》卷一九〇"洋州"：北京：中华书局，1992 年版，第 4912 页。

⑪ （南宋）王象之：《舆地纪胜》卷一八三"兴元府"，北京：中华书局，1992 年版，第 4700 页。

认为，由涪州驿运长安的路线，涪陵县—达州（唐通州）—西乡县—入子午谷—长安，所需三日。[①] 如果荔枝路线分为南北两段，其北段是从达州越大巴山，入西乡县，再穿子午谷到达长安。而南段由涪州至达州的路线，严耕望先生认为，由涪州治所涪陵县取蜀江水路 350 里至忠州临江县（今忠县），又 260 里至万州治所南浦县（今万县），又直北取陆路小道 160 里至开州治所盛山县（今开县），又直北经达州之宣汉县，越巴山山脉，至天宝间之洋州治所西乡县（今县南），凡 840 里。[②] 严先生的研究大体是可信的，只是从忠州至万州这一段是走水路还是陆路值得商榷。《舆地纪胜》卷一七九"梁山军古迹"："都梁，又名高都，在县治北十五里，旧有高都驿，乃天宝进荔枝之路也。"[③] 书中所记荔枝道经过高都驿，如果走水道至万州，取开县，则绕过高都驿，明显与志书记载不合。因此，荔枝道应从涪州过江至忠州，取道梁山高都驿再往北至达州。

总之，唐代荔枝道过境达州，说明达州往北走子午谷是当时至长安的一条捷径，也让达州的"四达"之名有了更丰富的历史文化内涵。

三、水道发达是达州交通的又一优势

达州河流主要属长江支流的嘉陵江水系，发源于大巴山，由北而南呈树枝状分布，前河、中河、后河汇成州河后，与巴河在渠县三汇镇合成渠江，南流三百公里入长江。境内流域面积在 100 平方公里以上的河流有 53 条，1000 平方公里以上的干流有 15 条，共有通航河流 9 条，分别是渠江、州河、巴河、前河、中河、后河、铁溪河、清溪河、林岗溪，基本形成以渠江、州河、巴河等为主干流的水路运输网络。[④] 发达的水系为达州发展水运提供了基础。《方舆胜览》卷五九"达州"引常氏《马鸣山记》，称达州"水航于蜀，陆肩于雍，持金易丝枲者不绝于道"[⑤]。达州的船只可以航行在蜀境的河流上，得益于河道的畅通。《太平寰宇记》卷一三七"达州"云："西南至渠州六百里，水路二百五十里。"[⑥] 而卷一三八"渠州"云："西北至合州水路约四百里，东北至蓬州水路二百五十里。"[⑦] 有水路的便利，可实现达州与四川成都等城市的经济文化联系。《太平寰宇记》卷一三七又云："其州枕江，古有土居十万，水居三千户。"[⑧] 所谓水居，当是以航运和渔业为生者。发达

---

① 严耕望：《天宝荔枝道》，《唐代交通图考》，台北："中央研究院"历史语言研究所，坤记印刷有限公司，1986 年版，第 1032 页。

② 严耕望：《天宝荔枝道》，《唐代交通图考》，台北："中央研究院"历史语言研究所，坤记印刷有限公司，1986 年版，第 1032 页。

③ （南宋）王象之：《舆地纪胜》卷一七九"梁山军"，北京：中华书局，1992 年版，第 4626 页。

④ 《达州市》，见 360 百科，https://m.baike.so.com/doc/5215398-5447580.html。

⑤ （南宋）祝穆：《方舆胜览》卷五九"达州"，北京：中华书局，2003 年版，第 1041 页。

⑥ （北宋）乐史：《太平寰宇记》卷一三七"达州"，北京：中华书局，2007 年版，第 2675 页。

⑦ （北宋）乐史：《太平寰宇记》卷一三八"渠州"，北京：中华书局，2007 年版，第 2694 页。

⑧ （北宋）乐史：《太平寰宇记》卷一三七"达州"，北京：中华书局，2007 年版，第 2675 页。

的水道可以养活本地百分之三的户口。

达州的大江大河固然能通航运，能彰显其交通地位，而小河流、支流也不可小视，在其交通网络上占有一席之地。《夔行纪程》云："大竹河，商贾聚集，为太平通水程之所。河自东而西，可行船，山内所产药材、茶叶由此顺流下至陕西紫阳任河口，计程三百六十里，合汉江直达襄樊，襄樊花布等货溯流至此，起旱运发各处。"① 大竹河向北流经陕西紫阳，再汇入汉水，可达襄樊，是太平厅（今万源市）北出陕西的又一交通路线。适宜航运的优越条件实现了山内同外界物产的互通有无。又，开县"马家河，为温汤井盐出总路铺户百余家，俨然城市……二十里长店房，系开县近城大场市，四十里抵开县城。开县开河不能行大船……行三十里渠口场，三十里入云阳界，六十里高阳场，为开县赴云阳、万县水陆通衢……三十里小江口，开河与岷江合流处，小江口入岷江六十里云阳县城。"② 开县因有开江河运可以远销温汤井盐，也使得沿河集镇人烟稠密、经济繁荣。

四、达州四达交通路线的确立

古代志书对达州的交通地位极力推崇。如《方舆胜览》卷五九"达州"云"郡居四达"，又曰"为四川咽喉"。《读史方舆纪要》卷六九"达州"云："州联络金、房，翼带汉、沔，西出渠、阆，东下夔、巫。地形四通，土田饶沃，峡右之名郡，沔南之奥区也。"③ 在达州地区，唐宋时期的驿馆有多处，一是丁溪馆，为唐陆驿，蓝勇先生认为此馆在今达州市一带。二是水清驿，为唐宋馆驿。《舆地纪胜》卷六八"巴州"引《姚彦游水清驿诗》。《读史方舆纪要》卷六八"巴州"引《旧志》："又水清驿，旧在州南三里，唐置，今废。"蓝勇先生以州南三里地理位置计之，此驿应在今巴中县南城守乡治。三是恩阳驿，为唐驿。《舆地纪胜》卷一八七引《碑目》云："唐韦苏州送令狐岫宰恩阳县诗刻石于县之驿亭。"可知有恩阳驿。蓝勇先生认为地在旧恩阳县治，即今巴中市恩阳区治。④ 除此之外，还有水馆。《方舆胜览》卷五九"题咏"引元稹《见乐天诗》："通州到日日平西，江馆无人虎印泥。"此江馆当是通州渠江上迎来送往之地。

唐宋时期，从达州往北过万源，越巴山至陕西安康是一条重要的交通路线。《元和郡县图志》卷三〇云：涪州至上都"东取江陵路至上都，水陆相兼三千三百二十五里。从万州北开州通宣汉县及洋州路至上都二千三百四十里"⑤。《太平寰宇记》卷一二〇云：涪州至长安，"东取江陵府路至长安，水陆路相兼三千三百二十

---

① （清）陈明申：《夔行纪程》，《小方壶斋舆地丛钞》第七帙，杭州：杭州古籍出版社，1985年版。
② （清）陈明申：《夔行纪程》，《小方壶斋舆地丛钞》第七帙，杭州：杭州古籍出版社，1985年版。
③ （清）顾祖禹：《读史方舆纪要》卷六九"达州"，北京：中华书局，2005年版，第3267页。
④ 蓝勇：《唐宋四川馆驿汇考》，蓝勇：《古代交通、生态研究与实地考察》，成都：四川人民出版社，1999年版，第12页。
⑤ （唐）李吉甫《元和郡县图志》卷三〇，北京：中华书局，1983年版，第738页。

五里，东至万州水路六百一十里，自万州取开州、通州、宣汉县及洋州路至长安二千二百四十里"①。卷一三七"达州"云："东北取洋州骆谷路至长安一千五百七十里，取利州驿路二千五百里。"② 两本志书所记从涪州至长安的路径及里程大致相同。所记载的路线有两条：一是从长江水道至荆州，再取陆道北上至襄阳，经武关至长安；一是从水道至万州，取陆道北上，经达州、洋州至长安。这两条路线当是唐宋时期人们从涪州至长安的出行选择。第二条路线比第一条路线少900多里，当是从涪州及川东至长安的一条捷径。

唐宋时期，北与达州毗邻的安康（金州）、房州设置有多处驿馆。金州：汉阴驿，《舆地纪胜》卷一八九金州"古迹"有载。女蜗驿、圣公馆，《舆地纪胜》云："今此属洵阳县。"房州：马息驿，《舆地纪胜》卷八六云"在房陵县北六十里"。独松驿，在房陵县房山相通。《舆地纪胜》云金州"东接襄沔，南通巴达，西连梁洋，北控商虢"，又"郡当秦蜀楚之冲"。而云房州"岭似颓城野日荒，关留遗迹界金房。蜀人初向京西道，是处为家莫断肠"。③ 从志书所言两地的形势来看，又有驿馆相印证，唐宋时期四川达州有北出陕西安康、房州的驿道。

南宋时期，从临安至梁州有一条纲马驿程。《宋史·汪应辰传》云："有谓蜀中纲马驿程，由梁洋金房，山路峻险，宜浮江而下，诏吴璘措置，政大将皆主其说，应辰与夔帅王十朋力言其不便。"同年"宰执进呈吴璘乞催夔、归州造马纲船及修栈道，非西路栈道之比，马岂可行也"④。而夔州知府王十朋前后两道奏折，力陈夔峡水陆道不便，最后纲马由夔峡驿程运输作罢。宋纲马仍行先置之梁洋金房驿路。该驿道经过的地点，《宋会要辑稿》有记载：淳熙十五年，侍卫步军都虞侯梁师雄言及川马运至临安府路线："自宕昌至兴州一十五驿，属兴州都统司，自大桃至汉阴一十五驿，属兴元府统司，自衡口至干平一十三驿，属金州都统司，自梅溪至石墙一十四驿，属江陵副都统司，自应城至石田一十四驿，属郢州都统司，自边城至杨梅一十一驿，属江州都统司，自紫严至广德军一十二驿，属池州都统司，自段村至临安府余杭门六驿，属殿前步军司。"⑤ 这条纲马驿程与张浚建炎三年（1129）七月由建康经武昌、襄阳、兴元府、兴州到关陇的行程路线基本一致。梁中效先生认为这条驿程就是南宋时期沟通东南与西北的国道。⑥

显然，达州过巴山，借助这条驿道可以直达临安府。

明清时期，达州至陕西安康的路径，除前面提到的大竹河通陕西的紫阳外，还

① （北宋）乐史：《太平寰宇记》卷一二〇"涪州"，北京：中华书局，2007年版，第2390页。
② （北宋）乐史：《太平寰宇记》卷一三七"达州"，北京：中华书局，2007年版，第2675页。
③ （南宋）王象之：《舆地纪胜》卷八六"房州"，第2781～2782页，卷一百八十七"金州"，第4887页，北京：中华书局，1992年版。
④ 《宋史·汪应辰传》，北京：中华书局，1977年版，第11880页。
⑤ 《宋会要辑稿》兵23之20，北京：中华书局，1957年，第7169页。
⑥ 梁中效：《南宋东西交通大动脉——马纲驿路初探》，《成都大学学报》，1996年第1期，第50～54页。

有陆路相通。民国《万源县志》："万源居川之东北，为通陕要道。"① 其北路铺司 7 处，道光二年添设：本城底铺，30 里至官渡铺，30 里至石人铺（由此铺左 10 里旁通至滚龙坡，交陕西定远县厅界）。30 里至蒿坝铺（由此铺左 50 里旁通至黄草梁，交陕西紫阳界）。清代万源隶属达州管辖，由达州至万源亦有铺司设置。万源县前身太平厅至达州治所东乡县铺司 8 处嘉庆八年由东路改设：本城，30 里至大梨坪铺，30 里至青花溪，30 里至大茶园铺，30 里至长坝铺，40 里至王家坝铺，40 里至罗文坝铺，40 里至大水荡铺，止交东乡县界，共计程 240 里。② 由东乡县北至太平界：文垭铺，焦坪铺，□河铺，沙窝铺，铜坎铺，火石铺，火炉铺，龙穴铺，黄金铺，磨刀铺，厂溪铺，涧溪铺，官道铺，金竹山铺，□铺。③

除上面提到的官道外，当时民间的便道、间道也有一些记载。如陈明申《夔行纪程》："自定远之白庙堂，上滚龙坡入川境，经城口、太平、开、云、夔、巫、大宁，度鸡心岭，抵陕境，计程三千里。"④ 严如熤《三省山内风土杂识》："女娲山当平利通川之路。""平利北接安康……东南接湖北之二竹，西南与四川之太平、大宁交界，镇平一隅尤深入川楚之中，距县治三百六十里，鸟道一线，折于危岩峭壁之间，鸡心岭扼夔府大宁之路。"⑤

达州向西亦可通达成都。最迟从明代起，渠县、大竹就是南京至成都官道上的重要节点。明人黄汴《一统路程图记》详细地记载了四川成都至南京的大道地名，其中在四川境内的驿站、地名有 27 处："成都府，50 里新都县，50 里汉州，50 里古店，50 里中江县，50 里建宁驿，60 里潼川府，50 里射洪县，30 里广寒公馆，70 里蓬溪县，90 里顺庆府，50 里清溪公馆，60 里岳池县，（北去保宁府）60 里庆安州，80 里琅琊公馆，30 里渠县，60 里大竹县，80 里袁坝公馆，50 里梁山县，90 里分水驿，80 里万县，80 里巴阳驿，60 里云阳驿，80 里南陀驿，60 里夔州府，60 里瞿门公馆，60 里巫山县。"⑥ 这条官道一直到清代仍是四川出川的要道，时称小川北路。清代同治五年（1866），时任侍讲学士的孙毓汶被派往四川充正考官，六年启程，从荆州乘船至万州后，舍船陆行，"七月二十日，由小川北一路赴成都，共十四站，尚可加站行走，川东正道需十八站也。七月二十一日，由万县起程，45 里早饭于佛寺铺，20 里在文武宫憩，又 25 里至分水岭铺宿。二十二日起程（至省尚须十三站，计初五日始可到，故必须加站也），45 里至葫芦坝早饭，属梁山县，60 里梁山县城，40 里至县之老鹰场宿。二十三日，过二山，25 里佛儿崖，又 20 里袁坝驿早饭，梁山属，茶于桥驿，去袁坝驿 25 里，又 50 里至黄泥□，下山为清

---

① 民国《万源县志》卷四《官政门》"邮政"。
② 民国《万源县志》卷四《官政门》"邮政"。
③ 乾隆《直隶达州志》，见《中国地方志集成四川府县志辑》（59），成都：巴蜀书社，1992 年版。
④ （清）陈明申：《夔行纪程》，《小方壶斋舆地丛钞》第七帙，杭州：杭州古籍出版社，1985 年。
⑤ （清）严如熤：《三省山内风土杂识》，清道光十年（1830）来鹿堂刻本，西安：陕西通志馆编。
⑥ 黄汴：《一统路程图记》，杨正泰：《明代驿站考》，上海：上海古籍出版社，2006 年版，第 254 页。

溪铺，又50里至大竹县城（是日行45里）。二十四日大竹行50里至卷洞门早饭，属渠县，又30里至李渡河宿（早出即登九盘，上下历50里历尽山脚，真入蜀来第一崇山也）。二十五日，渡渠河，40里吴家场，50里到青石镇宿"①。而达州向西至渠县或向东至梁山县也可进入小川北路。达州至渠县又官道相联系。《乾隆直隶达州志》云："西路自州底塘铺，15里至茶坊铺，30里至毕家坪，15里至火土坝，15里至罗锅溪，25里至水塘滩，30里至界牌，30里至渠县界。"② 达州向东又可至梁山县，如前所引"东路自底塘，30里至雷音铺，20里至亭子铺，20里至风洞铺，20里至沙陀铺，20里至金溪铺，20里至凉风铺，20里至梁山界"。梁山是历史上四川东西路线上的重要节点，西可至成都，东可抵荆州、南京、杭州等城市。

综上所述，达州之四达之名有其深厚的历史文化内涵。沟通四川平原与汉中盆地的米仓道从渠州、达州通过，是达州地区接受北方政治文化信息的重要渠道。而唐代荔枝道的开通，表明经过达州的路线是川东及其以南州郡通向长安的捷径，进一步丰富了达州四达的内涵。达州境内水系发达，为达州水上航运提供了便利条件，使达州"水航于蜀，陆肩于雍，持金易丝枲者不绝于道"③ 成为可能。唐宋以来交通路线的通畅，又拉近了达州与盆地之外的政治经济文化中心的空间距离。

（作者简介：刘自兵，生于1964年11月，湖北蕲春人，三峡大学期刊社副编审，主要从事历史文化研究）

---

① （清）孙毓汶：《蜀游日记》，见《近代史资料》总第83号，北京：中国社会科学出版社，1993年版，第105页。

② 《乾隆直隶达州志》，《中国地方志集成·四川府县志辑》（59），成都：巴蜀书社，1992年版，第666页。

③ （南宋）祝穆：《方舆胜览》卷五九"达州"，北京：中华书局，2003年版，第1041页。

明通县相关问题考论[*]

周　航

　　摘　要：宋代达州"明通县"之名称是"明通"还是"通明"，目前尚不能断言，应当存疑。探究其名称来源，可以发现该县有一个由院升县的过程：五代后蜀前期设院，宋崇宁元年从宣汉井场迁治于今旧院坝，南宋建炎、绍兴之际升为县。该县所产之井盐外运主要有三条渠道：一是循东关水而下经长江干流至西蜀地区，二是经洋巴道至陕西地区，三是经"紫阳万源道"至京西南路地区。

　　关键词：明通院；明通县；名称；沿革；交通路线

　　两宋时期，巴蜀地区的经济取得了空前的发展，经济开发区域也大大向山区拓展。以大巴山为例，其南北靠近巴山的地域，就因为经济发展而增设了廉水（隶兴元府）、明通（隶达州）等县。其中的明通县，五代时本为院，是催科赋税之地，至宋时，因产盐经济发展，人口增加，综合事务增多，于是升格为县。比较遗憾的是，今天学界涉及此县名称、沿革等问题的论著，如《四川政区沿革与治地今释》《城口县志》《万源县志》《四川州县建置沿革图说》《明通院、明通县考——兼证〈中国历史地图集〉错误一例》《宋代政区地理研究及其信息系统处理——以川峡地区为例》《中国历史地名大辞典》《中国古今地名大词典》《中国行政区划通史·宋西夏卷》^② 等，或语焉不详，或观点欠妥，以致需要重新审视。此外，明通县作为巴蜀重要的产盐地，其地所产井盐循何通道外运，对于我们考察宋时巴山地区的交通及经济发展状况也有积极意义，甚至对唐代"荔枝道"线路走向的推定也有一定的参考价值。有鉴于此，笔者在进一步搜罗相关文献的基础上，对明通县的名称、

　　* 本文为四川省社会科学重点研究基地区域文化研究中心 2016 年度项目"荔枝道及其相关历史的问题研究"（编号：QYYJB1603）资助成果。

　　② 蒲孝荣：《四川政区沿革与治地今释》，成都：四川人民出版社，1986 年版，第 342 页；四川省城口县志编纂委员会：《城口县志》，成都：四川人民出版社，1995 年版，第 895 页；万源县志编纂委员会：《万源县志》，成都：四川人民出版社，1996 年版，第 21~22 页；任乃强、任新建：《四川州县建置沿革图说》，成都：巴蜀书社、成都地图出版社，2002 年版，第 97 页；王小红、李中锋：《明通院、明通县考——兼证〈中国历史地图集〉错误一例》，《宋代文化研究》第 12 辑；李中锋：《宋代政区地理研究及其信息系统处理——以川峡地区为例》，四川大学硕士学位论文，2003 年，第 93 页；史为乐主编：《中国历史地名大辞典》，北京：中国社会科学出版社，2005 年版，第 1525 页；戴均良主编：《中国古今地名大词典》，上海：上海辞书出版社，2005 年版，第 1781、2581 页；李昌宪：《中国行政区划通史·宋西夏卷》，上海：复旦大学出版社，2007 年版，第 570~571 页。

沿革及交通略陈浅陋之见，以求方家指正。

一、名称："通明"还是"明通"

迄今为止，学界对明通县名称的观点有三种：一是作"通明"，二是作"明通"，三是两者皆可。对此，王小红、李中锋二先生之文（以下简称王文）有专门梳理，可参考。王文分析认为"通明"当作"明通"，理由大致有三：一是记"明通"的文献除了讲沿革，还涉及山川、形胜、景致等，记载更详，因袭的可能性小；二是载"明通"的最早文献《元丰九域志》比载"通明"的最早文献《舆地广记》时代更早；三是载"明通"的文献较载"通明"的多。① 此观点被点校本的《舆地广记》所吸收，其原文"通明"被修定为"明通"。② 然此观点似乎没有引起学界重视，甚至有人仍持相反意见。如近年整理出版的《宋会要辑稿》，其中"达州明通县走马山有宣汉盐井、龙王祠"一句，原文作"明通"，修订者认为此乃"明显的、无须说明的文字讹、脱、衍、倒"③ 的情况，因而未出校勘记而直接改为"通明"④。看来，"明通""通明"究竟孰是孰非还有再讨论之必要。

王文的观点之所以未被重视，恐怕是由于其考察的文献尚不够全面，以及论证逻辑不够严密之故，进而得出的结论似经不起推敲。笔者不才，广泛检阅了宋元时期言及此县名的文献，为了便于说明问题，兹将引文逐一列出。

载为"通明"者如下：

《晏元献公类要》云：

> 通明院，本唐宣汉县地，伪蜀置，皇朝因之。⑤

《舆地广记》载：

> 通明院，本唐宣汉县地，伪蜀置通明院，以催科税赋，皇朝因之。有宣汉盐井，地名长腰，咸源在大江龙骨石窟中涌出。⑥

《建炎以来系年要录》载：

> （绍兴三年）丁酉，饶风关陷，吴玠收余兵趋西县，王彦收余兵奔达

---

① 王小红、李中锋：《明通院、明通县考——兼证〈中国历史地图集〉错误一例》，《宋代文化研究》第12辑。

② （宋）欧阳忞撰，李勇先、王小红校注：《舆地广记》卷三三《夔州路》，成都：四川大学出版社，2003年版，第1016页。

③ （清）徐松辑，刘琳等点校：《宋会要辑稿·凡例》，上海：上海古籍出版社，2014年版，第1页。

④ （清）徐松辑，刘琳等点校：《宋会要辑稿·礼20》，上海：上海古籍出版社，2014年版，第1030页。

⑤ （宋）晏殊：《晏元献公类要》卷八，《四库全书存目丛书》子部第166册，济南：齐鲁书社，1995年版，第435页。

⑥ （宋）欧阳忞撰，李勇先、王小红校注：《舆地广记》卷三三《夔州路》，成都：四川大学出版社，2003年版，第1016页。

州，彦溃兵走**通明**县，破之，四川大震。王彦奔达州，《吴玠功绩记》云尔。彦溃兵破**通明**，惟刘长源奏议及之，盖他书无有也。①

又载：

时都督府主管机宜文字杨晨行至达州之**通明**，而参议官范正己等白以（卢）法原久病，乞致仕。②

《皇宋中兴两朝圣政》载：

（绍兴三年）丁酉，饶凤关陷，吴玠收余兵趋西县，王彦收余兵奔达州，彦溃兵走**通明**县，破之，四川大震。③

《宋史全文》载：

（绍兴三年）丁酉，饶凤关陷，吴玠收余兵趋西县，王彦收余兵奔达州，彦溃兵走**通明**县，破之，四川大震。④

《宋史》载达州领县云：

县五：通川，中；巴渠，中；永睦，下，隋永穆县，今改；新宁，下；东乡，下。南渡后增县一：**通明**，下，旧**通明**院。⑤

关于"明通"的记载大致如下：

《宋会要辑稿》载：

达州**明通**县走马山有宣汉盐井、龙王祠。绍兴十八年十一月，赐庙额惠济，孝宗乾道二年四月，封显应侯。⑥

《元丰九域志》载：

院一，伪蜀催科税赋之地，皇朝因之。**明通**，（达）州东一千一百里，六乡，宣汉、盐井、缊拦三场。⑦

《新定九域志》云：

① （宋）李心传：《建炎以来系年要录》卷六三，北京：中华书局，2013年版，第1239页。
② （宋）李心传：《建炎以来系年要录》卷八五，北京：中华书局，2013年版，第1630页。
③ （宋）留正：《皇宋中兴两朝圣政》卷一三，《续修四库全书》第348册，上海：上海古籍出版社，2002年版，第361页。
④ （元）佚名：《宋史全文》卷一八下《宋高宗六》，哈尔滨：黑龙江人民出版社，2005年版，第1088页。
⑤ （元）脱脱等：《宋史》卷八九《地理五》，北京：中华书局，1985年版，第1498页。
⑥ （清）徐松辑，刘琳等点校：《宋会要辑稿·礼20》，上海：上海古籍出版社，2014年版，第1030页。
⑦ （宋）王存：《元丰九域志》卷八《夔州路》，北京：中华书局，1984年版，第366页。

明通院，治宣汉盐井场。①

《方舆胜览》载达州领县曰：

通川，巴渠，永睦，新宁，东乡，明通。②

又载"丙穴"云：

在明通县井峡中，其穴凡十，其中皆产嘉鱼，春夏之前鱼即出穴，秋社即归。③

《通鉴地理通释》载：

出万顷池，迳明通，又至渠与巴水合，曰渠水。巴、渠二水既合，迳广安、新明至合，于嘉陵、涪水会，以达于渝，而江始大。④

《锦绣万花谷》载达州领县云：

通川，巴渠，永睦，新宁，东乡，明通。⑤

《大元混一方舆胜览》载：

宋以淮南有通州，改达州，有新宁、通川、巴渠、永穆、东乡、明通六县。⑥

《诗传旁通》云：

丙穴，出达州明通县井峡中，穴凡十，产嘉鱼。⑦

《新编群书类要事林广记》载达州领县云：

通川，巴渠，永睦，新宁，东乡，明通。⑧

南宋咸淳《舆地图》也作明通（参见图一）。

---

① （宋）佚名：《新定九域志》卷八，北京：中华书局，1984 年版，681 页。
② （宋）祝穆：《方舆胜览》卷五九，北京：中华书局，1984 年版，第 1039 页。
③ （宋）祝穆：《方舆胜览》卷五九，北京：中华书局，1984 年版，第 1041 页。
④ （宋）王应麟：《通鉴地理通释》卷一一《三国形势考上》，北京：中华书局，2013 年版，第 309 页。
⑤ （宋）佚名：《锦绣万花谷》续集卷一二，《四库提要著录丛书》子部第 80 册，北京：北京出版社，2011 年版，第 98 页。
⑥ 郭声波整理：《大元混一方舆胜览》卷中《四川等处行中书省·达州》，成都：四川大学出版社，2003 年版，第 294 页。
⑦ （元）梁益：《诗传旁通》卷六，《文津阁四库全书》第 26 册，北京：商务印书馆，2005 年版，第 116 页。
⑧ （宋）陈元靓撰，（元）佚名增补：《新编群书类要事林广记》乙集卷之四《江南郡县》，北京：中华书局，1999 年版，第 317 页。

图一　南宋咸淳《舆地图》中达州一带的州县

由以上列举的文献可以看出，"通明""明通"实为同一县的不同名称。由于两种记载在宋元文献中皆大量存在，要轻易否定任何一种说法显然不易。回视王小红等先生为其观点所列举的几点理由依然大致成立，而且据新见文献还可以进一步论证。其一，南宋咸淳《舆地图》中的文字注记后人难以篡改，当为宋时面貌，此县名亦记为"明通"，可谓力证；而载"通明"者皆为书籍，在传抄过程中可能致误。其二，古代的地名往往具有一定的传承性，明通县作为政区虽然被废，但"明通"作为地理名却被保留下来，明清时期尚有明通巡检司、明通镇、明通溪、明通关、明通井（此时已不存与"通明"相关的地理名），至今尚有明通镇、明通垭之地名存在，由此可见宋时宜作"明通"。但是，要确证"明通"之合理，还需论证有关"通明"之记载有误，否则"明通"亦难为定说。

又由上引文可知，"通明说"之最早文献或为《晏元献公类要》。据唐雯先生研究，《晏元献公类要》地理部分的成书时间约在宋仁宗即位前后，比《元丰九域志》成书时间早约六十年，然今存本《晏元献公类要》地理部分不少是由其四世孙晏衮增补而成，增补部分多因袭《舆地广记》等书。晏殊原本"体制多以'某州某郡节度/军事'起首，续以四至八道，沿革、名胜等内容，所引多今未见于其他文献"[①]。参阅其书"达州"部分叙文可知，其与《舆地广记》"达州"部分叙文基本雷同，显为晏衮增补，而非晏殊原文。因此，"通明说"之最早文献依然当为《舆地广记》。又，《建炎以来系年要录》《皇宋中兴两朝圣政》《宋史全文》三者记载雷同，显属传抄，《皇宋中兴两朝圣政》成书较早，当为其他两书所本。不过，这同时也说明，"通明"确系原文，而非传抄过程中出现的倒文。至此，尚有《舆地广记》《皇宋中兴两朝圣政》《宋史·地理志》三书中的"通明"无法解释。

---

① 唐雯：《晏殊〈类要〉研究》，复旦大学博士学位论文，2006年，第27～28页。

"通明"在《舆地广记》中连续出现了两次，基本可以排除因传抄而致倒文的情况。又，《舆地广记》为作者多年关注舆地之学的厚积薄发之作，其史料价值及作者的严谨态度早已为学界肯定，今存诸本中虽不乏地名文字颠倒的现象，但还未发现除此例外的其他地名文字颠倒而为其他书籍所证实的情况。因此，不能轻易判断此载有误。《皇宋中兴两朝圣政》系当朝人记当朝事，在没有确凿的证据时，我们依然不能言其有误。《宋史·地理志》虽有不少问题，然据当时国史修撰而成，其权威性自然不容过分质疑，况且《宋史·地理志》中，也不存在除此之外的其他地名文字颠倒可以被其他文献确证的情况，故亦不能轻易否定。至于它和《舆地广记》的关系，兹举两例予以说明。其一，北宋河北西路有通利军，《宋史》《元丰九域志》等都有明确记载，而《舆地广记》失载；[①] 其二，蓝山县自郴州改隶桂阳监，《宋史》载为景德三年（1006），而《舆地广记》《元丰九域志》《宋会要辑稿》《舆地纪胜》等皆载为景德元年（1004），当以景德元年为是。[②] 由此可见，《宋史》因袭《舆地广记》，尤其是因袭其错误的可能性不大。也就是说，《宋史》《皇宋两朝中兴圣政》《舆地广记》三书皆有自己独立的史料来源，而非简单地相互传抄。

所以笔者以为，就目前所及史料看来，尚不足以断言"明通""通明"二者孰是，故当采取严谨的态度，暂且存疑。一些研究中，因从权而采用了其中某一种说法，不能言其有误，如谭其骧《中国历史地图集》宋代部分作"通明"即属此例。而整理文献时，将"通明"改为"明通"，或者将"明通"改为"通明"（如校勘本的《舆地广记》将原文"通明"改为"明通"，点校本的《宋会要辑稿》将原文"明通"改为"通明"），则显得过于武断，似不可取，正确的做法当是以原文为准，并附校记予以说明。以后整理文献，如中华书局点校本《宋史》的修订，涉及此名时，也应该注意这一问题。

二、明通县的沿革

（一）明通院的设立

明通院的设立时间，地理志书仅言其大略，如上引《元丰九域志》《舆地广记》等书之内容皆载为"伪蜀"置，而众所周知，唐宋间蜀地有前蜀、后蜀两个政权，故其具体设立时间还可以进一步推证。

明通设院之前，为宣汉井场地，该处"地名长腰，咸源出大江龙骨石窟中涌出，滩名羊门，两面山崖峻峭，咸源出于山下，遂煎成盐"[③]，是川东地区一重要

---

① （宋）欧阳忞撰，李勇先、王小红校注：《舆地广记》，成都：四川大学出版社，2003 年版，前言第19 页。

② 施和金：《〈宋史·地理志〉补校考》，《南京师大学报》（社会科学版），1997 年第 4 期，第 117～121页。

③ （宋）乐史：《太平寰宇记》卷一三七《山南西道五》，北京：中华书局，2007 年版，第 2680 页。

产盐地。但是，盐产区远在州县千里外，往来输送极为不便，且因为偏远难治，当地守吏往往亦趁机谋取盐利。司马光在《尚书驾部员外郎司马府君墓志铭》中就曾提道："（达）州有宣汉盐井，距州千余里，唯一溪，仅通小舟可以往来，守片吏恃其险远，大为奸利。州遣兄往按之，因为之区处利害。凡再往返，遂革其弊。"① 此虽为北宋之情形，但此前之情形当也与此类似。很明显，院的设立是官方为了加强对该地盐税的控制和该区域的管理。检阅史籍又可知，院为后蜀所设立的一种特殊管理机构，或可视为准县级行政区，主要职责为征收赋税。② 又如《太平寰宇记》载梓州东关县云："本盐亭县雍江草市也，伪蜀明德四年以地去县远，征输稍难，盗寇盘泊之所。因割乐平等三乡立招葺院，计征二税钱一万三千贯硕。皇朝乾德四年平蜀升为县，取古东关地之名，从本州知州张澹之所请也。管盐井四，三井有盐煎，一井废。"③ 据此可知，明通、招葺设院的原因完全相同，即距县城远，盐税征输不便，且易被地方豪强控制。因此，我们或可推测，明通设院大概也在明德年间，至少应在后蜀前期，因为此阶段孟氏立国未久，致力于发展经济，巩固国力，需要通过设院等方式加强对地方税收的管理。

（二）明通院的迁治与升县

《宋史·地理志》最早记载明通院升县的时间为"南渡后"，《读史方舆纪要》则进一步载为"绍兴中"④。然今人新编《万源县志》却作崇宁初⑤，王文则据《大明一统志》、雍正《四川通志》《大清一统志》等文献认为当在崇宁（六）［元］年（1102）。不过其后李昌宪先生《中国行政区划通史·宋西夏卷》中并没有采用王文观点，而是仍从《宋史·地理志》，但没有对此做出解释。那么哪种观点较为可信呢？

实际上，明通院不可能在崇宁元年升为县。首先，《舆地广记》对明通院的沿革有专门记载，却没有提到其在崇宁年间升县一事。而我们知道，《舆地广记》成书于政和年间（1111—1118），且其中个别记载还延及以后。⑥ 由院升县的情况又

---

① （宋）司马光：《温国文正公文集》卷七九《碑志五》，《四库提要著录丛书》集部第88册，北京：北京出版社，2011年版，第569页。

② 五代十国时期，不少政权都设有类似的征税机构，后来演化成政区，如杨吴的海陵制置院，南唐的静海制置院，南平的白沙巡院，后蜀的明通、招葺院等，但正式名称为"院"的只见于后蜀。静海置制院、海陵制置院史载较为明确，当为县级政区，故为李晓杰先生《中国行政区区划通史·五代十国卷》所载。白沙巡院、招葺院由于史料有限，难以确言是否为县级政区，故李氏未收。明通院从《元丰九域志》《舆地广记》等文献记载来看，后蜀时当为县级政区无疑，然李氏亦未收录，恐非正论。

③ （宋）乐史：《太平寰宇记》卷八二《剑南东道一》，北京：中华书局，2007年版，第1655页。

④ （清）顾祖禹：《读史方舆纪要》卷六九《四川四》，北京：中华书局，2005年版，第3269页。

⑤ 万源县志编纂委员会：《万源县志》，成都：四川人民出版社，1996年版，第15页。

⑥ （宋）欧阳忞撰，李勇先、王小红校注：《舆地广记》，成都：四川大学出版社，2003年版，前言第9页。

是在该书的记载范围内的，如："玉沙县，皇朝乾德三年，以白沙院置，属江陵府。"[①] 作者未言及此，显非疏漏，而当是其书告成之前确无此事。其次，现存于四川省博物馆的石刻《九域守令图》，载有宋朝版籍内之州县，据研究，其政区资料的截止时间为宣和三年（1121）。[②] 观其中达州一带图幅，达州所辖通川、巴渠、东乡、新宁、永睦皆标注出，唯独没有标注明通县（见图二）。虽然有人指出该图有不少州县脱漏，但笔者注意到，这种情况主要在边疆地区，内部州县较少出现。所以我们有理由认为，迄止宣和年间明通尚未升县，则更早的崇宁时期更谈不上。再次，南宋初期学者李攸所著《宋朝事实》一书，记载了宋初至宣和年间的历史（后人增补了一些南宋时的内容），今存本虽非原貌，但保留了绝大多数内容。其中记载州县升降废置的内容较为准确和全面，也包括了由院改县的情况，如潼川府招葺院在乾德四年（966）改为东关县一事就被记载。该书对北宋时达州及其辖县变迁的记载基本完备，却不见有明通升县之载，这显然难以用"此为缺漏之部分"来解释，而当是北宋时期应无明通升县之事。此外，从文献成书时间来看，记载"南渡后"的《宋史》也要远远早于载为崇宁初（元年）的《大明一统志》等书，本着"从早不从晚"的原则，《宋史》也更加可信。

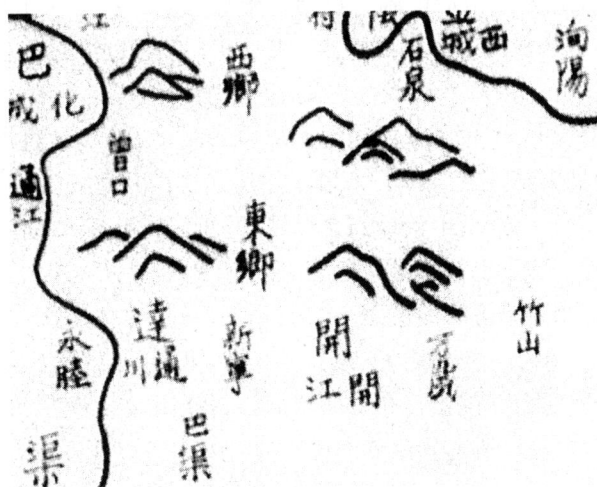

图二　《九域守令图》中达州一带的州县

既然崇宁时升县的说法不可从，那仍当以《宋史·地理志》之载为是，即"南渡后"。然则"南渡后"所指太宽泛，具体又当系于何时？由前文所引《皇宋中兴两朝圣政》《建炎以来系年要录》《宋史全文》的内容可知，绍兴三年（1133）二

---

　　① （宋）欧阳忞撰，李勇先、王小红校注：《舆地广记》，成都：四川大学出版社，2003年版，第785页。

　　② 郑锡煌：《北宋石刻"九域守令图"》，《自然科学史研究》，1982年第1期，第144～149页；邓少琴：《一幅蜀石刻北宋地图的校读和研究》，《邓少琴著西南民族史地论集》，成都：巴蜀书社，2001年版，第634～650页。

月，已有明通县，则明通升县之事当在这之前，也就是当在建炎元年（1127）至绍兴三年（1133）之间。考诸其间史实，其直接动因或许与宋金战争有关。建炎二年（1128），金王朝再次分兵攻宋，为了缓解东部战场及川陕正面战场的压力，宋廷一度设置金房开达四州安抚使。[①]其时战备紧张，主要以经济事务为主的院似乎显得有些不合时宜，因此可能改置为功能更加全面的县。值得一提的是，《中国行政区划通史·宋代卷》在叙述绍兴十二年（1142）夔州路州县时，仍作明通院，显然不当，应当予以订正。

可能有人会问，《大明一统志》等志书中载为崇宁初（元年）又该怎么解释呢？其实，这与另外一个问题紧密相关，即明通院和明通县的治地问题。

《大明一统志》卷七十《夔州府·古迹》下载："废明通县，在达州东北一千里，本唐宣汉县地，蜀置明通院，宋崇宁初升为县。"《大清一统志》卷四百二十二《太平直隶厅·古迹》下亦载："明通废县，在厅东明通院及宣汉井场地……在太平县东北二百里。"从两部总志的叙述来看，明通院和明通县的治地似乎就在一处，其实不然。明通院的治地，由上引《新定九域志》的内容可知，在宣汉盐井场。其具体地望，由于《太平寰宇记》等宋代文献所载里程误差太大，仍难确知，好在明清时期的文献中有更为确切地记载。正德《夔州府志》卷三《山川·东乡县》下云："宣汉井，在明通溪傍，水卤可煮盐，井有十六，今呼明通井。"嘉靖《四川总志》卷十《夔州府·山川》下亦载："明通井，太平治西二百五十里明通巡检司，井凡十六，旧名宣汉井。"雍正《四川通志》卷二十五《山川·直隶达州·太平县》下也有载："明通井，在县东二百五十里，井凡十六，旧为宣汉井，明设明通巡检司于此。"由此可知，明通院的治地当在今城口县明通镇一带（前河流域）。

明通县的治地，除了上述记载，笔者还注意到光绪《太平县志》卷二《舆地志·古迹》在叙述明通废县时的按语："按：即今旧院坝是，土人以曾设县，亦呼为旧县坝云。"同书卷二《舆地志·市场》又云："旧院坝，东百二十里，一名旧县坝。"旧院坝即今万源市旧院镇，在中河流域，它和明通镇相去百余里，且在不同的河流沿岸，显为两地。明通县治此的说法为《中国历史地图集》《四川政区沿革与治地今释》《四川历史词典》《四川州县建置沿革图说》《万源县志》《城口县志》等采纳，可见学界多从此论。其实，明通县治不可能位于前河流域在宋代文献中已有揭示。咸淳《舆地图》中绘出了达州周围的交通线，其中东北方向可通明通县。值得注意的是，该交通线绘制得不连贯，中间缺漏的空位当是某县名的注记——很明显，缺漏之注记当是东乡县（治今宣汉县普光镇，后河与中河交汇处）。也就是说，从达州出发，到明通县治要先过东乡县治。我们知道，古代达州东北方向的交通线多是沿河（今前河、中河、后河）而行，到了东乡县治后，再溯江而上只能是到后河流域或中河流域。因此，明通县的治地不可能在前河流域，只能位于后河或

---

① （元）马端临：《文献通考》卷三二一《舆地考七》，北京：中华书局，2011年版，第8762页。

中河沿岸，再综合《太平县志》等文献的内容，可确定在旧院镇一带。《中国历史地名大辞典》将明通院、明通县治地混为一谈，却又发现了旧院镇、明通镇两种说法，故两存其说①，显然未明真相。《中国古今地名大词典》"明通县"条下云治城口县南明通镇，而"通明县"条下又云治万源市东南旧院②，似乎二者为不同的县，此则谬之更甚矣。

由上分析可知，从明通院到明通县其实有一个迁治的过程，然其迁治的时间为文献所漏载。由《新定九域志》的记载可知，该书告成之时尚未迁治，也就是迁治之时间当在绍圣四年（1097）之后。③ 又据《宋会要辑稿·方域》《宋史·地理志》的记载习惯，县城迁治一般都要记载，而两书皆未提及明通县迁治一事，究其原由，当是明通迁治实在升县之前，不在"县"城迁治之列。所以明通院的迁治时间当在绍圣四年至升县时的三十余年间。而上文已提及，崇宁元年尚无法解释，联系此处所考，合理的解释是，此即明通院的迁治时间。即崇宁元年，明通院治地从今明通镇一带迁至旧院镇一带，至南宋初年，方才升为县。若此论属实，则《中国行政区划通史·宋西夏卷》所绘地图中太平兴国四年（979）、咸平二年（999）、天禧四年（1020）、元丰八年（1085）明通院位置之标注又不准确矣。

至于迁治原因，当与二者之交通格局迥然不同有关。宣汉井一带四面高山峡谷，交通不便；而今旧院镇一带相对开阔，更重要的是，其地当洋巴道、"紫阳万源道"之要冲，为宋时夔州路至利州路、京西南路、永兴军路、秦凤路等地区的必经之地（详参后文）。明通院初设时可能仅是为了方便管理宣汉盐井，故设治于当地。但随着该地区经济的发展，人口增多，明通院的事务日渐繁剧，尤其是洋巴道、"紫阳万源道"的日益繁荣，作为管理机构的通院不仅要管理宣汉盐井，更要经营洋巴道、"紫阳万源道"等交通要道，故迁治于交通位置更突出的旧院坝，亦在情理之中。

缘何《大明一统志》等文献会误载明通升县的时间为崇宁元年呢？限于史料，难以确言，不过可作一些推测。从雍正《四川通志》、嘉庆《四川通志》、嘉庆《大清一统志》等文献皆将"元"字讹为"六"（崇宁仅五年，无六年）的情况来看，诸书皆为转抄前人说法，因而此论文献虽多却并不能说明问题。我们知道，宋末抗蒙（元）战争，巴蜀地区功劳独大，不过也因此付出了沉重代价。战争过程中不少文化典籍毁于一旦，以至于明清时的修志者对前朝地方掌故莫能悉知，在追溯时多有失误之处，此明通升县时间殆是一例。

（三）明通县的废省

古代文献中本来对明通县的废省时间记载地较为清楚，即元至元二十二年

---

① 史为乐主编：《中国历史地名大辞典》，北京：中国社会科学出版社，2005 年版，第 1525 页。

② 戴均良主编：《中国古今地名大词典》，上海：上海辞书出版社，2005 年版，第 1781、2581 页。

③ （宋）王存：《元丰九域志》，北京：中华书局，1984 年版，前言第 3 页。

（1285），诸书皆同，并无异说。但王文提出了异议，认为"至元"当为"至正"之误，明通县废于元至正二十二年（1362）。王文之后，仅有《中国历史地名大辞典》在解释明通县时，仍作至元二十二年废，但限于体例，未予论证。《中国行政区划通史·元代卷》本来应该有涉及，惜其失之过简，未予交代。因此，此县的废省时间亦有必要再讨论一番。

王文立论依据有二：一是元至元年间初修、元大德年间续修及刊行的《圣朝混一方舆胜览》中载有明通县；二是至正年间成书的《诗传旁通》记载明通县"丙穴鱼"时作"丙穴出明通县井峡中"，而非"废明通县"。大略观之，此论似有一定道理，仔细审视，却会发现很多相关问题无法解释。其一，明通县若废于元末至正年间，也就是几乎整个元代其建置都存在，缘何《元史·地理志》不载？有学者指出，《元史·地理志》政区资料基本以至治元年（1321）为准[1]，这更加说明明通县应该被记载，而事实却否。其二，建阳郑氏积诚堂刻本《纂图增新群书类要事林广记》癸集"郡邑类"记载了元初政区，其中达州仅领有新宁一县，无明通县，周围府州亦不见载，而该刻本刊刻于后至元六年（1340）。其中四川地区的政区资料断限，更是早在前至元末期。[2] 然则我们并没有发现该书存在脱漏。

再来分析王文所列论据之实情。据郭声波师研究，《圣朝混一方舆胜览》（又名《大元混一方舆胜览》）参考过《大元一统志》初编本，其政区资料截止时间为大德七年，但郭师同时又指出该书新补的元代资料不是很多。"刘应李得到的传录本内容有限，不能据以补完元初以来全部政区沿革，他只能另找资料，所以尽管《元胜览》的政区资料一直补充到大德七年底，却仍有不少脱漏。"[3] 因此，该书中并非所有的州县沿革都截止于大德年间，应当具体问题具体分析。《圣朝混一方舆胜览》载达州沿革云："唐属山南道。宋以淮南有通州，改达州，有新宁、通川、巴渠、永睦、东乡、明通六县。"[4] 此处言达州辖六县，实为南宋及达州初入元版图时之制。元统一四川不久，即大幅度裁并州县，因为宋蒙战争数十年使得巴蜀地区人口锐减，十室九空，原来的许多州县不及建置之规模。达州辖县也正是在这样的大背景下多有裁并，其中通川、巴渠、永睦、东乡、明通五县皆被废。其具体时间，雍正《四川通志》有载：东乡省于至元二十年（1283），巴渠、永睦、明通三县皆省于至元二十二年。[5] 通川县虽未明言，但根据形势判断，也当在此时。嘉庆《大清

---

① 王颋：《〈元史·地理志〉资料探源》，《历史地理》第 8 辑，上海：上海人民出版社，1991 年版，第 221~229 页。

② 刘兴亮：《〈事林广记〉载元代西南地区政区资料探析》，《三峡论坛》，2015 年第 6 期，第 8~12 页。

③ 郭声波：《〈大元混一方舆胜览〉作者及版本考》，《暨南史学》第 2 辑，广州：暨南大学出版社，2003 年版，第 184~194 页。

④ 郭声波整理：《大元混一方舆胜览》卷中《四川等处行中书省·达州》，成都：四川大学出版社，2003 年版，第 294 页。

⑤ （清）黄廷桂等：《四川通志》卷二、卷二七，《文津阁四库全书》第 187 册，北京：商务印书馆，2005 年版，第 505、875 页。

一统志》、嘉庆《四川通志》所记相同。又，史籍皆载达州于至元二十年改隶四川南道，二十二年改属夔州路，可见明通等县的废省和达州隶属的调整其实是同步进行的。此外，巴蜀地区在至元二十年省并的县还有阳安、晋源、江原、乐温、奉国、通江（上、下）、难江、普成、剑门、汉初、赤水、流溪、良山、蓬池、伏虞、邻山、邻水、洪雅、眉山、通泉、东关、铜山、泸川、井研、巴西、魏城、恩阳、大昌、涪城等，二十二年省并的县还有永川、璧山、长宁、江油、灵泉、安宁等，这说明明通县废于此时确实和当时形势吻合。至于至正二十二年，其时元政府统治飘摇，疲于应付农民起义，显然无暇顾及政区调整。

《诗传旁通》为何不作"废明通县"的问题，更容易理解。该处关于"丙穴"的内容，明显因袭《方舆胜览》等书，实乃作者不够严谨之故，毕竟作者并非专门研治政区沿革。该书类似的问题，又如卷一"汉水出兴元府西县嶓冢山"一句，其中西县同样省于至元二十年，而作者仍然沿用，兴元府早就改为兴元路，作者仍旧。可见该书于政区名的使用，很不准确，并不能以之论事。

还有一点需要说明，上文引用的《新编群书类要事林广记》也提到了达州辖明通等六县的情况。细察其中"江南郡县"之情况，一级政区为"路"，二级政区为"州、府、军、监"，此皆为宋时之制。又核对该内容与《方舆胜览》，可发现二者一级政区和二级政区的排列顺序完全相同，各州（府、军、监）领县也完全相同。很明显，《新编群书类要事林广记》"江南郡县"部分完全因袭《方舆胜览》，则其中载达州辖明通等六县自然为南宋之制。

还需注意的是，《古今图书集成·职方典》对明通县沿革的记载："去治东十一里，本唐宣汉县地，蜀置，宋省。"短短一段话中，竟有三处错误，实不足为据。

三、明通县井盐的外运路线

夔州路在宋代是重要的井盐产区。由于川东地区人口远较川西地区少，加上水路交通较为发达，故而出现了井盐"人常有余，自来取便贩易"①的局面。达州之井盐主要产于明通县宣汉井，其产量虽不能和大宁监等产盐大区匹敌，但也相当可观，宋人文献对此多有记载。《太平寰宇记》引《段氏蜀记》云："通、开二州，产盐、漆之利。"②《方舆胜览》引《朱肱记》云："通川在诸郡为最优，茶、盐、鱼、米，汉中有不如者。"又引常氏《马鸣山记》云："水航与蜀，陆肩于雍，持金易丝枲者不绝于道。"③故知其时达州井盐除了供给本地所需外，尚有大量的产盐外运销售。井盐的开采与运销是一个系统工程，需要投入较多的人力、物力、财力，随

---

① （清）徐松辑，刘琳等点校：《宋会要辑稿》食货24，上海：上海古籍出版社，2014年版，第6517页。
② （宋）乐史：《太平寰宇记》卷一三七《山南西道五》，北京：中华书局，2007年版，第2675页。
③ （宋）祝穆：《方舆胜览》卷五九，北京：中华书局，1984年版，第1041页。

着盐业的发展，达州明通县一带的大巴山区也得到了进一步开发。唐末前蜀之时，此地仅有宣汉井一场，且"无乡里，管二百户"①，到北宋中期，已经辖有六乡和宣汉、盐井、缁拦三场，至南宋初又升格为县。谭其骧先生曾指出："一地方至于创建县治，大致即可以表示该地开发已臻成熟。"② 所以我们可以认为，明通县一带的巴山地区，早在宋代就因井盐的的发展而有较为成熟的开发。然之后数百年，由于种种原因，却一直未有太大进展，诚为憾事。

蜀道难行众所周知，因为秦岭、大巴山横亘川、陕二省之间，南北交通不得不翻山越岭。宣汉井正好处于大巴山深处，周围多为崇山峻岭，通行不易，由前引司马光之文也可见一斑。那么我们不禁会问，这些井盐是通过什么渠道外运出巴山呢？

和四川其他地区的井盐一样，宣汉井盐的外运，也分为水路和陆路两种方式。水运主要是直接顺东关水水路而下的路线。东关水，又称巴水（见前引《通鉴地理通释》），发源于建平山，或云源于万顷池，顺流经过明通院、巴渠县、唐石鼓县地而至达州州治通川县，再顺流而下经过唐时三冈县后，与自巴州而来的巴江汇合，又顺流经渠州、广安军至合州，与嘉陵江汇合，又下于重庆府注于长江。抵此后，再溯长江而上，至于潼川府路与成都府路诸地区。《马鸣山记》所言"水航于蜀"，当即此路。此路线完全走水路，贩运相对较易，加上通行之地为川峡地区内部，为政府所允许，当是明通井盐外运的主要通道。

陆路方面，洋巴道是其中的一条重要通道。"洋巴道"这一概念由黄盛璋先生提出来，指的是从洋州南越巴山至达州的路线。③ 从洋州治所兴道县南下西乡县，再循洋水河谷而上抵唐洋源县，后越巴山分水岭，再循下蒲江河谷而下至东乡县，又顺河谷至达州州治通川县。或者越巴山分水岭以后，在今万源市一带折向东南，抵明通县，再顺益迁水而下至东乡县，再至达州。此路线要翻越巴山，不易通行，但却是宋代夔州路与陕西地区的往来要道。北宋的李复曾言："自洋南至达州，若两路漕司差官会议于境上，画图以阅，旧迹可见。但山路须有登陟，往日曾为驿程，今虽废坏，兴工想亦不难矣。"④ 这条道路可能就是指洋巴道。绍兴三年，宋金激战于饶风关，宋军战败，王彦部即循洋巴道退却到了达州明通县，伺机再战。宋蒙（元）战争时期，陕西地区的民众亦多循洋巴道至巴蜀地区避乱。既然为入陕之孔道，贩夫走卒转运井盐自然要经此途。其路线，当从宣汉井一带从陆路先运至明通县治接入洋巴道，再经洋巴道转运至陕西地区。常氏《马鸣山记》所言"陆肩于雍"，当即言此道。

---

① （宋）乐史：《太平寰宇记》卷一三七《山南西道五》，北京：中华书局，2007 年版，第 2680 页。

② 谭其骧：《长水集》上册，北京：人民出版社，1987 年版，第 404 页。

③ 黄盛璋：《川陕交通的历史发展》，《地理学报》，1957 年第 4 期，第 419～435 页。

④ （宋）李复：《潏水集》卷三，《文津阁四库全书》第 374 册，北京：商务印书馆，2005 年版，第 555 页。

还有一条"紫阳万源道"。林超先生最早使用这一称谓。[①] 即从今陕西紫阳县循任河而上，在大竹镇一带向西翻越巴山分水岭，再顺后河而至四川万源的道路。宋时沿途地名，咸淳《舆地图》中有所提及。该图中金州西侧、石泉下方有一条河流向西南延伸，当为壬水。壬水与达州间有德关、昌子山、土门关三个地名。其中德关、土门关后代文献皆不载，今难考其具体地望。昌子山似当作星子山，即今镇巴县境内绵延数十公里的星子山，其东南侧濒临任河。"紫阳万源道"为运盐之路，宋代之前就见于记载。《水经注》云"（沔水）又东迳魏兴郡广城县，县治王谷，谷道南出巴獠，有盐井，食之令人瘿疾"[②]。此处之广城县，治地在今紫阳县任河沿岸的广城乡一带。[③] 此处之盐井，虽未必就是后来的宣汉井，但据此我们知道，明通县一带的巴山地区早在魏晋时期就已产盐，且循任河等通道向外转运。宋时该道路使用也较为频繁，其重要性似不亚于洋巴道。据《建炎以来系年要录》记载，南宋时从阆州至临安之便道，要经过达州明通县。[④] 今揆其地理形势，当即取"紫阳万源道"。南宋初期为了抗击金人，将利州一分二，另外还设置了一个金房开达安抚使，节制金、房、开、达诸州军事。达、金二州统一节制，显然要以"紫阳万源道"的通达为前提。此道亦为民间商旅之道，如绍兴八年（1138），新权发遣夔州冯康国上奏："夔路系川蜀后门，大宁、开、达一带路接京西，止仰关寨险溢。缘关外宁静，隘寨颓坏，久不修整，遂为商贾负贩之路。"[⑤] 商旅负贩之物，食盐当为大宗。裴一璞先生甚至认为"此道路南宋时已成为夔路食盐出川的最重要通道"[⑥]。宣汉井盐从此道外运，也要先运至明通县治，接入"紫阳万源道"，再出川至京西南路地区。或者在宣汉井一带直接越巴山分水岭至壬水沿岸，再顺流出川。

除了上述三条较为重要的外运通道外，还有几条可能的路线。一是溯今前河而上，在前河源头光头山一带向东翻越分水岭，至大宁河流域，再顺流而下与宋时大宁监之井盐汇合，再顺水长江水路出川。二是在前河源头分水岭一带折向东北，经镇坪、竹山等县至湖北地区。严耕望先生就怀疑唐后期均州、房州入蜀之贡道可能取此线路。[⑦] 此二道由于要越海拔较高的巴山分水岭，难度极大，不可能成为商旅大规模行经之途，或为当地土民偶用之途。此外，从宣汉井往南，经今燕子河河谷，越分水岭至东河流域，循东河河谷而下可至开州区，与宋时开州之井盐汇合，再往南入长江干流。此路线相较溯前河而上之路线较易，且在明清时期的文献中屡

① 林超：《秦岭与大巴山对于四川与西北交通之影响》，《地理学报》，1947 年 Z1 期，第 11～13 页。
② （北魏）郦道元：《水经注》卷二七《沔水》，北京：华夏出版社，2006 年版，第 543 页。
③ 樊春光主编：《紫阳县志》，西安：三秦出版社，1989 年版，第 62 页。
④ （宋）李心传：《建炎以来系年要录》卷八五，北京：中华书局，2013 年版，第 1630 页。
⑤ （清）徐松辑，刘琳等点校：《宋会要辑稿》方域 12，上海：上海古籍出版社，第 9514 页。
⑥ 裴一璞：《资源博弈与群体互动》，西南大学博士学位论文，2014 年，第 66 页。
⑦ 严耕望：《唐代交通图考》，上海：上海古籍出版社，2007 年版，第 1026 页。

见记载，是秦巴古道重要通衢之一。[①] 宋时宣汉井盐亦有可能经此途外运。

　　概而言之，宣汉井虽处在交通不甚方便的大巴山区，但古代先民凭借自己的智慧，合理利用当地的地形地势条件，开辟出了不少对外通道。这些通道不仅成功地将宣汉井盐输送出了大巴深山，更促进了陕南和川东地区的交往和巴山地区的开发。

（作者简介：周航，暨南大学历史地理研究中心硕士）

---

　　① 蓝勇等：《三峡开县秦巴古道路线考述》，《三峡大学学报》（人文社会科学版），2013 年第 4 期，第 1~5 页。